钟 凯 著

GONGXIANG JINGJI DE
SIFA TIAOZHENG
QIYUE LEIXING GOUZAO JI PINGTAI
ZEREN ZHANKAI

共享经济的私法调整

——契约类型构造及平台责任展开

中国政法大学出版社

2021·北京

声　　明	1. 版权所有，侵权必究。
	2. 如有缺页、倒装问题，由出版社负责退换。

图书在版编目（ＣＩＰ）数据

共享经济的私法调整：契约类型构造及平台责任展开／钟凯著 . —北京：中国政法大学出版社，2021.5
ISBN 978-7-5620-9602-3

Ⅰ.①共… Ⅱ.①钟… Ⅲ.①商业模式－法律－研究 Ⅳ.①D912.294

中国版本图书馆 CIP 数据核字（2021）第 121482 号

出 版 者	中国政法大学出版社
地　　址	北京市海淀区西土城路 25 号
邮寄地址	北京 100088 信箱 8034 分箱　邮编 100088
网　　址	http://www.cuplpress.com（网络实名：中国政法大学出版社）
电　　话	010-58908586（编辑部）58908334（邮购部）
编辑邮箱	zhengfadch@126.com
承　　印	固安华明印业有限公司
开　　本	720mm×960mm　1/16
印　　张	17.75
字　　数	290 千字
版　　次	2021 年 5 月第 1 版
印　　次	2021 年 5 月第 1 次印刷
定　　价	76.00 元

序 一
PREFACE ONE

　　建构在互联网和现代通信技术基础之上的共享经济、平台经济等诸多数字经济新型业态，由于其在商业模式、组织形式、交易活动等诸多方面均不同于传统经济模式，因此其快速发展不但对既有的社会分工、产业形态分布和企业生产经营方式产生了颠覆性的影响，而且也使众多社会主体的消费习惯、行为模式乃至思想观念发生了深刻变化。但另一方面我们不能不看到，面对高歌猛进的各种平台经济，不但基础理论供给上明显不足，甚至对共享经济是什么、共享经济与普通网络交易有什么共同点和区别等一些基本概念也没有达成必要共识，而且对共享经济可能给社会带来的影响也缺乏清醒的认识，在相关法律制度供给上更是几近阙如。

　　钟凯博士长期致力于对平台经济的研究，不但产出了一定数量的高水平研究成果，而且更是利用博士后合作研究的机会对这一问题进行了非常深入、细致的研究，并形成了这篇内容详实的出站报告。在书中，作者以"共享契约"为概念线索，采用实证、价值和类型化分析相结合的研究方法，沿循功能、价值、私法构造、责任体系等内容脉络，从宏观、中观和微观等不同维度剖析共享经济的私法调整问题。作者认为，共享经济作为一种商业创新模式，既可用传统的契约理论进行解构，也可借助于完善的法律制度对其风险进行控制。

　　通过仔细阅读，我认为，相对于既有的研究成果而言，本书在以下几方面的学术贡献是值得肯定的。首先，本书的研究对象与既有的研究明显不同。通过粗略浏览可查阅的现有研究成果可以发现，已有研究大多侧重于对共享经济公法规制的研究，主要聚焦于市场准入、反不正当竞争、网络安全、平台看门人义务等相关规则的设计。私法领域的研究也主要侧重于平台的传统民事责任承担，而对基于新的经济业态所产生的特殊法律关系构造及其私法责任则缺乏体系化考察。为了弥补传统侵权责任之不足，钟凯教授以共享经济的私法调整为切入点，以共享契约的法律类型为建构基础，以共享经济私法调整的价值理念为引领，对共享经济法律关系的构造、共享经济法律关系的客体、共享经济法律关系的特殊权利义务、共享平台的契约责任与法定责任以及共享经济法律关系中新型权益侵害的责任扩张等问题进行了系统梳理和深入分析，其很多研究结论都可作为对这一问题继续进行研究的坚强基石。

本书的另一个特点或创新是，作者在借鉴制度经济学中"契约"和"组织"概念的基础上，创造了能够在实证和规范之间起到桥梁作用的"共享契约"这一解释性概念，并据此将共享经济的契约化解释与传统的民事法律行为、商行为、私法责任等基本法学概念进行了有机结合。在结构安排上，作者采取了从宏观到微观的思维范式，在充分阐释共享经济的契约功能和法律类型，共享经济的价值范畴及其作用界域的基础上，系统提出互联网雇工、个人信息信托权、平台自治管理权、共享商行为、共享临界行为等一系列法律概念，并以此为基础，从宏观和微观两个层面对共享法律关系进行了立体化构造，并对共享平台中的一些较具代表性的私法责任（如平台算法责任、惩罚性赔偿、智能驾驶侵权等）进行了体系化的考察及拓展性分析，从而极大丰富了民事责任的法律类型及其适用场景。

在研究方法上，本书也有很多值得称道的地方。鉴于本研究具有一定的对策性研究性质，本书对于那些需要通过实证加以支持和佐证的内容部分，如共享经济的法律类型，平台的法律责任、平台自治管理权和规则解释等，作者采取了社会调查和案例分析的研究方法，选取了"滴滴专车矿泉水争议案""拼多多平台假一罚十案""淘宝平台惩罚用户案"等实际案例进行了研究；又如对于平台违反安全保障义务和互联网雇工问题，作者结合"货拉拉乘客跳车"案进行了具体分析，从而使研究结论具有较强的关注度和社会可接受性。而对那些理论性较强的内容部分，则采取了较具抽象化的研究方法，例如对共享契约的类型化研究及其功能阐释就运用了诠释学的方法，在对共享经济法律关系及其权利义务的设计上则严格遵循了潘德克顿学派的研究方法。多种研究方法的综合运用，使本书一方面具有较强的理论抽象高度，另

序 一

一方面又具有很强的问题意识，几乎所有的研究内容都能密切服务于数字经济的发展需要。

尤其值得肯定的是，本书的研究视野非常开阔，分析视角较为独到。作者运用经济学、政治学和法理学等不同学科理论，不仅完成了共享契约的组织治理功能和类型化分析，还从个人主义、整体主义、马克思主义等私法基础学说，对共享经济的基本价值范畴进行学说资源整合，在此基础上结合民法典的实施就其价值内涵作出了法教义学阐释。特别需要指出的是，该书虽以私法为研究重心，但同时也涉及大量的刑法、行政监管等公法规制的内容，特别是在全书结尾部分所提出的关于数字经济法律制度学科发展、科技发展与社会组织变迁等事关经济社会发展宏大命题的追问，更为今后的后续研究留下了充分的发展空间。

本书的研究内容不但能给初次接触这一领域的读者提供了一把便捷的开启数字经济法律知识宝藏的钥匙，更能为从事这一领域深入理论研究和审判实务的专业人士提供必要的向上攀登的云梯。在此我强烈向各位读者推荐本书，同时也希望作者能继续努力，不断向社会贡献更多的优秀作品。

是为序。

赵万一
2021 年 6 月 3 日于西南政法大学

序 二
PREFACE TWO

共享经济是近年来法学研究的热门话题，在商法学界，这一领域的研究者亦有不少。随着国家对数字经济法律制度越来越重视，来自学界和实务界的关注，声势将更为浩大。互联网与我的研究领域历来有所交叉。以证券法为例，我国证券市场的兴起，就伴随着证券的电子化和无纸化，并与中国互联网的发展历程高度重合。而依托于互联网技术的发展，证券行业也在向数字化加速转型。近年来出现的股权众筹等共享金融业态，本质上也可以归入"证券"这一范畴。可以讲，互联网和共享经济不是一种单一或独立的行业，而是全面渗透到现有经济社会结构中的经济和法律现象。

另一方面，不得不承认的一个现实是，对于传统经济模式和相关法学研究而言，共享经济属于新兴领域和新生事物，部分已有经验和认知不完全适用其身，甚至连法学分析经常需要借助的基本概念，都不甚明了。例如，共享经济是什么，共享经济和平台经济是什么关系，互联网共享交易活动有哪些法律特征，等等。这些问题不研究清楚，就谈不上互联网良治的建立。

在此背景下，《共享经济的私法调整》一书的出版，可谓恰逢其时。本书以"共享契约"为基本概念线索，采用实证、价值和类型化分析相结合的研究方法，沿循功能、价值、私法构造、责任体系等内容脉络，从宏观、中观和微观等维度剖析了共享契约及其私法调整细节。本书作者钟凯博士是我指导的博士后，也是近年来国内商法学界较有研究实力的青年学者。该作品作为其博士后研究项目的出站成果，与其他相关研究相比，我认为主要有以下新意：

第一，作者借助共享契约这一概念工具，巧妙地将共享经济的契约化解释与民事法律行为、商行为、私法责任等传统概念很好地结合起来，顺势提出了互联网雇工、个人信息信托权、平台自治管理权、共享商行为、共享临界行为、算法责任等新颖概念，既颇具开创性，全书读来也不觉得突兀，让民法和商法的主流学者也能赞同其观点。

第二，作者擅于运用经济学、政治学和法理学等不同学科理论，从组织变迁的视角拓展了共享经济法学研究的广度和深度，同时众多田野调查和案例资料使得全书既有较强的理论抽象度，实例的列举也有血有肉。特别需要指出的是，该书虽以私法为研究重心，但同时也涉及刑法、行政监管等公法规制问题，还提出了对科技与人文、私法基础与社会变迁等宏大命题的追问。

第三，本书的研究议题极具超前思维，又不脱离社会经济发展现实，前瞻性治理和问题意识拿捏得十分到位。例如，书中谈到对平台自治管理权的限制及平台异化问题，最近国家相关部门已对阿里巴巴、微信、美团等系列平台提出了反垄断的监管要求；书中有关于智能驾驶责任、平台违反安全保障义务的讨论，一再涌现的货拉拉乘客跳车和特斯拉刹车失灵等系列现实例子，与之呼应。

在我看来，该书是国内系统研究互联网和共享经济私法制度的集大成之作，在某种意义上填补了国内研究的空白。当然，书中的部分观点并非无可置疑，读者若存歧见，不妨与作者商榷。有共鸣，也有争鸣，这恐怕更符合作者初衷。我愿向读者，特别是关心数字经济法律制度的同仁推荐这部新意迭出的作品。

是为序。

中国法学会证券法研究会副会长
中国法学会商法学研究会副会长
2021 年 5 月 9 日于成都

前言 PREFACE

共享经济（sharing economy）与 20 世纪国外学者提出的"协同消费"（collaborative consumption）概念有直接关联。在某种意义上，协同消费与共享经济是同一事物。如果说当代共享经济与以往有什么不同的地方，就在于该经济模式是以信息化和互联网等工业革命技术的广泛应用来推动的。进入 21 世纪以来，互联网和大数据应用把许多商品、服务和社群活动高效互连，市场交易和人群交往逐渐呈现身份兼职化、资源分散化、消费便利化、交易电子化等特点。乘新科技之势，共享经济增加了它在社会发展中的权重。相关研究报告显示，共享经济在欧盟的市场交易额在 2025 年将达到 5700 亿欧元。对比 2016 年，这一数字只有 280 亿欧元。[1]一场在全球范围深刻改变人们生活的共享革命，可能正在发生。

这一进程并不是一帆风顺的。共享经济挑战传统法律治理，带来了很多争议。各国政府对共享经济没有毫无保留地接纳。在我国，共享经济在与现行法律的交汇中，经历了被传统治理体系从免疫排斥到逐步接纳的过程。网约车登陆初期，一线交通执法部门针对网约车的"钓鱼执法"时有发生，不少地方政府明确禁止私家车接入网络平台参与运输经营。[2]当前，网约车已成为我国交通出行体系的重要成员，共享单车则是城市公共交通"最后一公里"的通用解决方案。然而，对共享经济的质疑迄今一直没有停止。因多次

---

[1] See Vaughan Robert, Daverio Raphael, "Assessing the Size and Presence of the Collaborative Economy in Europe", PwC UK, *Impulse Paper for the European Commission*, 2016.

[2] 参见彭岳："共享经济的法律规制问题——以互联网专车为例"，载《行政法学研究》2016 年第 1 期。

发生乘客血案,滴滴顺风车业务被迫全国下线;货拉拉搬家服务因司机偏航,导致跟车用户途中跳车身亡的案件,近期再度搅动舆论场;〔1〕因面临市场准入不清晰、治安管理风险和扰民等问题,共享住宿长期游走在灰色地带;〔2〕作为共享金融代表的 P2P 网贷,在 2020 年底已被全面清退;等等。

共享经济法学研究繁荣的背后,同样隐藏着知识体系的断层。对共享经济的定义和分类从未统一,更谈不上形成相对清晰的分析框架。研究文献大多能够指出传统法学理论的不足,但这仅仅是我们讨论共享经济法律规制的第一步。解决共享经济是什么,应当是什么,以及如何建立与之相适应的法律治理体系的问题,事实经验、类型分析与价值判断同等重要。法律类型如何构建,恰恰是当前共享经济研究所缺乏的。另外,在关注和热情方面,公法学远高于私法学。理论短板在立法中自然流露,作为电子商务领域全球首部综合性立法的《电子商务法》〔3〕,在法律分类中似乎难以找到与共享经济直接对应的要素。

法律治理前瞻性思维同样不可忽视。法律是一种相对滞后的治理手段,但法学研究不是"滞后"的代名词。对传统法律的依赖可能会阻止我们接受法律变革。学人不能抱着"到时再看"的心态,商法研究尤其如此。商法不是守成之法,而应成为创新引领之法。为减少认识论上的不确定性,私法研究最好选择一些不那么抽象精准却实用的分析工具(如类型方法),通过新旧法律模型类推、比较,适当使共享交易法律构造具象化。

随着共享平台商业帝国的扩展,资源的可链接性增加了社会交往的便利度,数据和信息的流动提高了社会能见度。对于社会公众而言,现在比以往更容易实现一些社会目的,但也因此加剧了利益冲突。在资本冲动下,个别超级平台难免会落入无序扩张的陷阱,由此带来的治理问题已不局限在经济领域,而是蔓延至重大民生乃至政治领域。以创新为名进行的高杠杆融资、获

---

〔1〕 有关案件介绍,参见百度百科:https://baike.baidu.com/item/2·6长沙女子跳车事件/56105482?fromtitle=%E8%B4%A7%E6%8B%89%E6%8B%89%E8%B7%B3%E8%BD%A6%E4%BA%8B%E4%BB%B6&fromid=56118520&fr=aladdin,最后访问时间:2021年2月26日。

〔2〕 参见"共享住宿乱象",载经济观察网:http://www.eeo.com.cn/2018/0727/333437.shtml,最后访问时间:2020年11月30日。

〔3〕 《电子商务法》,即《中华人民共和国电子商务法》,为表述方便,本书中涉及的我国法律直接使用简称,省去"中华人民共和国"字样,全书统一,不再赘述。

取超额垄断收益、民生基本盘资本化运作给国家金融安全、民生就业和市场公平竞争带来了重大的潜在风险。"及时跟进研究数字经济相关法律制度",[1]这一官方法治规划应运而生。眺望逐步清晰呈现的数字治理格局,不同思维和理念同时在起作用:创新与底线并重,公法与私法齐飞,政府市场共一色。

进入新世纪的第二个十年,全球新冠肺炎疫情大流行加速了国际政治地理中心向东转移的格局和趋势。[2]为迎接世界百年未有之大变局,我国加快布局人工智能、平台经济和共享经济等战略性新兴产业。新能源、人工智能、5G、区块链、大数据和量子通信——这一长串清单所代表的是我国未来引领第四次工业革命的可能突破方向。在人类经济社会发展历史上,每一轮工业革命都有标志性的技术创新和应用,并且会带来法律制度的巨大变革,有的甚至是颠覆性变革。

据央视新闻报道,上海奉贤智能驾驶全出行链创新示范区于2021年1月正式开园,可为全国智能网联汽车提供社区、园区等典型场景出行链。[3]共享出行与智能驾驶、区块链等新科技一旦实现深度融合,会在法律治理上产生什么样的"化学反应"?还有,那些对人工智能异化风险和数字世界滑向"霍布斯丛林"的焦虑,能否被"合作""信任"等修辞美学所治愈?

在笔者看来,法律的理性、道德、公平和自律,哪怕只有很小一部分能够在入局者身上闪耀,互联网的未来图景都会有比较明亮的色调。相信时间最终会给出答案。

钟 凯

2021 年 2 月 27 日

---

[1] 参见中共中央印发的《法治中国建设规划(2020—2025 年)》。

[2] 参见刘建飞:"新冠肺炎疫情对国际格局的影响",载《当代世界与社会主义》2020 年第 3 期。

[3] 详见庞清珊:"国内首个智能驾驶全出行链创新示范区开园",央视新闻 2020 年 1 月 9 日报道。

目 录

序　一 ▶ 001

序　二 ▶ 004

前　言 ▶ 006

导　论　共享经济之契约面向 ▶ 001

　一、问题的缘起 ▶ 001

　二、共享契约：比较、证立与界定 ▶ 014

　三、基本方法：事实、类型、价值与逻辑 ▶ 022

第一章　共享经济的契约功能与法律类型 ▶ 031

　第一节　我国共享经济运行态势及发展趋势 ▶ 032

　　一、我国共享经济的整体运行态势 ▶ 032

　　二、我国共享经济发展趋势分析 ▶ 038

　第二节　共享平台功能分析：一个契约治理的视角 ▶ 045

　　一、共享平台契约治理的功能性分析 ▶ 046

　　二、平台契约治理组织变迁模型分析 ▶ 053

　第三节　我国《电子商务法》立法分类及其不足 ▶ 061

　　一、《电子商务法》立法过程及主要争议 ▶ 062

二、《电子商务法》中的法律类型及其不足 ▶ 068

第四节　共享契约的法律类型分析 ▶ 072

一、中介网络型共享 ▶ 073

二、平台租赁型共享 ▶ 076

三、组织协同型共享 ▶ 080

四、社群互助型共享 ▶ 083

五、法律分类模型及关系对比 ▶ 087

第二章　共享经济的私法价值范畴 ▶ 091

第一节　中国私法学基础的选择困境 ▶ 092

一、关于私法的历史定位及理论基础 ▶ 093

二、理性人假设：被动摇的私法基础？ ▶ 101

三、中国私法学理论基础的取舍 ▶ 109

第二节　共享契约私法理念：嬗变、坚守与协同 ▶ 115

一、共享契约治理的私法理念嬗变 ▶ 116

二、共享契约私法调整的基本理念 ▶ 123

第三节　《民法典》与共享契约治理的价值阐释 ▶ 131

一、平等共享与算法歧视 ▶ 132

二、平台自治与公平交易 ▶ 136

三、共享契约中的信任机制与价值阐释 ▶ 141

第三章　共享契约的私法构造 ▶ 147

第一节　共享法律关系的宏观构造特征 ▶ 148

一、共享法律关系的新颖网络性状 ▶ 148

二、共享法律关系的新型组织性 ▶ 152

三、共享法律关系的结构性 ▶ 155

目 录

第二节　共享法律关系的微观构造 ▶ 158

　一、共享法律关系微观构造之一：四类共享主体 ▶ 158

　二、共享法律关系微观构造之二：三大新型客体 ▶ 167

　三、共享法律关系微观构造之三：四种特殊权利 ▶ 173

第三节　共享契约的私法行为构造 ▶ 182

　一、共享契约与私法行为界分 ▶ 182

　二、共享契约行为之特殊构造 ▶ 187

　三、共享契约的意思表示解释 ▶ 192

第四章　共享平台私法责任体系化考察 ▶ 198

第一节　私法视野中的责任规范构造 ▶ 199

　一、私法责任的规范功能及分类 ▶ 199

　二、共享经济私法责任的基本特征 ▶ 205

第二节　共享平台私法责任体系化展开 ▶ 209

　一、违反共享服务合作义务的背信责任 ▶ 209

　二、共享平台违反法定义务的侵权责任类型 ▶ 214

第三节　新型共享权益侵害及责任扩张 ▶ 223

　一、认真对待惩罚性赔偿 ▶ 223

　二、人工智能侵权的共享平台责任再造 ▶ 232

余　论　关于未来的两点追问 ▶ 243

　一、共享契约：范式革命还是概念创新？ ▶ 243

　二、算法革命：组织变迁将通向何处？ ▶ 245

参考文献 ▶ 248

后　记 ▶ 269

INTRODUCTION 导 论
共享经济之契约面向

一、问题的缘起

20世纪70年代,美国华盛顿地区兴起了一种被称为"slugging"的独特通勤方式。"slugging"没有直接对应的中文翻译,其另一称谓可被译作"即时拼车"(instant carpooling)。它的运作方式十分简单:有空置座位的司机在特定停车点展示自己的目的地路线,或者直接摇下车窗喊出目的地,在路边自发排队等候的乘客上车确认目的地,然后离开。即时拼车是一种纯粹的互助(mutual benefit)通勤方式,整个过程没有金钱交易,司机和乘客甚至完全没有语言交流,通常只用一句"谢谢"结束。[1]

四十多年前的"slugging"被学者放置于"共享"的概念域,本质上,它并未脱离社区互助的范畴。更确切地说,这一词汇仅"表明了资源公平分配的社会的可能性",充其量是为节约汽油并规避主要通勤路线多座客车(HOV)限制的历史机制。[2]

最早从经济学的消费端讨论共享概念的,是美国的费尔森(Felson)和斯佩思(Spaeth)两位教授。他们以租车为例,首次探讨了消费者以某种优化方式协同消费(Collaborative Consumption)。[3]"协同消费"最初不属于完整意义的经济形态或商业模式,它只是主流消费形式的一种替代和补充。随着

---

[1] See About Slugging, Slug-Lines.com (last updated 1/31/2020 5:19:09 AM), http://www.slug-lines.com/Slugging/About_slugging.asp (accessed February 2, 2020).

[2] 参见[美]Mark Anderson、Max Huffman:"共享经济遇上反垄断法:Uber是公司,还是卡特尔,或是介于两者之间?",时建中、王佳倡译,载《竞争政策研究》2018年第3期。

[3] See Marcus Felson, Joe L. Spaeth, "Commummunity Structure and Collaborative Consumption: A Routine Activity Approach", *American Behavioral Scientist*, March 1978.

工业信息技术的发展，特别是 2.0 版互联网技术的引入，协同消费被真正视为一种持续的革命性经济现象。在互联网经济的场域中，人们开始将共享经济（sharing economy）与技术驱动的新经济联系起来，并在不同应用场景使用在线协同（online collaboration）、P2P 金融（peer-to-peer financing）、开放式资源（open source）等不同称呼来描述"共享"这种新经济形式。[1]

近年来，在大数据和通信技术的助力下，共享经济迅速"攻城略地"，优步（Uber）、空中食宿（Airbnb）等典型业态风靡全球，共享经济得到了各国政府和学界的高度关注。孕育中的新工业革命仍在积累着自身的力量，共享经济还在不断发展演变中，学界和实务界对共享经济的概念内涵、外延和商业模式等事实要素尚未形成清晰的分析脉络，对于共享经济的法律特征、给予共享经济何种法律地位以及作出哪些法律框架调整同样没有达成一致见解。

（一）破坏性创造还是创造性破坏？

对于如何看待这种新经济形式，共享经济是否属于值得鼓励的创新，学界存在两种截然不同的看法。一种代表性观点来自《第三次工业革命》一书的作者里夫金教授。在《零边际成本社会：一个物联网、合作共赢的新经济时代》这本著作中，里夫金对互联网通信、物联网、3D 打印等新技术所催生的共享经济模式的优越性深信不疑。在里夫金看来，所有权时代将成为历史，共享经济具有终结资本主义的巨大潜力。他写道：

> 社会将不再只以"我的"或"你的"来区分……至少在这个由分布协作的点对点网络协调的新世界里，部分新一代年轻人已经开始打破以资本主义时代经济生活为特征的物质主义综合征。他们正在构建共享经济，在这一经济模型中，物质主义更少，可持续性更强，权宜之计更少，同情心更多。[2]

然而，并不是所有人对共享经济的判断都这样乐观。在《经济奇点：共

---

[1] See Juho Hamari, Mimmi Sjöklint and Antti Ukkonen, "The Sharing Economy：Why People Participate in Collaborative Consumption", *Journal of the Association for Information Science and Technology*, 67（9），September 2016, pp. 2047~2059, https://www.researchgate.net/publication/255698095_The_Sharing_Economy_Why_People_Participate_in_Collaborative_Consumption.pdf（accessed March 22, 2019）.

[2] [美] 杰里米·里夫金：《零边际成本社会：一个物联网、合作共赢的新经济时代》，赛迪研究院专家组译，中信出版社 2014 年版，第 296~297 页。

享经济、创造性破坏与未来社会》一书中,新美国基金会的高级研究员史蒂文·希尔对共享经济持另一种谨慎态度。对于书中所列举的"空中食宿""优步""任务兔子""丝绸之路"等共享经济平台,作者使用了大量的黑暗细节来说服读者,共享经济展现出的效果并非熊彼特意义上的"破坏性创造",而是一种可能给整个经济社会带来潜在性威胁的"创造性破坏"。尽管作者试图调和技术风险和监管的紧张关系,但对共享经济的评价基调仍以警惕和防范为主调:

> 我们必须制定"预警原则"来说"不",特别是对那些可能造成一定威胁但我们全然不知的技术或创新。我们的确要确保"创造性破坏"仍然具有创新性,但因为它是破坏性的,所以我们必须进行适当的监管……不幸的是,如果我们的社会继续走错路——如果我们为下一代做错政策选择——那将会葬送我们国家的未来,而且也许是无法挽回的。[1]

与一些国家和地区对共享经济的态度不同,中国政府对共享经济始终抱有较大热情,并给予了高度评价。2014年在达沃斯论坛上,国务院总理李克强提出"大众创业、万众创新",而互联网与共享经济就是大众创业、万众创新的一种新思维和新动力。[2]在2016年的中国政府工作报告中,共享经济被归入"互联网+"的新经济形态范畴。《中共中央关于制定国民经济和社会发展第十三个五年规划的建议》明确提出发展分享经济,《中共中央关于制定国民经济和社会发展第十四个五年规划和二○三五年远景目标的建议》进一步将平台经济和共享经济作为战略性新兴产业推动发展。不仅如此,国家部门还在推动新一代信息技术与制造业深度融合,譬如区块链技术、共享经济正与智能驾驶相互结合,为共享服务的优化升级提供了广阔前景。

当前,我国共享经济已发展壮大成为一种可辨识的商业模式。经济学理论界倾向于认为,这些商业模式符合规模效应、边际成本接近于零、交易成

---

[1] [美]史蒂文·希尔:《经济奇点:共享经济、创造性破坏与未来社会》,苏京春译,中信出版社2017年版,第434页。

[2] 参见王喜文:"大众创业、万众创新与共享经济",载《中国党政干部论坛》2015年第11期。

本降低、知识协调（knowledge coordination）等创新逻辑。[1]对共享经济已经不再是要不要承认其合法地位的问题，目前考虑的重点是在鼓励共享经济发展的同时如何追踪跟进研究相关法律制度，分析现有法律制度能否跟上市场创新的步伐，并围绕共享经济带来的额外政治和社会效果，研究加强整体治理。以上系列问题需要由包括法学在内的各学科的学术同行携手解决。

（二）调整哪一类共享经济？

以法治原则和法律工具调节共享经济有一个前置性问题需要解决，即如何界定共享经济的内涵与外延。在国内外主流学界关于共享经济概念的讨论中，出现频率较高的描述词汇主要有点对点（peer-to-peer）新型市场[2]、闲散资源的商业化利用[3]、再中介化组织等[4]。有时候，共享经济等同于"协作消费"，或者被"链接经济"（access economy）所指代。[5]不同概念描述中，有的强调交易非商属性，有的侧重描述经济功能，有的界定组织特征。但是，所有这些特征都不能锁定共享经济的"漂移"坐标（floating signifier）。来自各国的经验证据表明，共享经济并非是一个确定的概念，许多不同类型的平台经营活动都被贴上了"共享经济"的标签，具有跨域极其广泛的表现形式。[6]

从共享经济的上位概念来看，形式各异的共享交易可归于平台经济或网络交易。几乎可以确定，以互联网零售为特征的电商平台（如京东、天猫商城）并不属于人们通常所理解的共享经济。在实践中，共享经济版图在我国经历了急速膨胀，共享单车、共享篮球、共享雨伞、共享充电宝等顶着"共

---

[1] 谢志刚："'共享经济'的知识经济学分析——基于哈耶克知识与秩序理论的一个创新合作框架"，载《经济学动态》2015年第12期。

[2] Vanessa Katz, "Regulating the Sharing Economy", Volume 30 Berkeley Tech. L. J., 2015, p. 1070.

[3] 蒋大兴、王首杰："共享经济的法律规制"，载《中国社会科学》2017年第9期。

[4] 卢现祥："共享经济：交易成本最小化、制度变革与制度供给"，载《社会科学战线》2016年第9期。

[5] See Heather Scheiwe Kulp and Amandal Kool, "You Help Me, He Helps You: Dispute Systems Design in the Sharing Economy", *Washington University Journal of Law & Policy*, Vol, 48, 2015, pp. 179~230.

[6] See Cristiano Codagnone, Frederico Biagi and Fabienne Abadie, "The Passions and the Interests: Unpacking the 'Sharing Economy'", Institute for Prospective Technological Studies, JRC Science for Policy Report 2016, http://ssrn.com/abstract=2793901 (accessed Jan 3, 2020).

享"光环的产品纷纷面世。[1]对于这类平台是否属于共享经济,存在不同解读。共享单车等平台以自有的资产(单车)直接提供服务,虽然用户通过平台的分享获取了标的物使用权,但在交易中共享用户并不以平台为交易载体。换句话说,这种分享是单向的,即用户仅能从平台而不能从其他用户处获取标的物。因此,有观点认为,共享单车有"享"无"共",不是典型的共享经济。[2]

在另一种观点看来,在共享单车的应用场景中,所谓的闲置资源利用主要体现在用户的使用权上,因此可扩大解释为一种共享形式。[3]地方实践似乎也表达了不同立场。比较《成都市关于鼓励共享单车发展的试行意见》和《深圳市关于鼓励规范互联网自行车的若干意见》两个地方政策的文件,从其中的名称差异或可窥探,各地对这类平台性质的认识并不统一。

此外,共享经济以"经济"为中心词,清楚表明共享平台是以获取一定经济报酬甚至是以营利为目的的。在国外,有观点将共享经济限定为一种付费的交易模式,脱离了"免费消费者"的范畴。[4]这并非全无争议。首先,收费和营利不是等同的概念。共享经济的最初目的只是利用闲置资源,而不是营利。其次,共享交换可以表现为用户收取一定的费用,也可以是一种无金钱属性的合作互助。最后,正如本书第一章将指出的那样,非营利平台和营利平台之间的界限并非一贯清晰,存在相互转化的空间。

当然,对一些异于传统经济、可识别的共享商业模式,大部分情况可被视为属于共享经济范畴,各国法律系统或多或少都对此作出了反应。以引发各界热议的网约专车为例,欧美发达国家的法律实践对网约车的合法性、网约车平台的法律地位、监管规则如何建立等重大问题存在不同认定。[5]在我

---

[1] 参见丁慎毅:"变味的共享经济还能够走多远?",载《信息时报》2017年5月11日。

[2] 参见侯利阳:"共享经济规制的新路径",载陈云良主编:《经济法论丛》(总第31期),社会科学文献出版社2018年版。

[3] 参见周游、杨淑君:"共享经济背景下社会信用体系构建之省思——以共享单车治理为视角",载甘培忠主编:《共享经济的法律规制》,中国法制出版社2018年版,第168页。

[4] See G. M. Eckhardt and Fbardhi, "The Sharing Economy isn't about Sharing at All", *Harvard Business Review*, (01) 2015, pp. 81~98.

[5] 关于德国法学界对网约车平台的法律地位与责任承担的不同认识,可参见张冬阳:"专车服务:制度创新抑或违法行为?",载《清华法学》2016年第2期。关于美国司法实践对网约车与巡游出租车监管框架的不同认识,可参见 Illinois Transportation Trade Association, et al. VS City of Chicago and Dan Burgess, et al. Nos. 16-2009, -2007, &-2980.

国,网约车的合法性也一度成了人们讨论的热点。有的网络平台虽然没有冠以"共享"的名义,但实质上却提供了以点对点分享为内容的网络聚合服务,如"抖音""内涵段子""快播"等短视频分享平台。对网络直播和网络视频分享的平台案例,社会关注度其实不亚于网约专车,舆论焦点却未投注于"共享"身上。"内涵段子"和"快播"被相关部门永久封停且引人注目主要是因涉黄和格调低俗等突出问题。"快播案"还牵涉平台主要管理人的刑事责任,引发了公众对法律与技术关系的关注。[1]

严格来讲,不同类型的共享平台对法律调整的需求是不同的,运用不同法律部门调整方法的效果自然也有差异。共享经济跨域极广,非单一部门法能独力应对。譬如,在"快播案"中,P2P共享服务提供者不仅涉及网络时代的新型犯罪主体,[2]背后还延伸出了共享平台服务者所负的民事特殊义务、不同法律义务之间的界限及其相互关系。鉴于共享经济范围波及广泛,离开对共享经济法律关系的类型化考察,法学分析便难以得出符合实际的结论。笼统地说如何规制共享经济,并没有多少现实意义。

(三) 共享经济特征与法律挑战

考虑到共享经济的多样性乃至巨大差异,对共享经济的某些共通特征加以总结,使之被置于已有法律体系中比较分析尤其有必要。这便于我们更好地发现问题,深刻理解共享经济特有的法律调整需求。通过梳理相关研究文献,结合经验观察,我们可以看到共享经济的诸多特征是如何给传统法律结构带来挑战的。

1. 商品和服务的链接性与跨业竞争

互联网信息技术为平台创新提供了技术基础,于是,一系列的商品、服务甚至许多非营利性的活动被广泛链接。共享经济的链接特性产生了一种特殊的经济效果——链接服务的不断渗透与跨业竞争打破了原有的行业壁垒,越来越多的商品和服务被组合成新的产业链条。在这些产品和服务链条中,市场主体无需采取纵向一体化方式整合资源,只需通过松散合约和技术链接进行轻

---

[1] 参见白龙:"用法治方式读懂'快播案'",载《人民日报》2016年1月11日。

[2] 参见高磊:"论P2P共享服务提供者的刑事责任——以快播案为视角",载《环球法律评论》2017年第5期。

资产运行,以避免资产投入被锁定在特定主体、场所、时间和行业。[1]而资产专用性降低又进一步强化了跨业竞争的趋势。

服务的链接特性还带来了行业划分的新争议,这对原有法律调整结构造成了额外影响。譬如,在线短租业务中,业主通过将闲置房屋租给有短期需求的用户而获得一定的经济收入,消费者也可以较低支出代替酒店需求。[2]法律监管者很难清晰界定,在线短租到底是酒店服务市场还是房屋租赁市场?私法领域同样如此。房屋租赁这种传统民事关系中嵌入了酒店服务这类具有公共属性的商事关系,民事法律关系客体进一步碎片化,加大了法律关系的识别难度。对全产业链进行法律调整,不可避免地要全面考察共享平台、出租方、租赁方和第三方等不同维度的法律关系。如果平台继续链接财产保险、保洁、融资等附加服务,情况将进一步复杂化。另一个副作用是,一些平台利用法律关系的模糊性刻意实施"监管干扰套利"策略,[3]借此赢得了庞大的市场份额。此外,资本的无序竞争还可能带来社会稳定和公共安全等秩序法益保护问题。

2. 零边际生产成本与大规模业余化

平台经济普遍具有网络规模效应。这一效应主要是指,新增加一个生产者供应的成本无限趋向于零,即出现零边际生产成本倾向。[4]边际生产成本倾向于零直接导致产品供给相对过剩,而供应成本的变化打破了原有的专业特权,推动了"大规模业余化"进程。[5]

也就是说,尽管大部分共享交易都由共享平台这一"经营者"发起或推

---

[1] 有关资产专用性理论,可参见克莱因等人于1978年发表的《纵向一体化、可转移性租金与竞争性缔约过程》一文。See B. Klein, R. A. Crawford and A. A. Alchain, "Virtical Itegration, Appropriable Rents, and the Competivive Contract Process", *Journal of Law and Economics* 21, Octobor, 1978, pp. 297~326.

[2] 国内短租行业的典型有蚂蚁、木鸟、小猪等平台。参见辛超、张鹏:《分享经济:重构商业模式的九个关键点》,人民邮电出版社2016年版,第218~221页。

[3] 参见[美]Mark Anderson、Max Huffman:"共享经济遇上反垄断法:Uber是公司,还是卡特尔,或是介于两者之间?",时建中、王佳倡译,载《竞争政策研究》2018年第3期。

[4] 参见[美]杰里米·里夫金:《零边际成本社会:一个物联网、合作共赢的新经济时代》,赛迪研究院专家组译,中信出版社2014年版,第11页。

[5] 参见[美]克莱·舍基:《人人时代:无组织的组织力量》,胡泳、沈满琳译,浙江人民出版社2015年版,第57页以下。

动，但许多共享产品和服务已不是由传统意义的经营者所提供，而是由非职业性和非商化的个人分散供给，这种交易模式在许多方面都不符合传统商法关于商行为的定性。[1]重新界定新的交易结构成了竞争法、商法共同关注的对象。

3. 传统组织瓦解与再组织化

公司是现代商事主体的主流组织形式。在交易成本经济学上，公司等经济组织最重要的特征就是等级制。等级制的强弱通常由决策的集中或分散来判断，但凡是等级制便均存在一个"总代理人"。[2]在共享经济的交易过程中，共享平台反其道而行之，企业组织结构性地转变为不受管理层指挥而运行的松散群体。[3]这样，共享机制在本质上便区别于传统组织理论，它消解了商人（企业）和社团组织的中间环节，全部或部分让位于非等级制的共享机制指引。

在法社会学层面，这种新型的组织结构是否能以传统社团法来解释？如果不能，它具有何种组织特征？竞争政策方面，它的紧密程度能否达到影响竞争公平性的程度？劳动法上，参与共享交易的主体哪些能被纳入传统劳动关系进行处理？正如我们所看到的社区互助那样，共享参与者不总是追求直接的经济效益，在打破社区及团体封闭性身份利益的前提下，共享用户基于哪一种规则被组织起来？这一系列问题的答案取决于如何理解共享机制的组织特性。

4. 所有权与使用权的新型分离

国家发展和改革委员会等八部委于2017年发布的《关于促进分享经济发展的指导性意见》第2条将共享经济的特征总结为"所有权与使用权相对分离、供给侧与需求侧弹性匹配、消费使用与生产服务深度融合"。在历史上，所有权与使用权分离并不是什么新生事物，互联网不过是实现了使用权更加高频、有效地利用。共享交易的新颖之处在于，两权分离不只是简单取得交易标

---

〔1〕 商行为是指营利性或虽不易判断其营利性但在营业上实施的行为。参见王保树：《商法总论》，清华大学出版社2007年版，第232页。

〔2〕 参见 [美] 奥利佛·E. 威廉姆森：《资本主义经济制度：论企业签约与市场签约》，段毅才、王伟译，商务印书馆2002年版，第309~310页。

〔3〕 参见 [美] 克莱·舍基：《人人时代：无组织的组织力量》，胡泳、沈满琳译，浙江人民出版社2015年版，第35~38页。

的财产的特定使用权，而是在于取得方式及其空间和范围的扩展——在互联网和大数据的推动下，购买或交换特定财产、服务或不同组合的"链接权"。

与传统物权和财产法客体解构、碎片化同时发生的是互联网产品和服务所链接客体的渗透式无限扩张，由此促使对用户的身份识别、交易标的电子化公示、交易信用评价等新治理规则的兴起，与同样复杂且多元化的法律主体形成一种新型合约、财产和个人信息人格权关系相互交织，公法与私法耦合的复杂法律结构。

5. 双层市场、自然垄断与"免费"消费者

共享交易拥有平台和终端双层市场的结构特征。在平台市场这一层次，平台的竞争对手是相关市场中的其他平台。[1]两个层次的市场并非完全无涉，而是一种具有交叉网络外部性（Cross-group Network Externality）的双边市场（Two-sided Markets）。[2]市场双边性和网络效应带来特殊的经济效果：平台用户越多其市场影响就越大。[3]平台市场的影响力还具有双边传导性，平台市场所提供的交易规则对用户关系的建立与互动具有重要影响。

如果仅考察用户市场，平台市场份额和市场交易似乎与垄断无关。但基于双边市场的考察，平台市场明显带有自然垄断（natural monopoly）的属性，既需要考虑政府的规制，[4]又要关注平台用户消费者保护等法律议题。在后一种情形中，一个关键问题在于，共享平台与其用户并非是那种经营者与消费者的简单对应的传统消费关系。"免费"是互联网的重要思维，哪怕是在"付费"的平台商业模式中，免费消费者也在不同范围内存在。由谁来对免费消费者负责是新型消费关系中需要解决的一个问题。非营利的共享行为是被放置于"消费"关系还是被放置于特殊的民事关系来处理，不无疑问。在营利性和非营利性活动都由同一个平台组织实施，或者随时可能发生切换时，

[1] 相关市场界定是反垄断法规则中的重要概念。根据《国务院反垄断委员会关于相关市场界定的指南》第2条的规定，相关市场界定是反垄断机构对市场行为进行竞争分析的前提。

[2] 蒋岩波："互联网产业中相关市场界定的司法困境与出路——基于双边市场条件"，载《法学家》2012年第6期。

[3] See Katz Michael and Shapiro Carl, "Network Externalities, Competition", *The American Economic Review* 75, (3) 1985, pp.424~440.

[4] 参见董炯："政府管制研究：美国行政法学发展新趋势评介"，载《行政法学研究》1998年第4期。

尤其如此。

严格意义上，不是任何形式的共享交易都具备以上所有特征，大多只具备其中一种或某几种。不论特征是否完整，各类共享经济给传统法律系统带来的挑战都是全面、深刻和长远的。当前，共享经济正以润物细无声的方式深入到衣、食、住、行、健、知、安、娱等社会生活的每个角落。但是，新规则与旧观念的冲突不可能在短时间内消除，新科技应用从潜在性转向场景化、商业化和产业化需假以时日。这些因素共同决定了共享经济与当代社会的磨合还存在一段较长的适应期。历史经验已充分表明，技术和市场创新的滚滚车轮势不可挡，传统法律对共享经济的暂时压制并不能抹杀后者带来的长期经济社会效果。对决策者和研究者来说，即使不是作出即刻转变，也需要建立前瞻性治理思维。

（四）国内法学研究现状

对共享经济的概念、特征和分类的研究多见于相关经济学文献。法学界对共享经济法律规制同样投入了极大热情。研究者早已注意到，共享经济会引起广泛利益冲突，并对传统法律结构发起挑战。[1]在2015年至2016年这两年里，大多数文献有着共同的研究对象，即专车类共享平台，且多因循公法或规制研究路径。[2]择其要点如下：唐清利提出了"合作监管+自律监管"的混合规制模式；张冬阳主张承认代驾出租等模式的合法性；熊丙万认为，政府的主要角色是安全监管，其他应交由平台自主实施；彭岳也认为政府无须实施传统的价格、数量和行为管制；张力强调了政府规制战略模糊和地方试验的重要性。

有些研究致力于对共享经济开展基础性的概念、理论以及宏观性的规律

---

[1] 参见齐爱民、张哲："共享经济发展中的法律问题研究"，载《求是学刊》2018年第2期。

[2] 政府规制或公共性规制方面的代表性法学研究文献包括：唐清利："'专车'类共享经济的规制路径"，载《中国法学》2015年第4期；张冬阳："专车服务：制度创新抑或违法行为？"，载《清华法学》2016年第2期；侯登华："共享经济下网络平台的法律地位——以网约车为研究对象"，载《政法论坛》2017年第1期；熊丙万："专车拼车管制新探"，载《清华法学》2016年第2期；向超："网约车法律规制：逻辑与思路——兼评《网络预约出租汽车经营服务管理暂行办法》"，载《西南政法大学学报》2017年第6期；彭岳："共享经济的法律规制问题——以互联网专车为例"，载《行政法学研究》2016年第1期；王天玉："基于互联网平台提供劳务的劳动关系认定——以'e代驾'在京、沪、穗三地法院的判决为切入点"，载《法学》2016年第6期；张力："共享经济：特征、规制困境与出路"，载《财经法学》2016年第5期。

探索，代表性文献包括蒋大兴和王首杰发表的《共享经济的法律规制》和《法律规制共享经济的事实前提》两篇学术论文。这两篇文献不仅讨论了共享经济的概念界定、主要类型、规制理念、规制策略，还就平台法律地位、共享法律关系客体、共享交易法律结构等中观层面的共享经济法律问题展开了竞争法、劳动法和商法等法域的协同性研究与规制体系性回应。[1]

甘培忠主编的《共享经济的法律规制》一书主要从监管、信息披露、协调竞争、公共政策实施等不同方面总结"共享经济"的法律规制理念。这一著作围绕共享经济下的消费者权益保护、商业模式合法性辨析、个人信息保护、共享单车的押金和保险、共享医疗和股权众筹政府监管等问题，为共享经济法律规制提供了诸多研究细节。[2]尽管书中涉猎内容广泛，横跨多部门法域，但限于本身的论文集定位，未能提供整体性的研究框架。

于莹在《共享经济法律规制的进路与策略》一文中所讨论的共享经济规制进路，也属于偏重宏观的研究。该文区分了闲置型和经营型共享经济，为此提出了不同规制策略。按照作者的思路，这一区分的关键是共享平台的供给方提供的物品和服务是否是其闲置的资源。具体而言，个人化的点对点交易属于闲置型共享经济，而共享单车、共享充电宝等由平台投放资源形成的商业模式为经营型共享经济。[3]

以上文献的研究对象整体上可归于商法研究，但许多内容过于依赖公法规制工具，未能从私法视角提供更多的研究细节。

民法领域暂未检索到关于共享经济的系统性研究，仅有一篇论文涉及共享平台侵权责任的体系化研究。[4]其他相关研究部分与共享经济（平台）有关，主要集中在网络交易法律关系和平台民事责任领域。其中的代表性论文有杨立新的《网络交易法律关系构造》、[5]王道发的《电子商务平台经营者

---

[1] 参见蒋大兴、王首杰："共享经济的法律规制"，载《中国社会科学》2017年第9期；蒋大兴、王首杰："法律规制共享经济的事实前提"，载《扬州大学学报（人文社会科学版）》2017年第3期。

[2] 参见甘培忠主编：《共享经济的法律规制》，中国法制出版社2018年版。

[3] 参见于莹："共享经济法律规制的进路与策略"，载《法律适用》2018年第7期。

[4] 参见丁宇翔："跨越责任鸿沟——共享经营模式下平台侵权责任的体系化展开"，载《清华法学》2019年第4期。

[5] 参见杨立新："网络交易法律关系构造"，载《中国社会科学》2016年第2期。

安保责任研究》、[1]孙晋和袁野的《论平台经营者的民事法律责任——〈电子商务法〉第38条第2款的解释论》、[2]齐爱民和陈琛的《论网络交易平台提供商之交易安全保障义务》,[3]以及杨立新和韩煦的《网络交易平台提供者的法律地位与民事责任》,[4]等等。

从研究领域和研究对象观之,这些文献都直接或间接涉及共享平台的私法调整,大部分都集中在专车平台,以平台法律地位、网络(共享)交易法律关系和平台民事责任研究居多,且解释论多于立法论。其中,早期研究领域侧重于《消费者权益保护法》,晚近则主要针对《电子商务法》的适用。具体探及观点,可从三方面言之:

(1)关于平台的法律地位。多数观点否定平台的居间人身份,主张平台是共享关系的直接交易方(如唐清利、侯登华和熊丙万等人)。较新颖的观点有:熊丙万提出共享平台的运行机理不同于传统组织;蒋大兴和王首杰指出车辆和房屋类的共享平台对交易有整体控制力,而平台以外的交易参与者则应被定位为非商主体。

(2)关于网络(共享)交易法律关系。杨立新经考察后认为,这类关系涉及多方主体关系及第三方辅助性关系。对于共享平台与卖家的关系,目前主要有劳务说(王天玉)、劳动关系说(侯登华)和新型劳动关系说(蒋大兴和王首杰)等不同观点。对于平台与买家,一般认为它们属于特殊消费关系(蒋大兴、王首杰)。

(3)关于网络(共享)平台的民事责任。侯登华和张东阳等人认为,专车类共享平台应承担承运人责任。熊丙万认为,拼车车主仅承担过错责任。丁宇翔主张强化共享平台侵犯个人信息的归责,区分交易组织型和交易主体型,设定民事责任体系。蒋大兴和王首杰提出了共享平台和用户的共同经营者责任。杨立新和韩煦探讨了网络平台的附条件连带责任。齐爱民和陈琛分

---

[1] 参见王道发:"电子商务平台经营者安保责任研究",载《中国法学》2019年第6期。

[2] 参见孙晋、袁野:"论平台经营者的民事法律责任——《电子商务法》第38条第2款的解释论",载《财经法学》2020年第1期。

[3] 参见齐爱民、陈琛:"论网络交易平台提供商之交易安全保障义务",载《法律科学(西北政法大学学报)》2011年第5期。

[4] 参见杨立新、韩煦:"网络交易平台提供者的法律地位与民事责任",载《江汉论坛》2014年第5期。

析了平台基于安全保障义务的补充连带责任。针对电子商务平台，孙晋和袁野认为《电子商务法》第38条第2款中的所谓"相应责任"，是指根据不同情形认定平台连带责任、补充责任和不真正连带责任；王道发提出电子商务平台的安保责任来源于私法合作义务。

进一步挖掘这些观点背后的研究方法、路径，我们还可以发现一些规律，并呈现以下特点：

首先，有关研究建立在对共享经济的不同定义和概念使用语境下，许多文献的研究对象并不一致。有的研究将共享单车等平台自营交易模式排除在共享经济范畴之外，大多数则局限于某一类共享平台（专车）范围，有的概念外延相当宽泛，涵盖一般意义的互联网平台。

其次，大部分文献都一定限度地采用了交叉学科研究方法。共享经济法学研究所借鉴的外来学科主要是制度经济学，几乎每篇文献都要使用这些分析工具对共享经济进行定义和分类。即使局限在部门法和法教义学研究，有关研究内容也是跨法域的，通常是商法与经济法、商法与公法等部门法的互动。

最后，有关研究的演变总体上体现了以点带面、逐步推进的研究规律性。对共享经济的早期研究，基于对网约车的问题意识，主要围绕市场准入、竞争公平和政府规制等经济法、行政法展开，随着研究的深入，才逐渐扩展到权利保障、交易法律构造和民事责任体系等私法学问题。

当前，有关法学研究还有一个重要的倾向，即前文提及的"重公轻私"问题。究其原因主要有三点：一是法学界对共享经济的内涵和分类缺乏统一认识，现有分类多来自经济学、管理学等他学科定义，缺少法学规范特征以及标准模板。二是法律类型构建缺位，这必然会影响到对法律构造、责任规则方面的精细化研究，难以扩及私法关系、行为、主体和权利等微观层面。三是在一定程度上忽视共享经济的市场创新逻辑，即共享交易本质上属私法行为。一个较为明显的事实是，迄今为止，尚无文献针对共享经济的契约面向作深入考察。

以上综述反映了既有研究的一些不足，同时也提示了后续研究的突破方向。下一步研究势必要选择合适的类型分析工具，提炼中度抽象层面的契约概念，这样既能解决理论基础、价值选择等宏观性、基础性问题，又能重点从契约类型及其法律构造方面加以突破,继而进一步剖析主体、行为、组织和责任等微观细节,最终实现对共享经济私法调整的全面性、体系化考察。

二、共享契约:比较、证立与界定

共享经济发端于市场,创新于组织变迁,属于根植于市场自发秩序的私法行为,本应无疑义。契约是私法自治的主要行为表现,这在私法领域也是不证自明的公理。既然如此,我们能否将共享交易作为一种独立或独特的契约形式加以考察?这不仅受到共享契约规范定位的影响,也取决于研究者运用的解释工具以及运用得是否娴熟。毋庸讳言,由于对传统民法的路径依赖以及我国商事立法体系化的不足,欲在私法研究中界定一类非典型商事契约的难度自然无法与民法概念等量齐观。所幸的是,"契约"一词不是封闭的法学概念,形形色色的契约概念有不同的内涵,远比法学自身的含义宽泛,不同概念存在相互影响和借鉴的关系。共享契约的界定可以从不同学科中吸收哪些有益成分,需要一点澄清,也需要一些比较。

(一)契约概念的"他山之石"

契约一般被认为是具有特定内涵的法学概念。在德国潘德克顿民法体系中,法律行为是私法自治的工具。[1]大多数交易均可被类型化、精确化为不同法律行为,从而实现不同层面的私法自治。大多数契约都可以在法律行为这一私法概念中容身。我们不能狭隘地认为,契约一词是法学的专利。从更广义的角度来看,所有交易都是通过契约来完成的,交易本身构成了人类的全部政治、经济和社会活动。

1. 多元化的契约内涵

按照制度经济学家的定义,交易类型可被划分为平等主体之间的谈判型交易(市场买卖)、上下之间不平等的管理型交易(包括政府等权威)和身份型交易(根源于提供者的仁爱与助人习惯)。[2]从广义上理解,契约是人们从事市场交易、社会合作和政治参与的基本工具,其在不同的语境下有不同的含义。

---

〔1〕 参见〔德〕迪特尔·梅迪库斯:《德国民法总论》,邵建东译,法律出版社2000年版,第142页。
〔2〕 参见〔美〕A.爱伦·斯密德:《财产、权力和公共选择》,黄祖辉等译,上海三联书店、上海人民出版社2006年版,第16~21页。

在市场经济体系中，交易中的契约形式也具有不同特征。经济学现代合约理论将契约分为完全合同和不完全合同。理想契约可以自动履行，无需他人干涉，称为完全合同；考虑到交易成本，契约履行经常会背离理想状态，诉诸法庭的合同纠纷通常具有不完全性的特征，复杂的长期契约更是如此。[1]

在政治学领域，近代启蒙思想家将政治过程理解为主权者与治理者之间的契约互动，即所谓的社会契约。依社会契约理论的经典表述，它试图解决的是以下问题：

创建一种能以全部的力量来维护和保障每个结合者的人身和财产的结合形式，使每一个在这种结合形式下与全体相联合的人所服从的只不过是他本人，而且同以往一样的自由。[2]

契约的多元化内涵决定了契约描述工具的多样性。为了说明不同属性的契约，研究者往往会用不同的词汇来描述它们，诸如合约、承诺、竞争、自治、公意、组织或治理。相应地，为不同契约提供制度支持的法律部门也呈现出多层次性，包括民法、合同法、公司法、信托法、劳动法、竞争法等。

2. 非法学内涵的商事契约

商事契约的概念一般是在规范意义上使用的，但并非一成不变。在商法研究中，商事契约有时不是特指某种法律契约形式，而是一种跨学科的解释性概念。譬如，商法学者借用"社会契约"和"不完全契约"等不同学科概念，将公司契约整体解释为一种长期性、网络状的关系契约。[3]依此理解，公司契约不是某一类独立性质的合同，而是一系列不同主体、不同阶段及由不同属性关系结合而成的合约束。从这个意义上讲，公司契约不是在民事法律行为的意义上使用，其主要功能是为公司自治提供理论基础，同时对公司与股东、董事、利益相关者以及股东之间、股东与董事之间的关系作出合理

---

[1] 参见［美］奥利弗·哈特等：《现代合约理论》，易宪容等译，中国社会科学出版社2011年版，第61~63页。

[2] ［法］卢梭：《社会契约论》，李平沤译，商务印书馆2017年版，第17~18页。

[3] 参见罗培新等：《公司法的法律经济学研究》，北京大学出版社2008年版，第22~29、34~37页。

的解释。[1]

3. 作为治理方式的契约

契约从广义上还可以被界定为一种治理方式。关于合同治理的理解，主要来自交易成本经济学的贡献。该理论以交易作为分析的基本单位，任何市场交易问题都可以直接或间接地被作为合同问题来对待。具体来讲，对市场交易进行全面研究，就是通过不同的途径，把各种不同属性的交易还原为不同的治理结构（决定合同关系是否完整的组织结构）。交易属于哪些属性，应分别定义，不同治理结构需要不同的激励和适应属性。[2]

交易成本经济学上的契约，与法律意义上的契约有密切的关联性。就某一方面来看，经济学家对契约的解读正是来自于法律规则的定义。其中一些定义为法学和经济学所共同推崇。例如，"一个或一组要求法律对违背行为给予矫正或法律在某些方面确认对它（或它们）的履行行为一项义务的承诺"。[3]

整理契约的不同学科分类有助于提高法律分析的便利度，但副作用是可能增加一定的认知成本。譬如，合同法中的契约（经典契约）与具有长期性的公司契约（关系契约和层级契约）分别属于组织理论的两种具体场景。按照契约理论的诠释，私法无非就是确保不同属性的契约得到正确履行。公司法上的许多法律条款均可以被理解为所有各类公司的标准契约。[4]基于契约理论的演绎，契约化解释可以扩展至整个私法制度。如此，大部分私法规则均可被解释为契约履行的法律装置，即私法规定一套适用于特殊情况的权利义务机制，甚至某些强行性条款和侵权责任，也可以被理解为模拟私人同意

---

[1] 参见钟凯：《公司法实施中的关联交易法律问题研究》，中国政法大学出版社2015年版，第116~117页。

[2] 参见［美］奥利弗·E.威廉姆斯：《资本主义经济制度：论企业签约与市场签约》，段译才、王伟译，商务印书馆2002年版，第64~65页。

[3] 参见［美］奥利弗·E.威廉姆斯："再探法律现实主义：法律—经济学—组织视角"，载［美］斯蒂文·G.米德玛编：《科斯经济学：法与经济学和新制度经济学》，罗君丽、李井奎、茹玉骢译，张旭昆校，格致出版社、上海三联书店、上海人民出版社2010年版，第170页。

[4] 参见［美］理查德·A.波斯纳：《法律的经济分析》，蒋兆康译，中国大百科全书出版社1997年版，第513~518页。

的第三方（如法官）代替机制。[1]

这种对私法规则的广义契约化解释，未必为正统法学观念所接受，但应当看到，契约概念的多样化不因此而影响法学界的一些共识。在私法学研究视野下，不同内涵的契约统一系于私法自治这一脉络，且相互存在一定范围的重合。举例来讲，如果不承认公司契约是一种特殊的商事契约，至少应认可公司内部关系不同于一般合同法规则的治理特性。又比如，组织契约这一概念与传统法律行为可以兼容，同时颇具商事契约之典型意义。

（二）共享契约的证立

共享经济是一种新的交易模式，在促进经济效率、繁荣市场交易和满足社会需求方面具有重要意义。拆分其词义，共享经济是"共享+经济"，或者说"共享（平台）+交易"，它整体上并没有脱离市场经济的基本范畴。以私法视角观之，研究共享交易的主体、行为、法律关系和责任承担的一个重要前提是界定共享交易的契约属性，以及锁定共享契约的治理机制，以此区别其他交易形式，从而为共享交易法律关系的私法调整提供一个概念性的框架。所以，共享交易必然需要借助契约概念来完成其规范性构建。

应当看到的是，我国现行立法对共享经济的规定较为欠缺，一些私法研究也有诸多不足，对是否存在"共享契约"这一单独概念都没有针对性的严谨论说，亦因此影响了对共享法律关系的深入剖析。为此，对共享契约作一个初步的刻画，进一步拓展其私法研究，显得尤为必要。笔者认为，共享契约对传统私法理论来说并非不速之客，完全可以被私法所兼容。

1. 共享交易是数字化条件下的契约扩展

共享经济凭借强大的链接功能和网络规模效应向共享用户提供的各种资源已渗透到社会和经济生活的方方面面，既包括有形的财产和标的物，又涵盖各种无形资产、知识和劳务，甚至能够在群体中合作实现新的集体行动。因此，共享经济是传统民事和商事活动在互联网数字技术条件下的高效聚合与创新组合，共享交易的契约模板亦大部分取自于民事法律行为和商事契约，具备私法自治的基本内核与行为表现。笔者在此试举两例予以简要说明：

与共享平台具有类似商业模式的现代线下城市商业综合体即为一例。共

---

[1] 参见[英]安东尼·奥格斯：《规制：法律形式与经济学理论》，骆梅英译，苏苗罕校，中国人民大学出版社2008年版，第17~21页。

享经济是一种以互联网平台为中心建立的交易模式,平台交易模式最初并非产生自互联网,我们在许多线下商业场景都能发现它的身影。城市商业综合体(卖场)委托经营模式,从某种角度看属于一种线下平台模式。在这种交易模式中,商业卖场经营者承担类似平台的角色,商场经营方与商家签订委托经营协议,商家对外以自己的名义独立经营,但需接受商场的统一管理,对外使用共同的商号或外观标志,并向商场缴纳一定利润作为租金。可见,数字化的互联网平台经济与城市商业综合体等线下经济,不能说完全没有相近的契约原型。

共享交易与其他网络交易的契约关系也具有高度相似性。共享经济作为平台经济的组成部分,其交易活动依赖于互联网服务企业通过网络平台提供一整套交易规则,网络交易参与方之间的权利义务关系可以用网络平台服务合同来界定。[1]基于以上分析,共享经济中的交易活动带有私法自治之契约"底色",这一点毫无疑问。

2. 共享交易是一种有别于现有模板的新型契约

共享经济及其交易特征之"新"主要体现在共享机制组织功能。共享机制的新型组织力量使其能够迅速识别供方和需方,频繁促进匹配交易,并维系和保障各方参与者的契约缔结、履行及纠纷解决。一方面,其缔约过程主要不是由传统组织那种"看得见的手"来协调;另一方面,共享关系以互联网技术和大数据分析等电子化方式创建,这已远远超越了传统市场"个人间"这一相对狭小的范畴,演变为了一种集合性、规模性现象。[2]因此,共享交易是一种新型的混合性契约形式,不适合简单套用合同法或公司法的契约模板。

共享交易也不同于一般的网络交易模式。许多网络交易本质上不过是把网络空间作为商品交易的虚拟"场地",共享模式则超越了交易场所的范畴,更多地承担了新型交易的发起、构建与保障的功能,是一种新型的服务、买卖、租赁等系列交易内容的综合体。[3]此外,共享交易双层市场结构中,用

---

[1] 参见杨立新:"网络平台提供者的附条件不真正连带责任与部分连带责任",载《法律科学(西北政法大学学报)》2015年第1期。

[2] 参见熊丙万:"大数据时代更要讲契约精神",载《学习时报》2015年7月30日。

[3] 参见钟凯、戴林莉:"共享经济相关市场界定:挑战与回应——兼议互联网反垄断立法革新",载岳彩申、盛学军主编:《经济法论坛》(第22卷),法律出版社2019年版。

户层交易包含诸多个人化的非商交易，有的活动仅为社交属性的非表示行为（详见第三章第三节内容），网络服务合同之概念难以涵盖共享交易的全部外延。

3. 共享交易部分接近于网络特征的公司契约

尽管不同于以往任何契约模板，但是如果选取一个原型作为类推分析的起点，与之较为接近的一类契约，即具有网络特征的公司契约。依公司契约理论，公司契约不仅具有主体多元性、长期紧密性等关系契约特征，更重要的一点是，公司契约关系并非是同质性的，其外部法律行为与内部的意思表示属于不同界面的关系，[1]故公司契约实质上是通过不同契约关系的联结，建立一种多维的网络关系。

通过与公司契约比较我们可以发现，共享机制仅全部或部分去除了平台与用户之间的层级制特征，而在交易参与人数、共享合作的长期性及交易结构性方面，其与公司契约并无二致。共享交易固然可算作是经典契约的扩展和延伸，但另一方面，又可以认为公司契约的边界被共享经济打开了一个缺口，[2]而缺口之内的交易内容仍保持着"类公司契约"的商事特征。

综上分析，共享经济是一种兼具商法和民法属性的交易形式，本身归属于私法行为，具有新颖性和独特性，可构建和成立一种相对独立的契约概念，用以支撑共享经济私法调整的分析框架。

（三）共享契约的界定

共享经济自身内涵的不确定性当然会影响到共享契约概念的界定。按照学术研究的"理论品格"要求，不论争议本身有多大，都应当首先确定共享经济的内涵和外延。回顾前文分析，"共享"概念最初应是指闲置资源的交换和利用，如前文提及的社群免费"拼车"。严格来讲，最为"正宗"的共享是直接的"点对点"，无需借助任何中心化的平台载体。但这种去中心化的共享目前只能是小众活动，并不能成为大众化的商业模式。那么，到底应该如何界定共享契约才能既明确其论域，又让各方接受呢？对此，我们需要转至对共享经济背后的商业逻辑分析。

---

[1] 参见钱玉林："公司法第16条的规范意义"，载《法学研究》2011年第6期。

[2] 关于公司契约边界的经济学分析，可参考张五常：《制度的选择：经济解释》（第4卷）（2014年增订版），中信出版社2015年版，第222~223页。

1. 共享经济背后的商业共性

在信息技术和商人盈利的驱动下，许多互联网平台的链接特性穿破了交易成本的天花板，真正实现了闲置资源的大规模利用，但它们的具体路径却不尽相同：第一，通过供给侧与需求侧直接进行弹性匹配，促进用户"自组织"利用闲置资源，实现市场流通再造；第二，搭建网络社群空间，以"自组织"方式聚合人群，对等分享知识、技能和文化体验，从而实现兴趣、爱好、社交等生活协同；第三，以"他组织"（平台）方式更新产品服务系统，基于用户协同消费预测需求，实现对资源使用权的闲散利用。第一种路径产生了空中食宿（Airbnb）这样的共享典范，第二种路径成就了字节跳动的荣耀，第三种路径则为共享单车这种互联网新宠开辟了发展空间。

不同路径虽然差异较大，但它们有较多的共同点：其一，用户以平台为交易中心，不能越过平台直接与资源方交易，需要事先注册或购买"链接权"；其二，用户的需求不是对应标的物的所有权，而是满足分散化的临时使用的需要；其三，通过平台的介入，最终以不同路径实现闲散资源的再利用。

从商业视角来看，共享经济实际上是一种资源的分布式整合。共享经济风靡一时，窥其初心，不过是强调大量闲置资源的相互流通，核心是"使用而非拥有"。[1]业界并没有纠结于学界的概念偏好，其看重的是如何规模化降低边际成本和尽可能做大用户规模。至于以何种商业模式达成此点，不论P2P、C2C还是B2C，皆可一试。商业逻辑如斯，官方并非视而不见。我国《关于鼓励和规范互联网租赁自行车发展的指导意见》在开篇语中指出："互联网租赁自行车（俗称'共享单车'）是移动互联网和租赁自行车融合发展的新型服务模式……推动了分享经济发展。"国家部委对待共享单车的态度，可见一斑。

在共享经济大潮中，嗅觉敏感的企业家还把社区线下互助搬上了互联网，创建了各种各样的社交商业模式。在豆瓣、百度贴吧、知乎各种看似免费分享的背后，商业驱动的逻辑无比强大。互联网的社交活动天然具有"粉丝经济"属性，拥有无限潜力，而平台当前是否营利则在所不问。在互联网塑造

---

[1] 参见艾瑞咨询："2017年中国共享经济行业及用户研究报告"，载艾瑞网：http://report.iresearch.cn/report/201708/3036.shtml，最后访问时间：2021年1月16日。

的社交时代，无论是社群还是粉丝，都是互联网企业必须把握的关键。[1]

2. 共享契约的概念界定及说明

共享经济是观念、技术、社交和商业结合而成的不断演变的新业态，不宜视之为具有确定内容与明确界限的固定商业模式。为此，观察共享经济应区分广义和狭义两个不同视角。以平台为中心链接商品与服务，并以数字化方式实现个人或组织之间资源闲时利用的交易模式，被统称为广义的共享经济，[2]或被称为泛共享经济形态。[3]同时符合其他共享特征的共享交易，如个人化交易、再组织化和双边市场特征的，对应称为狭义的共享经济。

基于以上认识，本书对共享契约的概念界定如下：共享契约是指以共享平台为发起方，由用户及其他参与者基于闲散资源利用或社交互助之目的，通过用户自组织或平台他组织之方式，借助互联网技术链接各种财产、知识、劳务和其他分时服务的一系列契约之集合。关于这一概念的内涵和外延，笔者在此需要说明以下几点：

第一，共享契约的上述界定是基于对"共享"的广义理解，涵盖狭义和广义两种形式的共享交易。其之所以如此，目的在于因循私法自治的经济逻辑，鼓励互联网平台提供更多的商业模式，以满足多样化的消费需求，避免人为编制概念进而有害于商业实践。从宽泛意义上讲，只要符合以互联网平台为中心的资源链接属性和新型两权分离等基本特征，即可被界定为本书所研究的共享经济。

第二，共享契约不是关于共享平台的定位，前者不直接对应某类互联网平台或特定互联网企业所提供的服务，而是用于描述网络交易中一切符合共享经济特征的交易形式。从另一方面解释，业内所公认的共享平台所提供的各种服务，并非全部服务内容都符合共享契约的特征。同样，某一类网络平台虽然不是大家通常理解的共享经济，但其部分业务仍可能符合共享契约的特征。人们一般习惯称抖音、快手等短视频平台为"短视频经济"，本质上而

---

[1] 参见辛超、张鹏：《分享经济：重构商业模式的九个关键点》，人民邮电出版社2016年版，第51~52页。

[2] 参见孙凯、王振飞、鄢章华："共享经济商业模式的分类和理论模型——基于三个典型案例的研究"，载《管理评论》2019年第7期。

[3] 参见许荻迪："共享经济与泛共享经济比较：基于双边市场视角"，载《改革》2019年第8期。

言，这些平台整体或部分业务属于知识、文化和信息的共享服务内容。

第三，共享契约具有网络关系特征，是由具有不同属性的行为聚合形成的新型契约。共享契约不是民法上的某一类法律行为，也不同于某些具有典型特征的商事契约。在本书第三章的分析中，笔者将指出，共享契约法律构造具有结构性特征，是多种关系、不同属性行为（包括表意行为与非表意行为）的结合。在某种意义上，作为不同行为和关系束的集合，与共享契约更为接近的一词应当是"共享法律关系"。

三、基本方法：事实、类型、价值与逻辑

基于前述问题导向、研究现状与概念界定可知，本书的研究目标是通过对共享经济这一新型交易模式的契约化解释，在私法场域中完成共享经济的法律构造分析及责任体系考察。为实现这一目标，笔者主要采用了实证研究和传统法学研究相结合的研究方法。下面，笔者将从方法论基础、事实、类型与价值的相互关系入手，对全书的研究方法、逻辑思路和内容结构作基本介绍。

（一）类型分析的方法论基础

诞生于20世纪60年代的德国诠释学理论，为我们对法律文本的解释和理解提供了一种体系化的方法论。[1] 类型分析的方法论基础，或者说基本认知工具，就来源于所谓的哲学诠释学。其核心思想包含了一些关键词表达，如"先见"和"前理解"等，或被称为"视域"制约。所谓"前理解"，是指看待未知领域的"生活事实"，必然包含某种之前的知识、观念和立场，[2] 认知者因此可能会受到先入为主的负面影响。但是，有关社会事实、知识储备等"前理解"仍是必不可少的认识环节。它通常是文本解释的参照起点，[3] 所谓的诠释和理解有着与辩证法相似的螺旋上升和曲折认识的过程。

法律诠释学也是在同时期受到哲学诠释学的影响而兴起的。法学方法论

---

[1] 有关诠释学关于"理解"的理论，可参见 [德] 汉斯-格奥尔格·加达默尔：《真理与方法——哲学诠释学的基本特征》（上卷），洪汉鼎译，上海译文出版社1999年版。

[2] 参见郑永流："出释入造——法律诠释学及其与法律解释学的关系"，载《法学研究》2002年第3期。

[3] 参见曹志平：《理解与科学解释——解释学视野中的科学解释研究》，社会科学文献出版社2005年版，第135页。

在重视对规范对象的"前理解"的同时，将诠释学的循环结构引入法律解释，推崇且保证解释的过程不断重新返回"事物本身"，如此，使新事物能够在法学领域获得明确意义。[1]除强调社会事实的法律意义通过"前理解"来揭示外，诠释学还对法律解释如何不断逼近"事物本体"提出了法学思考的方式。其中，常用的两种方式为抽象概念和类型思维。

所有的法学规范构建与基本概念（包括抽象概念和类型概念）的提出，在一定程度上都有着关于事物本体的追问与抽象。抽象概念的意义固然不容否认，但仅依靠抽象概念无法把握法律意义的整体形象，还需要将抽象分拆为多种特征相结合的有机结构，这就是法学方法论上的类型分析。类型方法的优点在于其具有开放性，它承认人们对事物本身了解的不完全性，避免在立场上囿于不真实假定，因而既可令抽象概念随着知识经验的积累或拟处理对象的变迁而演进，[2]又可弥补抽象概念难以涵盖事物过渡形态、混合形态和新形态的不足。[3]

依这种方法论的见解，类型化本质上属于类比分析，研究者通过已知与未知的类比，起到沟通法律规范与生活事实的桥梁作用。法律规范作为一种当为和应然，并不能当然产生真实的法律效果，还必须加入已存在的具体生活事实。在这里，类型就是当为与存在的结合点，法学学者通过类比将当为与存在调适至同一的"意义"上，这一"意义"即"事物之本质"。[4]

进一步而言，类型不同于抽象概念，抽象概念存在逻辑闭环，而类型是一种开放性的特征关系比较。类型亦不是具体的生活事例或个案，在立法上，有关具体个例需要在类比过程中被加工和"等置"后，才能被概括成一个用概念表达的法律规范，并规定其法律后果。[5]立法者的工作是"发现"那些经验性类型和规范性类型，而不需要原封不动地袭取法律生活中的最初版本，其可以借助构建来增添新的特征并排斥其他特征，形成所谓的"法律上的构

---

[1] 参见［德］卡尔·拉伦茨：《法学方法论》，陈爱娥译，商务印书馆2003年版，第91页。
[2] 参见黄茂荣：《法学方法与现代民法》，中国政法大学出版社2001年版，第241页。
[3] 参见梁迎修："类型思维及其在法学中的应用——法学方法论的视角"，载《学习与探索》2008年第1期。
[4] 参见刘士国："类型化与民法解释"，载《法学研究》2006年第6期。
[5] 参见［德］阿图尔·考夫曼、温弗里德·哈斯默尔主编：《当代法哲学和法律理论导论》，郑永流译，法律出版社2002年版，第186页。

造类型",如债权契约即是立法者在某些法律原型基础上稍加修正而来的。[1]

法学方法论分析框架表明,若要系统规范一种新事物或未知行为领域,抽象思维与类型思维不能相互代替。类型方法论在共享经济研究领域有极大的应用价值,它不仅为我们深入理解共享经济提供了认识论上的参考,同时也为共享经济的法学类型特征总结带来了诸多启示。

(二)实证类型与法律类型

类型分析不但是法学研究的常用思维方法,在社会科学领域也有着广阔的应用空间。许多实证学科(如经济学研究)通常均需针对不同研究对象的特点,对有关经验事实按照一定概念化方式进行归类。究其原因,事实不能解释事实,欲获得有解释力的结论,就要将现象(事实)理论化,即对现象分门别类,作系统性安排。[2]

社会学研究同样强调类型分析在理论构建中的作用。韦伯曾以"理想类型"一词来介绍社会学实证研究如何开展。在韦伯那里,理想类型是一种研究的手段,它就像研究者手中的一把尺子,用以衡量典型行为并确定现实生活;理想类型还是一种观念,用以训练现实的归属判断——尽管它不是假设,也不是现实的描述,但它要为假设的形成指明方向,为描述现实提供清晰的表达手段。[3]

1. 实证分类及其意义

许多共享经济分类均具有实证研究意义。国外有学者从功能视角主张分为闲置化利用、二手市场和合作生活方式,或从关系视角分为双边市场、投资项目和短租企业等。[4]还有学者通过商业模式、维度关联和交互方式等不同参数进行排列组合,具体组合方式根据实际需要选取。如果重点关注平台的商业模式和交互模式两项特征,可以简单以营利性和组织性为参数。以营利属性强弱作为横轴,以平台组织性强弱(是以个人用户为中心还是以平台

---

[1] 参见[德]卡尔·拉伦茨:《法学方法论》,陈爱娥译,商务印书馆2003年版,第340~341页。

[2] 参见张五常:《科学说需求:经济解释》(第1卷)(神州增订版),中信出版社2010年版,第38~39页。

[3] 参见[德]马克斯·韦伯:《社会科学方法论》,李秋零、田薇译,中国人民大学出版社1999年版,第32~33页。

[4] 有关分类转引自蒋大兴、王首杰:"共享经济规制的事实前提",载《扬州大学学报(人文社会科学版)》2017年第3期。

构建为中心）作为纵轴，可以总结出四大不同象限的共享类型，不同象限中包含了相关特征边缘化的平台、实质共享平台（如基于社区共享的小规模合作消费）、商业性共享平台（如 B2C、B2B、G2G）、商业性的 P2P 平台（如租赁共享、共享汽车等）以及象限重叠区域的某些内容重合的交易案例（如 P2B）。[1]

在国内，有经济学家以"主体类型"维度为横轴，以"表现形式"维度为纵轴，得到个人间、个企间和企企间等 9 种共享经济基本类型。[2]还有经济学者采用模糊集定性比较分析（fsQCA）方法，将 40 家全球代表性企业分成 4 种共享经济商业模式类型：资源共享平台型、重资产层级型、轻资产共创协同型和实体空间低技术型。[3]

实证分类对于共享经济的法律规制当然具有一定的参考价值。法律对创新不明显的商业模式无需进行特别调整，只需对现有规则加以优化和完善；对规模较小、适用范围有限的交易模式，尽管可能蕴含了创新潜力，但暂时无需进行特别法律调整。还有的是商业模式的创新，甚至连服务内容都属于全新的市场行为，[4]多数既有法律概念及类型都不能与之完全对应，因此需创新类型构造。

2. 规范分类之要点

类型分析不能只回答共享经济"是什么"的问题，还要进一步明确"应该是什么"。对后者，需要结合类型的规范性因素，而这恰恰是目前法律类型分析的短板。既有法学研究并非看不到共享经济的新颖性，只不过更加依赖传统类推解决问题。例如，以传统物权关系定位电子商务平台的法律属性。[5]针对传

---

[1] See Cristiano Codagnone, Frederico Biagi and Fabienne Abadie, "The Passions and the Interests: Unpacking the 'Sharing Economy'", Institute for Prospective Technological Studies, JRC Science for Policy Report 2016, http://ssrn.com/abstract=2793901（accessed Jan 3, 2020）.

[2] 参见孙凯、王振飞、鄢章华："共享经济商业模式的分类和理论模型——基于三个典型案例的研究"，载《管理评论》2019 年第 7 期。

[3] 参见孟韬、关钰桥、董政："共享经济商业模式分类及其发展路径研究"，载《财经问题研究》2020 年第 12 期。

[4] 参见侯利阳："共享经济规制的新路径"，载陈云良主编：《经济法论丛》（总第 31 期），社会科学文献出版社 2018 年版。

[5] 参见杨立新："电子商务法规定的电子商务交易法律关系主体及类型"，载《山东大学学报（哲学社会科学版）》2019 年第 2 期。

统法律关系的类推能够解决一些问题,但未必能周全解释共享法律关系的构造特质。有的学者虽看到了共享平台的不同组织类型,例如,本身作为交易主体的交易主体型平台和作为交易组织者的交易组织型平台,[1]但其分析仍然没有指出不同组织的规范差异,限制了类型分析的规范意义。依笔者之见,构建共享经济的法律类型应注意以下要点:

(1) 共享经济的法律类型构造,与共享经济定义、事实特征及商业模式等知识的"前理解"相关,但立法者或研究者不应被动摹写和类比有关事实特征,而是应主动增添新的规范特征。

(2) 立法者能否适切作出类型化描述,往往是检验法学构建成败的标志之一。类型法学要求比照传统法律模型的某些要素又不拘泥于这些要素,开创性地描述典型交易类型的"导引图像"。[2]

(3) 如果承认共享经济具有迥然异于传统经济的事实特征,则意味着仿造既有经济模式搭建规制模型是错误的。[3]只有在概念、类型及价值等不同层面将共享契约与传统法律关系区分开来,立法者才便于设计符合新事物特征的法律规则。

(三) 类型分析中的价值导向

不同于实证类型分析,法律类型是一种规范世界的发现与建构,故法律价值、事实经验与类型分析必然存在某种传导与互动。申言之,法律理念一方面必须向着生活事实开放,即必须实质化、具体化;另一方面,生活事实必须理念化与建构化。[4]因此,在法学含义中讨论分类规制,自然与价值关涉。抽象概念与类型分析当属价值层面的"概念化或系统化的表达"。[5]理解类型建构中的价值导向,还要注意以下几个问题:

(1) 价值导向是一种理念导入还是原则指引存在方法论上的差别。在法哲学视野中,作为价值的法律理念与作为价值的法律原则并非同一事物。法

---

[1] 参见丁宇翔:"跨越责任鸿沟——共享经营模式下平台侵权责任的体系化展开",载《清华法学》2019年第4期。

[2] 参见梁迎修:"类型思维及其在法学中的应用——法学方法论的视角",载《学习与探索》2008年第1期。

[3] 参见张力:"共享经济:特征、规制困境与出路",载《财经法学》2016年第5期。

[4] 参见徐强胜:"论公司关系:公司法规范的分析基础",载《法学》2018年第9期。

[5] 韩延明:"理念、教育理念及大学理念探析",载《教育研究》2003年第9期。

律理念更接近于法哲学中的"正义"观念，或作为法正义的实现方式，它相对于法律体系而言是一种外部评价标准，反映了立法者和研究者对法律实施效果的期待和愿景；而法律原则是现实法律规则所储存和表达的价值观念，是法律体系的有机组成部分，在法律规则内部具有指导和阐释功能。〔1〕因此，研究特定领域或部门的法律类型，应适当区分理念和原则不同层面的价值表达。

（2）共享经济法律体系中存在多元的价值目标。今天仍然有许多人相信，契约自由和运行良好的财产制度能带来财富的增加。而经济学所遵循的"一致性赞成"规则所隐含的结论，即效率导向与私法价值契合，〔2〕不过是意思自治在私法中的核心地位的又一理论注脚。但如果就此认为共享经济排斥公共价值目标的导入，这既不现实也具有误导性。因为从广义上讲，私法本身就是一种政府干预形式。〔3〕共享契约关系的网络特征决定了共享经济涉及市民生活和公共治理。共享经济的价值导入需处理好多元价值目标的关系，优先倡导、相机而动与相互协作只能共存其中。

（3）不同类型的契约形式所导入的价值存在差异。围绕共享经济的争议，一般会涉及某类一般化问题，其背后体现了不同价值观念的碰撞与取舍。譬如，共享经济对原有利益格局和传统监管秩序影响的立法评价，不仅取决于有关活动能否提升整体社会福利，还取决于立法者对有关社会风险的容忍度。如果立法者更偏好于监管和风险防范，而非创新本身，市场受到抑制是必然的结果，因为任何监管措施都有可能拖慢创新进程，进而导致错失机遇。〔4〕具体应采用更严格的规制策略，抑或以承受一定风险和利益受损为代价，为市场创新、民事生活保留更多的选择可能，这需要立法者作出政治抉择。正

---

〔1〕 关于具体部门法中的法理念与法原则区分，可参见郑泰安等：《证券投资基金法律制度：立法前沿与理论争议》，社会科学文献出版社 2019 年版，第 46~49 页。

〔2〕 关于效率的帕累托标准、卡尔多-希克斯标准和波斯纳的拍卖-决策标准，可参见［德］汉斯-贝恩德·舍费尔、克劳斯·奥特：《民法的经济分析》（第 4 版），江清云、杜涛译，法律出版社 2009 年版，第 22、29、31 页。

〔3〕 正如博登海默所指出的那样，私法的作用在于规范社会个体（私人）生活交往，防止无政府主义。［美］E. 博登海默：《法理学——法哲学及其方法》，邓正来、姬敬武译，华夏出版社 1987 年版，第 224 页。

〔4〕 See Sofia Ranchordás, "Innovation-Friendly Regulation: The Sunset of Regulation", *The Sunrise of Innovation. Jurimetrics*, Vol. 55, No. 2, 2015, p. 211, https://papers.ssrn.com/sol3/papers.cfm?abstract_id=2544291, accessed March 24, 2018.

如我们经常看到的情况，摆在立法者面前的是动态调整的选项，不存在一份恒定适用的菜单。在涉及民生或国家安全的领域，与需要保持市场创新活力的选择相比，不论理念碰撞过程还是实际选择结果，均可能"此一时也，彼一时也"。

在研究方法上，我们可以得出这样的结论：研究共享经济法律问题始于对相关事实前提（前理解）的观察，而后需提出一定的抽象化概念，以价值为导向，期间以不同类型模组为纽带，使规范目标与具体对象相互接近。[1] 对研究者而言，这是一个经验事实、抽象概念、类型分析和价值导入螺旋上升的循环过程。

（四）本书的逻辑结构

研究共享经济的私法调整，既要体现法律类型不同于实证类型分析的规范特征，又要突出私法研究不同于公法研究的路径差异。本书的基本逻辑思路是：通过对共享经济商业实践中各种经验事实的必要整理，提出共享契约的基本概念，接着对共享契约作法律类型考察，完成从抽象到类型的分解；再跳跃至宏观私法价值范畴的讨论，继而精准切入共享契约主体、关系和行为等微观法律构造分析；最后，结合《民法典》《电子商务法》《消费者权益保护法》等民商事法律，对契合共享契约法律构造的私法责任展开分析。

具体而言，除导论和余论，本书主要包括四章。

第一章讨论的是共享经济的治理功能与法律类型构建问题。在实证分类和已有法律模板特征对比中，细究共享经济的哪些规则可以被描述为共享契约的规范特征，并作为法律类型特征的添加部分，致力于形成典型意义的共享契约模式（法律关系）。本章指出，基于实证和规范的双重观察，共享经济的法律类型主要包括：兼具技术和链接服务的中介型共享；具有租赁关系与服务"链接"双重特性的租赁型共享；组织性强弱介于中介型与租赁型之间的协同型共享；具有社会合作属性且不以营利为必要的互助型共享。

本章另讨论了两项重要内容：①梳理和分析关于互联网和电子商务平台的首部综合性立法《电子商务法》在其起草过程中存在哪些与共享经济相关的争议、解决了哪些重要问题，以及考察了有关立法分类还存在哪些不足。

---

[1] 参见黄茂荣：《法学方法与现代民法》，中国政法大学出版社2001年版，第472页。

②在类型分析基础上，进一步引入功能比较的视角，结合交易成本经济学理论，讨论共享经济类型分化的驱动力量和演进脉络。对于合同与组织问题的分析有一些前提性概念，如有限理性、机会主义（投机）、资产专用性等等。借助组织契约理论工具，笔者尝试展望区块链、人工智能等前沿技术的商业化应用对共享契约类型演变的可能影响。

第二章讨论了共享经济私法调整的价值范畴及其展开。法律制度如何因应共享经济从根本上取决于人们对市场运行基本前提的理解。在私法研究中，一些研究者通过搜集个体的非完全理性的证据，试图否定理性人假设作为个人主义及私法学说的实证基础，这是对私法基础理论的合理纠偏，还是对市场运行和公共治理逻辑的误读？具体到共享经济，平台发起大规模共享契约自治，打破共同体的组织成本"天花板"与合作障碍，推动社会生活方式的结构性变迁，是否意味着共享经济具有取代市场"无形之手"的力量，因此可能导致私法研究框架发生重大调整或改变私法规范的解释方法和适用机理？

在引出这些命题后，第二章围绕共享契约的不同类型特征及商业模式演进的多样性，对共享经济私法调整的哲学基础、理念选择和价值表达作了全面、系统的价值论分析。本章提出，个人主义方法论的弊端以及共享契约的私法价值嬗变并不能成为共享经济法学研究放弃私法方法与个人价值的理由，共享经济法律规制仍应坚守私法优先的基本理念，并应当在沿袭民法的公平、公序良俗、诚实信用等传统价值的过程中，注入新的价值阐释与时代内涵。

此外，本章还针对共享契约所内置的公共性议题，从法秩序统一的视角，对共享经济私法调整过程中出现的公法价值渗透、规范竞合、耦合等规范现象进行重新审视与评价。

第三章具体讨论共享契约的法律构造。在第一章类型分析的基础上，本章将共享法律关系的特征总结如下：网络契约性状，如主体的网络聚合性、客体的碎片化以及交易不同面向的辅助关系；不同于私法中商事组织和民事社团的新型组织特性；重点以平台与卖方用户和平台与买方用户的两个关系片段为例，揭示共享法律关系的结构性特征。

在此基础上，本章进一步剖析共享法律关系的主体、客体、权利和行为特征。在主体方面，不同类型的共享平台法律地位是本章重点关注的研究对象。平台与不同用户的关系，用户之间的关系，以及平台、用户与第三方机构、社会公众的关系，同样需要在主体关系研究中阐明。有关研究认为，共享关系客体的碎片化将导致法律关系难以辨认。本书将在此指出，共享经济的新型服务、新型财产权与新型合同给付等法律关系客体，恰恰是呈现共享契约构造特征的重要方面。共享法律微观构造还涉及平台管理权、用户公平交易权和个人信息信托权三类特殊权利。本章对此也作了详细讨论。

共享关系中的私法行为是共享契约构造的重要面向。关于共享行为的研究呈现了全书一以贯之的基本方法，即类型研究和价值分析的循环认识过程。为此，本书分类讨论了可被归于法律行为的共享行为、可以商行为解释的共享行为、共享事实行为与临界行为以及共享组织行为。针对这些行为特征，本章将进一步打开平台关系的"黑匣子"，探明其特殊的意思表示构造，并总结对共享关系意思表示可采用的一些特殊解释方法。

基于共享契约法律构造的分析，第四章将继续讨论共享经济私法调整的最后一个议题：共享平台私法责任。这是全书最为重要的一个研究领域，也是研究的最终落脚点。以往研究对共享平台的私法责任着墨不多，个别研究文献也只是聚焦民事责任，而忽视私法责任的兜底解释功能以及新型权益侵害问题。

本章首先从私法责任的规范功能和特征入手，提出了商事责任的价值区分功能和私法责任的兜底解释功能，从而对共享经济私法责任特征、私法责任与公法责任的规范协力作出总结。本章重点以共享平台为中心，依据《民法典》《电子商务法》《消费者权益保护法》等实定法，分别就共享平台违反共享合作义务、违反安全保障义务、个人信息保护义务、共同侵权和其他法定义务的特殊责任类型进行了系统化的考察。

最后，本书结合共享契约的新型客体和行为特征，就平台关系中的私人惩罚权、平台侵害个人信息的惩罚性赔偿、平台算法侵害用户人格权以及智能驾驶场景下的平台侵权责任问题进行了开拓性和前瞻性的研究。

第一章
共享经济的契约功能与法律类型

"我的就是你的"可被追溯至自给自足的原始生产观念，并非天然具有现代市场交易色彩。近代市场经济确立后的大部分时间里，商人专事生产、销售和服务的场景远比分散协作式的经济活动更加常见，所谓的共享观念不过停留在小型社区互助的范畴。人们也许不曾想到，进入 21 世纪以来，打着"共享"口号开展的各种经济活动会如此广泛地改变当前及未来的社会生活。随着互联网、大数据、5G 通信等科技元素的加入，许多处于闲置状态的资本、财产、人力等要素迅速与消费终端产生供求配对。尽管共享经济的定义较为模糊，但共享经济的新颖性在很大程度上来自于契约治理方式的创新，为了更深刻地洞察共享交易类型的起源和演变，我们有必要引入经济学上的功能分析视角。一些相对确定的特征可以帮助人们锁定研究对象。例如，在"共享"模式下，用户群体看中的是物品和服务的使用价值，生产活动或消费行为需要分布式协同（distributed collaboration），并高度依赖互联网技术及信用评价机制。

关于共享经济的经济特征已有诸多讨论，更迫切的任务不在于为共享经济下一个抽象或封闭的定义，而是建立易于对共享经济进行治理的法律类型。例如，点对点式的网络平台交易是否属于民法上的居间？共享平台资源协调活动是否适用传统组织的法律模板？用户自发的互助活动中平台和用户的法律关系如何界定？在下文中，笔者将基于对共享经济的发展趋势、代表性平台的交易规则等经验层面的观察，结合《电子商务法》关于电子商务经营者的基本分类，尝试就共享经济的法律类型作一些新的探索和构建工作。为尊重商业逻辑与行业通识，尽可能把共同经济特征的网络交易模式纳入考察范围，笔者采用功能性的界定方法，将研究范围扩展至广义层面的共享交易。

第一节　我国共享经济运行态势及发展趋势

从新时期我国面临的内外部形势来看，产能过剩、内需不足和自主创新滞后等经济结构性问题已成为制约我国经济顺利实现高质量发展和可持续增长的重大因素。在借鉴萨伊、巴萨和拉弗等供给学派理论有益成分的基础上，贾康等人相继提出了"中国式新供给经济学"的理论政策主张。这些政策建议的核心思想是，在宏观经济调控中淡化需求侧管理、强化供给侧改革。故而，我国未来一个时期的改革着力点仍然是在重要领域供给端加大要素投入和促进相关机制创新改进，通过增加有效供给来实现总供需的平衡。[1]换句话说，就是通过生产领域改革自然带来需求领域的调整和改善。在此过程中，共享经济带来了新的思路，以共享经济为代表的新经济成了中央推动供给侧改革的重要抓手。[2]

我国共享经济发展虽然起步较晚，但最近几年发展迅猛，经济规模呈现逐年扩张之势。自2016年共享经济概念被官方正式提及以来，经过几年的发展，共享经济的整体市场规模已于2019年突破3万亿大关，并且依然保持着可预见的增长态势。同时，在"鼓励创新，包容审慎"监管理念的支持下，我国共享经济的制度化、标准化建设正在稳步加强。在经历了一段野蛮扩张后，随着流量红利的光环逐渐褪去，共享经济的开拓者们开始寻求一种更为理性和均衡的发展战略。特别是人工智能技术、区块链等高新技术与新产业逐步实现融合，共享经济开始逐步走向以科技驱动为核心的创新发展之路。

一、我国共享经济的整体运行态势

共享经济商业化模式多元化当前呈加速之势。共享交易开始由最初的C2C（个人对个人）模式、B2B（企业对企业）模式演化为B2C（企业对个人）模式、C2B（个人对企业）模式、C2B2C（个人对企业对个人）模式、B2B2C（企业对企业对个人）模式等多种共享形式。在我国，共享经济也已

---

[1] 参见贾康、苏京春：《新供给经济学》，山西经济出版社2015年版，第297页。
[2] 参见史子璇、潘云良："共享经济：供给侧改革的重要推手"，载《人民论坛》2016年第31期。

经由单一产业的横向发展向多元产业的纵深发展迈进，形成了涵盖交通、金融、空间、商品、物流、医疗、技能、美食、知识等领域的基本产业格局。[1]

图 1-1 共享经济商业化模式多元化发展

相关数据显示：我国共享经济在经历了 2017 年的急速扩张后，于 2019 年开始受到宏观经济环境和清理整顿的影响，其扩张动能受到了一定的遏制，但总体上仍保持着稳中有进的健康发展态势。

（一）市场交易规模持续扩大

国家信息中心发布的《中国共享经济发展年度报告（2020）》显示：[2] 2019 年我国共享经济市场交易规模预计为 32 828 亿元，依然呈现增长的态势。其中，最大的市场交易规模增长发生在生活服务领域。另观察近三年的增长曲线，与 2017 年的陡峭相比，2019 年明显趋于平缓。作为头部交易类型，生活服务类共享在近三年保持了相对平稳的增长。

---

[1] 参见电子商务研究中心："2019 年度中国共享经济市场数据报告"，载东西智库 https://www.dx2025.com/archives/89564.html，最后访问时间：2021 年 1 月 16 日。

[2] 有关数据引自国家信息中心："中国共享经济发展报告（2020）"，载国家信息中心：https://www.sic.gov.cn/News/568/10429.html，最后访问时间：2021 年 1 月 16 日。

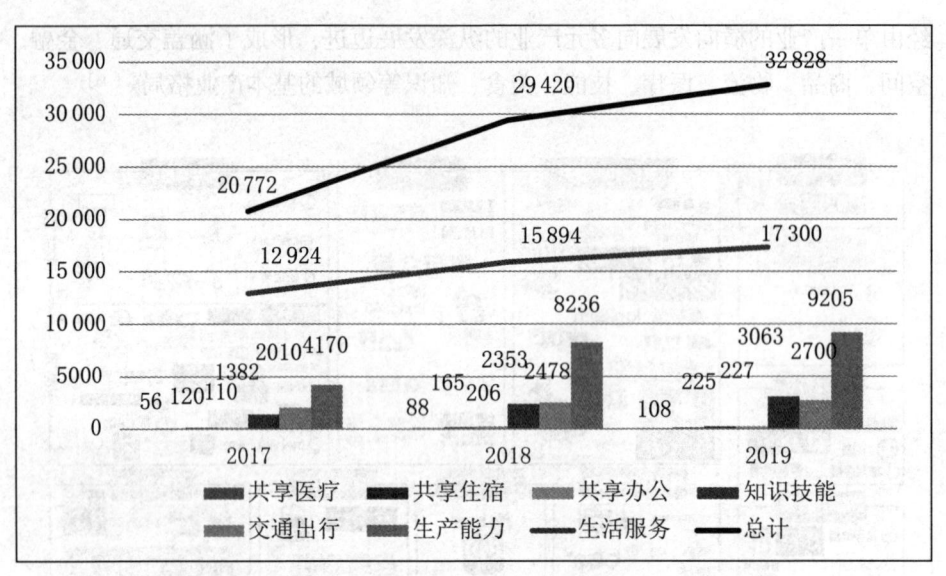

图 1-2　2017 年至 2019 年我国共享经济市场交易规模（单位：亿元）

具体来看共享经济的市场结构，市场交易规模位居前三的是生活服务、生产能力和知识技能等共享领域，分别为 17 300 亿元、9205 亿元和 3063 亿元。此外，其他领域的市场交易规模均有所增长。

表 1-1　2017 年至 2019 年我国共享经济市场交易规模（单位：亿元）

	共享医疗	共享住宿	共享办公	知识技能	交通出行	生产能力	生活服务	总计
2017 年	56	120	110	1382	2010	4170	12 924	20 772
2018 年	88	165	206	2353	2478	8236	15 894	29 420
2019 年	108↑	225↑	227↑	3063↑	2700↑	9205↑	17 300↑	32 828↑

从相关交易占比来看，在 2019 年全年，前三领域在我国共享经济市场交易规模中的占比分别达到了 52.7%、28.04% 和 9.33%，生活服务领域市场规模几乎占据整体市场规模的一半。相比之下，共享医疗、共享住宿、共享办公等领域的市场份额几可忽略，占比均低于 1%。

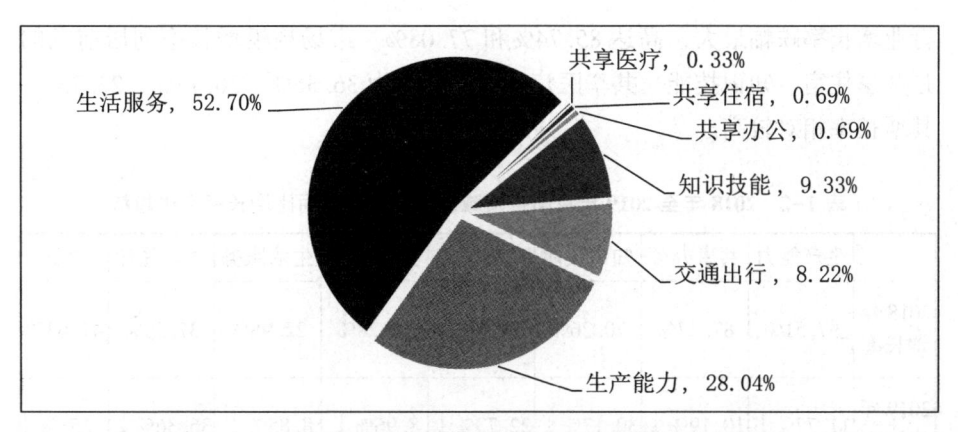

图 1-3　2019 年我国共享经济市场交易规模行业占比情况

（二）市场交易规模增速明显放缓

如图 1-4 所示，共享经济市场交易规模近两年的增长已趋于平缓，其中 2019 年的增长幅度较 2018 年出现了大幅度的下降。以行业增长率变化趋势来看，共享经济在大部分领域和行业的增长均出现下滑。其中，下滑幅度较为平缓的行业是共享住宿，其增长率与往年基本持平。除此之外，其他行业市场交易规模增长率下降趋势明显，几乎没有例外。尽管如此，相较于 2018 年，2019 年共享经济整体市场规模仍取得了同比增长约 11.6% 的成绩。

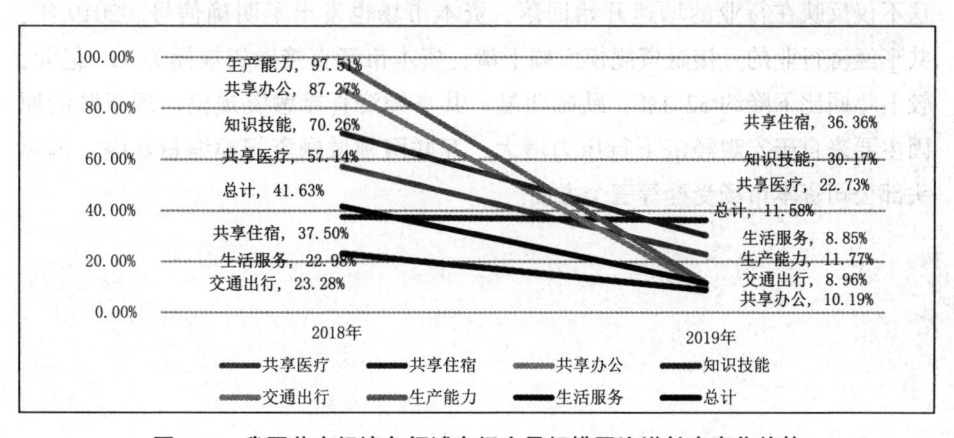

图 1-4　我国共享经济各领域市场交易规模同比增长率变化趋势

具体分析不同领域的下降幅度：2019 年共享经济在生产能力、共享办公行业增长率跌幅最大,高达 85.74%和 77.08%。市场规模增长率列居前三的是共享住宿、知识技能、共享医疗行业,分别为 36.36%、30.17%、22.73%,其增长率相对较高。

表 1-2 2018 年至 2019 年我国各领域市场交易规模同比增长率变化趋势

	生产能力	共享办公	知识技能	共享医疗	交通出行	生活服务	共享住宿	总计
2018年增长率	97.51%	87.27%	70.26%	57.14%	23.28%	22.98%	37.50%	41.63%
2019年增长率	11.77%↓	10.19%↓	30.17%↓	22.73%↓	8.96%↓	8.85%↓	36.36%↓	11.58%↓
跌幅	-85.74%	-77.08%	-40.09%	-34.42%	-14.32%	-14.13%	-1.14%	-30.05%
增长率排序	4	5	2	3	6	7	1	——
跌幅排序	1	2	3	4	5	6	7	——

(三) 行业直接融资规模放缓

国家信息中心的统计数据显示:共享经济行业的快速扩张阶段已经过去,这不仅反映在行业的增速开始回落,资本市场也发出了明确信号。2019年,共享经济行业的直接融资规模大幅下滑,资本市场直接融资规模为 714 亿元,较上年同比下降约 52.1%,跌幅明显。共享经济直接融资规模出现下跌的原因主要来自于宏观经济下行压力增大、互联网领域融资规模缩量影响、国际头部公司资本市场受挫等三个方面。

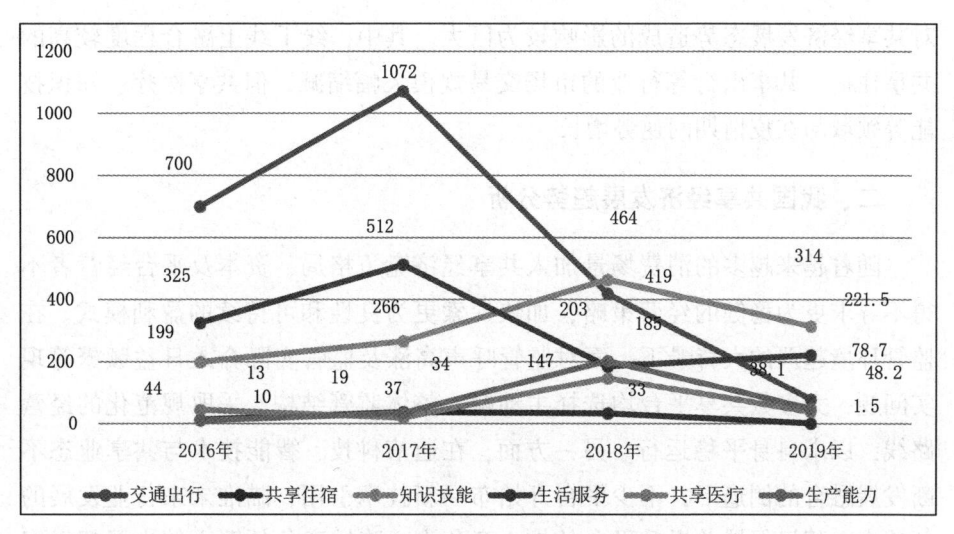

图 1-5 2016 年至 2019 年我国共享经济各领域直接融资规模（单位：亿元）

从行业领域分布来看，在 2019 年全年，除生活服务行业的直接融资规模呈现正增长之外（实现增长 19.7%），其他行业的直接融资规模均呈现下降趋势。其中，共享住宿、交通出行的直接融资规模增长率跌幅达 95.6% 和 81.2%，为跌幅最大的领域。这反映出有关领域的市场扩张受到了一般因素（如宏观经济下行）以外的影响，可能是制度环境因素权重远远超出了一般经济因素。

表 1-3 2016 年至 2019 年我国共享经济各领域直接融资规模（单位：亿元）

	交通出行	共享住宿	知识技能	生活服务	共享医疗	生产能力	总计
2016 年	700	13	199	325	44	10	1291
2017 年	1072	37	266	512	19	34	1941
2018 年	419	33	464	185	147	203	1490
2019 年	78.7	1.5	314	221.5	38.1	48.2	714
2019 年增长率	-81.2%↓	-95.6%↓	-32.3%↓	19.7%↑	-74.1%↓	-76.2%↓	-52.1%↓

2020 年新冠肺炎疫情突然爆发，各行各业都受到了不同程度的影响，其

对共享经济发展态势造成的影响较为巨大。其中,线下线上融合程度较高的共享住宿、共享出行等行业的市场交易规模大幅缩减,但共享医疗、知识技能等领域却在疫情期间逆势增长。

二、我国共享经济发展趋势分析

随着越来越多的消费场景加入共享经济竞争格局,资本及平台经营者不得不寻求更为稳健的经营策略,加快探索更为良性和可持续的盈利模式。在监管环境趋严的大背景下,面对监管呼声高涨及监管实际介入日益频繁等现实问题,大多数共享平台均选择主动融入整体监管结构,采取规范化的经营路线,以求自身平稳运行。另一方面,在通信科技、智能技术与共享业态不断发展融合的倒逼下,不少平台开始布局新技术引用,瞄准未来行业发展的新蓝海,积极保持并提升平台的核心竞争力。跨域竞争的深入催生了超级聚合平台,随着用户消费体验的便利化,平台市场的竞争与生存之战日趋激烈。未来,共享经济将进一步与传统行业、新型制造业深度融合,共享经济的发展机遇与挑战并存,不论是对发展环境、创新动能还是经济结构的调整,都会持续显现其支撑与强化作用。

(一)平台企业经营趋于稳健

共享平台在行业发展初期大多经历了依靠拼价格、拼补贴、拼用户规模、拼市场占有率、拼融资体量等方式来实现快速扩张的发展阶段。总体来说,通过资本和金融撬动市场符合共享经济双边市场、边际生成成本趋向零等经济特性,但容易催生资本无序扩张之弊病。随着监管水平的提升以及消费市场的逐渐成熟,平台难以单纯靠"烧钱"等简单粗暴的做法来获取互联网蓝海市场"红利"。加之受宏观经济下行和疫情影响,资本市场亦难以继续为共享平台提供强劲的资金支持,这使得共享平台开始从以拼规模、拼价格为主的激进战略转向以用户培育、平台管理和探索新的创收模式等更为稳健的经营战略。

1. 加速探索新的创收模式

与部分传统产业的战略收缩不同,各大平台提升了跨业竞争和商业模式融合的力度,在此过程中,许多新的盈利渠道逐步建立。一是在服务内容上,基于现有共享服务类型拓展更多新型共享业态。例如,在空间租赁市场领域

第一章　共享经济的契约功能与法律类型

开始出现共享自习室这一新的共享服务业态，用户通过付费租赁的方式可以获得不同时长的空间使用权和增值服务。二是在获利渠道上，平台逐渐打破传统单一的收入方式，开发更多营收渠道。在共享知识领域，其代表性平台之一"哔哩哔哩"除了继续依靠传统直播、游戏收入外，还拓展了漫展票务、手办漫画实物销售等新的营收渠道。

2. 更为关注持续性盈利能力的建立

前期不计成本、高度依赖资本投入，继而占领用户市场的粗放式经营策略逐渐式微，平台营利目的和经营属性逐步凸显。一是构建弹性价格机制，针对不同时段、不同对象的消费服务价格进行梯度化管理。[1]滴滴平台针对不同时段的用车价格分时计价，用车高峰期的平均用车价格要高于闲时用车价格；美团餐饮商户在上午时段提供更优惠的消费价格，在下午晚间等用餐高峰期恢复原有消费价格。不少平台对老用户、会员用户的收费都高于新用户，针对不同忠诚度的用户提供不同的消费价格。[2]二是整体提升服务价格，即推动普遍化的价格上涨。共享单车单次使用起步价格已经由早期的0.5元/次提升至如今1.5元/次的平均水平，小蓝单车、哈啰出行等平台也针对北、上、深等重点城市上调了计费价格。共享充电宝各类平台的使用收费价格，同样普遍明显上涨。[3]

3. 经营成本控制更具针对性与精准化

虽然大部分平台在新入局某类市场或者某一领域时，依然会采取价格补贴等经营策略，但总体而言，价格补贴已经不再是平台占据市场份额、获取交易量的非对称手段。与早期的大水漫灌式补贴相比，许多平台已经放弃直接给予用户补贴的方式，而是改进为以门槛补贴，以达到促成用户二次消费的目的，并尽可能地节约非经营性支出成本。同时，各类平台普遍着力控制非必要支出成本，更加注重市场结构调整和对实际经营成本的控制。共享单

---

〔1〕参见田林、余航："共享经济外部影响定量研究综述"，载《管理科学学报》2020年第9期。

〔2〕关于大数据"杀熟"的合法性和公平性分析，详见本书第二章第四节的内容。

〔3〕具体详见各平台APP。以滴滴出行（共享单车）APPV6.1.4-1371版本为例，点击"青桔骑行—计价规则"可查看青桔单车的计价规则，其起步价为1.5元；登录街电（共享充电宝）APPV3.710版本，点击"头像—我的订单—订单详情"可查看计费规则，每30分钟为1.5元，每24小时20元封顶。以上APP最后登录时间：2021年1月18日。

车平台通过削减单车制造成本和加大维护投入等方式来降低生产成本与车辆报废压力，增加单车的可循环使用性，同时还进一步压缩海外业务，以缓解市场维护压力。共享充电宝、生活综超等领域的平台也纷纷裁减经营业绩不佳、性价比低的位点或门店，扩大消费需求大的位点或门店的投放和设置，力求实现资源的高效利用。

（二）智能通信技术促进平台转型升级

反映共享经济转型升级的另一个标志是 5G 网络、人工智能、区块链等新通信技术的引入，以及科技化、智能化应用场景不断与用户的日常生产生活产生交互融合。在这些新信息技术、智能化技术的驱动下，共享经济平台一方面布局新的市场拓展，另一方面实现更加快速、便捷的平台经营管理，为用户提供更为多元化的服务体验。

1. 智能化应用加强了平台安全服务保障

对于如何解决共享平台在用户安全保障方面的漏洞，人工智能的运用提供了一个技术解决方案。在平台安全服务保障方面，人工智能技术主要被应用于用户的身份识别和应急管理。为了给用户提供更好、更安全的使用保障，小猪短租为特定房源配备了包括干粉灭火器、烟雾报警器、天然气报警器、温湿度计等在内的全套智能安全防护系统，确保用户在使用住房时的住宿安全。[1]滴滴出行内置了一键报警和紧急联络人智能化功能，以确保用户在危险时刻可以及时报警求救。[2]滴滴出行还通过人脸识别技术，在网约车司机出车时对司机进行面部识别，并且在接单过程中不定时进行监管抽查，从而防止他人冒充登记司机出车，确保乘客的用车安全。共享住宿空中食宿（Airbnb）平台也通过对房东进行身份信息实名认证的方式，将房东信息接入公安管理系统，实现对房东的监督管理。

2. 智能化应用助力平台高效、可持续经营

大数据和智能化应用对于共享平台掌握更为精准的用户需求，保持可持续经营是至关重要的。一方面，智能化技术可以为平台提供更为精确的用户

---

[1] 参见"小猪短租推新业务小猪 S，加码共享住宿安全服务保障"，载光明网：https://it.gmw.cn/2018-12/18/content_32188461.html，最后访问时间：2020 年 10 月 21 日。

[2] 例如，登录滴滴出行 APPV6.1.4-1371 版本，点击"头像—安全中心"即可设置紧急联系人。最后登录时间：2021 年 1 月 18 日。

需求投放。离开对共享租赁物的借还频数、时段、位点的分布分析，平台将无法掌握在不同时段、不同位点用户使用需求的变化；离开准确时段和位点的产品数量精准投放，平台自身就无法维持盈利或有效控制经营成本。另一方面，智能化技术可以为用户提供更高效的服务体验。春雨医生通过使用智能医患匹配和分发系统，可以快速促进患者需求与专业医生的精准匹配，实现在线自动分诊。由于加入了高精地图、智能规划应用，提供了更高效的导航服务，平台实现了生活服务共享物品的配送（甚至是无人配送），大大缩短了用户等待时间。

3. 智能通信技术倒逼共享平台发展战略转型

持续加入的智能化和新通信科技应用，不但有助于提升平台的核心竞争力，更是加速了行业的洗牌。智能通信科技可以为平台带来更为显著的用户聚集效应，使平台在用户资源争夺中脱颖而出，加快用户体验差的平台被市场淘汰的速度，形成行业内部的"马太效应"。目前，自动驾驶已经开始进行L4级的商业测试，滴滴出行、百度已加入自动驾驶的研发，物流行业无人配送服务的推出也在推动行业技术和服务水平的革新，区块链技术则可能为共享经济带来"去交易中心化""去平台中心化"等影响。[1]这些因素都在倒逼平台积极拥抱人工智能和新通信技术，着眼构建未来发展战略规划，加速推动产品和服务的优化升级。

(三) 规范化、标准化体系不断建立和完善

自2018年以来，我国共享经济在规范化、标准化体系建设方面成果斐然，各部门、各领域的行业管理标准和规范持续出台。总体来看，我国共享经济发展环境已不断改善，同时得益于监管政策的规则填补作用，平台在经营管理、服务供给、合规审查各个环节都更加审慎合理。对平台和用户而言，监管框架的初步建立为平台规范管理与服务水平的提升提供了较大程度的指引和保障，也为共享经济的发展奠定了良好的规范化、标准化基础。

1. 监管政策不断出台，审慎包容监管理念确立

回顾共享经济政策演进，早期出台的相关政策主要以促进和支持为导向，后期政策转向以监管和促进健康发展为主线。如果说2016年《中共中央十三

---

[1] 参见许缦："区块链技术下基于大数据的共享经济发展研究"，载《统计与管理》2020年第12期。

五规划纲要》和《国务院政府工作报告》等文件的出台，标志着国家发展共享经济战略的开局起步，那么2017年国家发展和改革委员会等颁布的《关于促进分享经济发展的指导性意见》，则代表"包容审慎"监管理念的正式确立。自首部全国性监管政策《网络预约出租汽车经营服务管理暂行办法》颁布以来，互联网医疗、网络直播等共享领域也陆续迎来监管政策。到2019年，相关监管政策和促进政策密集出台，国家有关部委一方面对共享经济新业态的发展持积极鼓励的态度，另一方面又抓紧推出一系列监管政策，强化"鼓励创新、包容审慎"的监管理念。促进和规范互联网与共享经济的主要政策文件见表1-4：

表1-4 2016年至2019年国家出台的各类共享经济政策

发文时间	发文机关	政策名称	政策类型
2016年4月	国务院办公厅	《关于深入实施"互联网+流通"行动计划的意见》	促进政策
2016年5月	国务院	《关于深化制造业与互联网融合发展的指导意见》	促进政策
2016年7月	交通运输部等七部委	《网络预约出租汽车经营服务管理暂行办法》	监管政策
2017年7月	国家发展和改革委员会联合多部门	《关于促进分享经济发展的指导性意见》	促进政策
2018年4月	国务院办公厅	《关于促进"互联网+医疗健康"发展的意见》	促进政策
2018年7月	国家卫生健康委员会和国家中医药管理局	《互联网诊疗管理办法（试行）》《互联网医院管理办法（试行）》《远程医疗服务管理规范（试行）》	监管政策
2018年8月	全国"扫黄打非"办公室联合多部门	《关于加强网络直播服务管理工作的通知》	监管政策
2019年2月	国家卫生健康委员会	《关于开展"互联网+护理服务"试点工作的通知》	促进政策

续表

发文时间	发文机关	政策名称	政策类型
2019年8月	国务院办公厅	《关于促进平台经济规范健康发展的指导意见》	促进政策 监管政策
2019年8月	全国信息安全标准化技术委员会	《信息安全技术移动互联网应用（App）收集个人信息基本规范（草案）》	监管政策
2019年10月	工业和信息化部	《关于加快培育共享制造新模式新业态促进制造业高质量发展的指导意见》	支持政策
2019年11月	国家互联网信息办公室等三部门	《网络音视频信息服务管理规定》	监管政策
2019年11月	国家发展和改革委员会等十五部门	《关于推动先进制造业和现代服务业深度融合发展的实施意见》	支持政策
2019年12月	国家互联网信息办公室	《网络生态治理规定（征求意见稿）》	监管政策

2. 共享经济标准化体系建设不断完善

除了来自政府层面的各种政策，共享经济行业内部的标准化体系建设也在稳步推进。各相关行业协会联合政府部门、社会组织等力量积极研究出台各领域的行业标准。例如，在共享出行领域，2017年出台了智能网联汽车产业标准体系；在共享住宿领域，2018年出台了共享住宿服务规范等。[1] 国家市场监督管理总局发布的《2020共享经济标准化发展报告》显示：目前我国共享经济领域行业内部制定的非国家标准已经达到81项，市场主导制定的标准达到政府主导制定的标准的两倍。[2] 共享经济的"去非标化"，各领域都有较大进展。

（四）超级聚合平台的出现

共享经济平台最早上线时，业务模式上主要是采取C2C或B2B的模式，

---

[1] 参见"2017年中国共享经济行业及用户研究报告"，载艾瑞咨询：http://report.iresearch.cn/report/201708/3036.shtml，最后访问时间：2020年3月16日。

[2] 参见高少华："《2020共享经济标准化发展报告》发布 标准化将为共享经济提供重要支撑"，载新华社：https://baijiahao.baidu.com/s?id=1682714829004488599&wfr=spider&for=pc，最后访问时间：2021年1月16日。

如淘宝、易趣等平台的早期商业模式就带有二手闲置资源"共享"的色彩。随着电子商务市场的不断扩大，互联网资本开始试水 C2B、B2C 等多种业务模式。在此过程中，越来越多的平台演化为共享经济或广义共享经济，部分共享平台也转型为其他形式的平台商业模式，互联网平台竞争不断加剧。以交通出行领域为例，仅网约车就包含滴滴出行、美团打车等十几家平台，用户选择渠道更为丰富，但同时也提高了用户选择成本，即以牺牲消费习惯为代价频繁切换多个平台入口。基于类似的原因，当消费者表现出多种消费需求时，不同平台切换和多订单选择同样影响了消费者的操作便利性，增加了消费者的时间成本。为解决选择成本的问题，聚合模式成了部分头部平台新的选择项，因聚合产生了所谓的超级平台（super platform）。随着市场力量围绕平台的不断聚集，超级平台展现出了强大的虹吸效应。[1]

1. 平台聚合

聚合模式下，共享服务平台主要有两种类型：一种是平台的聚合；另一种是业务的聚合。平台的聚合即"平台的平台"。主要表现为两类：第一类是同种业务的平台聚合，即在一个平台上针对同一项需求拥有来自多个平台的服务选择入口；第二类是不同种业务的平台聚合，即平台通过整合不同的共享服务成为共享服务的"超级平台"。这类超级平台在互联网应用商城里随处可见。例如，高德地图联合鹰明出行、安易出行、风韵出行等十几家网约车平台推出了集成化的打车服务，用户通过高德地图可以同时获得来自十几家网约车平台的服务选择。[2]微信平台接入了滴滴出行、美团、充电宝、金融理财、贝壳找房等多种共享服务。[3]支付宝平台同样接入了出行、理财、生活服务等多种共享平台，其基本操作都是通过把不同服务进行整合的方式，将平台打造成为用户提供多样化选择方案的超级平台。[4]

---

[1] 参见陈兵："因应超级平台对反垄断法规制的挑战"，载《法学》2020年第2期。

[2] 登录高德地图 APPV10.73.1.2864 版本，点击"打车—司机招募"即可看到高德地图网约车合作平台。最后登录时间：2021年1月3日。

[3] 登录微信 APPV7.0.22 版本，点击"我—支付"可看到包含金融理财、生活服务、交通出行、购物消费等不同类别的平台接入入口，每一入口对应一个功能或平台。最后登录时间：2021年1月3日。

[4] 登录支付宝 APPV10.2.12 版本，打开APP后点击"全部"，即可看到包含便民生活、财富管理、购物娱乐、教育公益等多种服务。最后登录时间：2021年1月3日。

2. 业务聚合

业务的聚合即"服务的综合汇集"。这种模式主要表现为,由一个平台提供多种可供选择的服务。美团平台在早期只为用户提供美食、电影等B2C模式的生活服务,随着业务的发展,目前已经拓展出出行、医疗、生活综超、金融服务等多种共享和非共享业务。[1]滴滴出行也由最初的共享出行平台,发展成集出行、金融服务、生活消费等功能为一体的综合服务平台。[2]

平台的聚合与业务的聚合的主要区别在于,其所提供的服务是否来自于同一服务主体。虽然微信和美团都可以为用户提供多样化的共享服务,但是微信平台的各项服务来源于第三方,对接的是其他平台,而美团平台的各项服务则全部由美团提供,对接的是平台自身。

第二节 共享平台功能分析:一个契约治理的视角

纵观历史,市场经济和互联网都不是共享活动起源的必要条件。哪怕是在原始社会,从简单的信息互换到一般的物资借取,从社会成员之间的"以物易物"到合作捕猎,在功能上,类似的行为都构成了简单形式的分享,体现了资源的相互流动过程。[3]由于交易成本的限制,个体的分享主要局限于熟人之间,难以将分享的频次、价值和对象范围扩大。商事组织的出现使得交易的聚集效应得到极大增强,市场交易能够轻易扩展至陌生人之间,但商事组织也有成本方面的局限性。对社会中的大多数个体而言,让其直接参与大规模分享活动并不现实。在多数情形下,保障交易安全及交易进展的最佳选择仍以成立或加入某个固定的组织为前提。

自共享经济平台诞生以后,上述情况有所改变。平台聚集了大量、多种

---

[1] 登录美团APPV11.6203-b1100060203-115521版本,打开首页即可看到外卖、美食、酒店民宿、电影演出、打车、跑腿代购、生活服务、借钱信用卡、医疗牙科等多种服务。最后登录时间:2021年1月3日。

[2] 登录滴滴出行APPV6.1.4-1371版本,打开首页即可看到打车、借钱理财、汽车、拉货搬家、导航、橙心优选(生活综超)、代驾等多种服务。最后登录时间:2021年1月3日。

[3] 参见李炳炎、刘恒:"从分享到共享的演变:中国特色社会主义共享经济的形成",载《南京理工大学学报(社会科学版)》2020年第5期。

交易主体，形成了规模效应，使熟人间的"分享"真正发展成为"共享经济"。[1]共享平台是如何做到这一点的？共享经济将如何影响商业和社会实践？制度经济学特别是交易成本经济学，为人们的观察和思考这些问题提供了有力的分析工具。通过建基其上的契约治理视角，我们得以进一步研判共享经济的发展及演变规律，为共享经济法学研究方向提供有益参考。

一、共享平台契约治理的功能性分析

在制度经济学上，人类社会的交易史，或许就是一部契约演变史。从古至今，市场已自发演化出五花八门的契约形式和自治规则，其中有的着眼短期的、一次性的交易，为传统合同法所调整；有的却长期而复杂，具有风险分担与治理机制等特性。[2]相应的契约治理规则也有不同表现：部分契约的订立、纠纷解决只需交由当事人自行协商；越来越多的缔约过程借力权威机构推行的示范文本，条款解释依赖专业人员及商事仲裁机构；还有直接上升为国家立法者，借国家强制力使全体社会成员普遍遵守。

人们按照一定标准，对契约作出不同分类。民法学者所熟悉的概念是法律行为，即"以意思表示为要素，因意思表示而发生一定私法效果的法律事实"。[3]不论债法契约，或再加上股东会决议、章程行为、决议等内部共同行为，[4]都不过是反映了人类社会交易过程中契约形式的一部分，不足以涵盖现实丰富多彩的契约类型。例如，许多公司的内部管理行为均被解释为"命令、指示或有约束力的建议等非法律行为"，[5]脱离了"意思表示"这一私法自治工具的作用力。但从制度经济学视角来看，企业内部的一体化安排本

---

[1] 参见许荻迪："共享经济与泛共享经济比较：基于双边市场视角"，载《改革》2019年第8期。

[2] 参见王文宇："商事契约的解释——模拟推理与经济分析"，载《中外法学》2014年第5期。

[3] 王泽鉴：《民法总则》（增订版），中国政法大学出版社2001年版，第250页。

[4] 参见韩长印："共同法律行为理论的初步构建——以公司设立为分析对象"，载《中国法学》2009年第3期。

[5] 参见[德]托马斯·莱塞尔、吕迪格·法伊尔：《德国资合公司法》，高旭军等译，法律出版社2005年版，第850页。

质上也是一种特殊的交易。[1]基于更宽泛意义的契约功能,如何看待共享经济平台,需要法学研究者以超越传统概念之视角全面加以理解。

(一) 关于契约治理的理论分析进路

新古典经济学所研究的"契约",不论何种交易类型,它发生在市场中还是企业内部,结果都是一样的。这种研究范式下的经济学诉诸法学方面,自然是法律契约规则的无差别性。[2]这不仅与经验观察不符,也与法学的观念同样相左。

1. 企业与市场的契约界分

交易成本经济学的奠基人科斯是最早对以上分析进路提出质疑的。在其代表作《企业的性质》一文中,科斯指出,与市场交易一样,企业也是协调经济活动的一种资源配置方式,但企业与市场不同,企业最显著的特征就是以科层垂直结构取代了价格机制,或者说,要素所有者的交易被企业内部的行政(权威)配置所取代。之所以如此,是因为价格机制在市场交易中存在着相当高的谈判和信息费用,而通过企业科层制组织实施的交易,比通过市场平等谈判进行同样的交易费用低,这构成了企业存在的根本理由。当然,企业规模不可能无限扩大,从边际上看,其扩张边界定于企业内部组织交易费用等于通过市场或其他企业进行同样交易费用的那一点上。[3]

科斯关于市场"契约"与企业"组织"两者替代性的洞见,对后世对于私法体系的理解产生了深远影响。作为两种不同的组织生产方式,企业与市场的划分必然产生不同的法律规范领域。譬如,波斯纳将企业生产方法理解为企业家通过支付薪金向生产者购买领导权,这对应于雇佣法律制度(Master-Servant Law)。市场生产方法则是企业家分别与不同的生产者谈判达成协议,这对应于传统契约法领域。[4]但是,"契约与组织"或"企业与市场"之划分,可能会引来一些误读。"组织"本身绝非凭空而来,其产生和演变皆有契约治理的对应。所谓"企业对市场的替代",更确切的说法应该是企业内部交

---

[1] 参见〔美〕奥利弗·E. 威廉姆森:《资本主义经济制度:论企业签约与市场签约》,段毅才、王伟译,商务印书馆2002年版,第112页。

[2] 参见费方域:《企业的产权分析》,上海三联书店、上海人民出版社2006年版,第4页。

[3] See R. H. Coase, "The Nature of the Firm", *Economic* (4), 1937, pp. 386~405.

[4] 参见〔美〕理查德·A. 波斯纳:《法律的经济分析》,蒋兆康译,中国大百科全书出版社1997年版,第513~514页。

易与市场交易两种不同合约的相互替代。[1]

沿着交易成本理论进一步分析，企业和市场的契约界限亦非绝对。某些交易形式的变化演进（如特许专营协议等长期契约关系安排），可能会冲淡企业与市场各自的边界。[2]正如科斯在《企业的性质》一文中所指出的那样，企业内部交易也易受到交易成本的限制。鉴于资产专用性、组织成本和规模效应等因素，当企业节省的交易成本小于企业的生产成本与其自身的组织运行成本之和时，企业会变得越来越大；反之，企业宁愿在市场界面中寻求供应商的协助。[3]可见，企业与市场的边界并非一贯清晰，市场主体时而分立、时而连属、时而垂直整合，完全出于其风险应对与成本考量。交易成本经济学不是把组织和企业之间的活动视为给定，而是把适应性看成不同组织的中心问题。[4]由此，契约（组织）治理的概念得以被确立为一般化的分析工具。

2. 公共领域的契约治理

以上契约解释与分析，一般是在产权规则较为完善的商事领域语境中讨论的。当存在契约漏洞或者产权界定不明确时，政府的公共性规制提供了另一种替代性思路。那么，如果从个人分享的简单交易场景，扩展到公共草地、公共池塘这种非排他性资源，能否进一步在政府和市场之外寻求解决方案呢？这就进入到了公共治理的研究领域。

按照奥斯特罗姆的分析，任何公共治理都需要解决交易的三个基本问题：供给、承诺和监督。解决之道是允许其中一个参与者承担执行人的角色。[5]尽管缺乏市场价格机制，且无政府机构直接提供规制，但公共池塘治理的实证案例表明，只要满足一些条件，一定规模的社群自我组织就是可能的。这

---

[1] 参见张五常：《制度的选择：经济解释》（第4卷）（2014年增订版），中信出版社2015年版，第210页。

[2] See Klein et al., "Vertical Integration, Appropriable Rents, and the Competitive Contracting Process", *Journal of Law and Economics*, 1978, 21 (2), p. 326.

[3] 参见[美]奥利弗·E.威廉姆森：《资本主义经济制度：论企业签约与市场签约》，段毅才、王伟译，商务印书馆2002年版，第126~133页。

[4] 参见[美]奥利弗·E.威廉姆森："再探法律现实主义：法律—经济学—组织视角"，载[美]斯蒂文·G.米德玛编：《科斯经济学：法与经济学和新制度经济学》，罗君丽、李井奎、茹玉骢译，张旭昆校，格致出版社、上海三联书店、上海人民出版社2010年版，第174页。

[5] 参见[美]埃莉诺·奥斯特罗姆：《公共事物的治理之道：集体行动制度的演进》，余逊达、陈旭东译，上海译文出版社2012年版，第21页。

些条件包括：由一组占用者设定有权使用公共资源的全部或部分规则，考虑公共池塘资源的特殊性质和占用者所在社群的特殊性质，规则设计者有权进行规则执行监督，并采用分级惩罚方式对违规者实施制裁，等等。同时，还要受到一些约束变量的影响，例如，占用者决策的规模、参与共享的人数多少、社群利益的共同性、共享规则预期收益的"贴现率"等等。〔1〕

总的来看，社群自我组织和自我治理充分体现了非商主体间的社会合作属性，参与者并不总是在价格方面追求短期市场收益的最大化，由少部分资源占用者创建的内部规则可以转变为更多成员参与的共享规范，对违规成员制裁的方式往往不是来自国家强制或违约罚款，而是导致其精神成本或社会成本（如内疚、不安、自我价值的降低）的增加。〔2〕但是，公共治理的成功案例一般都发生在人数较为有限、位置较为偏远的社群，它们不能直接越过交易成本约束的天花板，并且极易受到政治环境和外部干预的影响，难以支撑交易频率更高、规模更大、范围更广的"共享经济"的诞生。毋宁讲，公共治理之道为我们理解不同契约形式及其治理提供了一个启发性的思考向度。

（二）共享平台与共享契约治理创新

科斯对企业组织取代市场生产方式的分析，广泛影响着法学界对共享平台功能的认知。法学学者普遍认为，共享平台所创新的信息交换机制，极大地节约了交易成本，扩大了市场规模。〔3〕但实际上，交易成本只是一般化的概念，它是组织理论的真正基础，〔4〕却不是理论内容本身。围绕交易成本这一概念工具，共享平台及其契约治理细节目前为止并没有很好地被阐释。

技术创新和降低交易成本，其实不属于共享经济的本质特征。现实的例子往往是，一些交易费用被节约了，另一些费用可能因此而增加，而真正的

---

〔1〕 参见〔美〕埃莉诺·奥斯特罗姆：《公共事物的治理之道：集体行动制度的演进》，余逊达、陈旭东译，上海译文出版社2012年版，第217、219页。

〔2〕 参见〔美〕埃莉诺·奥斯特罗姆：《公共事物的治理之道：集体行动制度的演进》，余逊达、陈旭东译，上海译文出版社2012年版，第238页。

〔3〕 交易成本这一概念已成为法学家分析共享经济时所采用的常用概念工具。参见侯登华："共享经济下网络平台的法律地位——以网约车为研究对象"，载《政法论坛》2017年第1期；唐清利："'专车'类共享经济的规制路径"，载《中国法学》2015年第4期。

〔4〕 参见〔美〕道格拉斯·W. 艾伦："再论产权、交易成本和科斯"，载〔美〕斯蒂文·G. 米德玛：《科斯经济学：法与经济学和新制度经济学》，罗君丽、李井奎、茹玉驄译，张旭昆校，格致出版社、上海三联书店、上海人民出版社2010年版，第153页。

治理适应性问题则并没有被解决。技术创新会带来成本和价格变化，拓宽了经济社会活动的潜在边界，但互联网技术不直接等于治理创新和制度变迁。考虑到互联网的公共性问题无处不在，如果不解决共享契约履行中的信息透明、机会主义行为、利益冲突等问题，交易成本畸高必然导致共享契约的组织优势无从发挥，最终令其在边际上反被政府或传统经济组织所取代。

1. 共享机制："中央计划式"无形之手

共享经济的一大特点就是在大数据分析基础上的供需匹配机制，这是共享经济规模效应和双边市场特征的技术基础。用户规模是其中的关键，双边用户互为增长。例如，司机和乘客的在线匹配效率直接由供需的规模和平台的调度决定。[1]平台是这一机制的构建者和供应方，从某个角度看，平台的角色与中央计划机关类似。这样的特点不是共享经济所独有的，许多互联网平台都有这种中心化的技术特征。

马云在"2016年世界浙商上海论坛"上提到，由于大数据的运用，市场的无形之手有可能会被抓住，计划经济将越来越大。在回应有关质疑时，马云进一步解释，他所讲的计划经济不是苏联那种计划经济，而是让市场更加聪明、可以触摸到无形之手的计划经济。[2]在这里，"触摸"包含了对无形之手加以改造和控制的隐喻。

对于如何正确认识互联网平台的中央计划优势，需要从组织变迁和制度创新的角度入手。计划生产方式的本质特征是科层制，依靠计划指令组织资源是企业组织极其普遍的做法，市场经济并不必然排斥计划生产方式。但正如企业组织不可能无限扩张，创建平台的互联网企业也身处科层制中，平台技术创新的不确定性、商业风险、用户需求变化都会影响到组织自身的扩张，或导致组织解体。

另一方面，认为平台以计划手段取代市场的观点，显然是对平台共享机制的误读。笔者相信，平台契约治理的制度目标不是触摸或改造无形之手，也不像科层制企业那样与市场机制开展竞争，而更多的是试图优化和加强市

---

[1] 参见陈明花、李嘉伟："双边市场的秘密"，载《经济资料译丛》2015年第4期。

[2] 参见布鲁："马云说大数据使计划经济越来越大，真能实现吗？"，载中国社会科学院工业经济研究所：http://gjs.cssn.cn/ztzl/ztzl_cjkp/201706/t20170606_3541810.shtml，最后访问时间：2019年5月9日。

场机制的作用。在典型的双边市场环境中,终端服务市场的竞争结构特点为用户供给数量极其庞大,用户端有无数"竞争者"的存在,甚至可以产生接近于经济学意义上完全市场的效果。[1]因此,与其说平台共享机制触碰市场的无形之手,不如说其在一定范围内让市场机制的作用更加清晰。[2]

2. 产权规则调整:产品真的过剩吗?

进入互联网时代,以对物的支配和排他性为特征的传统物权法规则受到了挑战,社会贫富差距的加大进一步使得人们以物权作为财富积累和生产对象的认知受到冲击,工业化生产成果难以直接改善多数人的生活水平,供给与需求的失衡成了许多大型经济体的结构性问题。关于共享经济的未来愿景,一种极具吸引力的观点认为,随着所有权和排他权向使用权转变以及零边际生产成本的作用,产品的交换价值不再,只具有使用价值和分享价值,物品将从稀缺变得过剩。[3]

我们不禁思考,如果共享经济的推广条件成熟且泛化,私有产权规则和产品供给真的会产生如此颠覆性的转变吗?从前文的分析中我们可以看出,共享经济新型两权分离的确会带来所有权的弱化,相应推动链接权及使用权权重的提升。但这一过程的法律意义不在于产权的弱化,而在于产权保护体系的调整,即法律调整的需求与重点从对财产权的静态界定转移到了财产与资源的动态链接。换句话说,共享经济对产权观念的挑战和深化并非是否定产权,而是建立在市场基础之上产权明确的自愿交易,并未舍弃产权或者市场本身。[4]

而且,正如制度经济学家在对互联网制度创新的研究之中所指出的,人活着就有需求,供给端的创新意义在于创造和对应用户的新需求。因此重点不是从需求侧考虑供给是否过剩,而是要解决供给侧生产什么、如何生产的

---

[1] 网络平台经济可能带来的完全竞争效应,See "Frictions in Cyberspace: Retailing on the Internet, it is Said, is Almost Perfectly Competive , Really?", *The Ecomomist*, Nov 20, 1999, p. 104.

[2] 参见丁元竹:"互联网时代的政府与市场边界:'看不见的手'作用比以前更清晰了",载《中国经济导报》2016年10月12日。

[3] 参见[美]杰里米·里夫金:《零边际成本社会:一个物联网、合作共赢的新经济时代》,赛迪研究院专家组译,中信出版社2014年版,第285页。

[4] 参见谢志刚:"'共享经济'的知识经济学分析——基于哈耶克知识与秩序理论的一个创新合作框架",载《经济学动态》2015年第12期。

问题,以及在什么制度、机制下生产的问题。[1]共享经济的目标或许不是产品的过剩,而只是有效的供给。

3. 契约治理创新:企业与市场的混合

理解平台契约治理,一个理想的参照模型就是科斯意义上的企业组织。在传统经济组织中,企业作为产品与服务的生产者,主要承担投资功能与商业风险,劳动者在垂直管理模式下进行指令性生产,内部与外部表现为"劳动者—企业—消费者"的相互关系。共享经济反其道而行之,使得传统组织结构性地转变为不受管理层指挥而运行的松散群体,[2]表现为"用户—平台—用户"的相互关系。就此而言,一方面,企业承担的生产职能被转移给了平台内的供给用户,由于不再需要购置大量生产资料并花费巨大人力成本,平台的投资风险也大为降低。另一方面,平台并未彻底放弃组织职能,在信息技术和契约治理的共同作用下,平台与用户仍建立有或强或弱的法律联系,在传统机构和组织框架之外发挥着新的组织力量。[3]

共享经济之所以能够打破企业、企业主、员工、销售商与消费者等传统分工,实现个人用户通过协作生产、消费和分享自己的商品和服务的全新组织功能,[4]主要原因在于交易成本的结构性变化。共享机制在终端交易环节所节省的交易成本相比于企业组织明显占优,当该成本的变化超出一定临界点时,其便在总量上小于传统经济组织生产成本与组织成本之和,直至传统组织的经济优势在边际上被逐步瓦解。

帮助共享契约有效治理、降低交易成本的重要机制之一是互联网信用规则。单纯采用纵向一体化和点对点的协商策略,显然都无力解决线上陌生人的信任问题。平台主要通过大数据应用,以及用户与平台之间的互动,用户之间的互相评价和推荐,建立自己的信用评价体系。[5]基于信用评价和数据

---

[1] 参见贾康、苏京春:《新供给经济学》,山西经济出版社2015年版,第330~331页。

[2] 参见[美]克莱·舍基:《人人时代:无组织的组织力量》,胡泳、沈满琳译,浙江人民出版社2015年版,第38页。

[3] 参见[美]克莱·舍基:《人人时代:无组织的组织力量》,胡泳、沈满琳译,浙江人民出版社2015年版,第17页。

[4] 参见[美]杰里米·里夫金:《零边际成本社会:一个物联网、合作共赢的新经济时代》,赛迪研究院专家组译,中信出版社2014年版,第43页。

[5] 参见刘根容:"共享经济:传统经济模式的颠覆者",载《经济学家》2017年第5期。

查询，许多供应用户的身份趋于透明，一次违规的信用记录就可能对其产生重大影响，甚至被平台拒绝服务。因此，共享平台的契约治理既非传统组织治理，也不是市场合同治理，而是一种新的混合型契约治理形式。

4. 交易功能的拓展：社会合作与社群市场

共享经济在多数场合下均具有商事契约的色彩，这是不言而喻的。除商事交易功能，共享平台的新型组织功能与商业模式的充分结合使得共享经济商业模式趋向社群经济发展，有学者将之定义为一种社群市场。[1]"社群"一词表明该类活动超出了商事交易范畴，具有社交与社会合作功能。"市场"一词又说明，个人用户之间的社会合作带有某种商事交易属性。当然，不排除有的社交平台会采取非营利和免费分享策略。对此类共享契约的特征总结，笔者将在本章第四节中展开。

此处指出的是，共享经济交易功能在社会合作领域的拓展，仍主要归功于共享平台契约治理功能的创新。它充分揭示出，在一定的技术和制度条件下，社群对公共资源的分享可以不依赖政府的制度安排，无需或较少借助市场价格机制，就能够在更大的范围内高效实施。平台用户以社交为主的共同兴趣，社群空间的特定领域与话题，平台集社交规则制定、规则执行与监督职责于一身，对用户进行信用评级和对违规方进行惩戒（包括对黏性用户施加的精神成本），无一不是对公共治理理论的验证。

从契约治理的视角看平台、市场、企业和社群，我们可以发现任何组织和契约形式都有其优势和劣势。对此，我们应当认识到共享平台组织机制创新的一面，同时也不宜夸大共享经济的影响程度，避免不自觉地落入"创新浪漫主义"的陷阱。

二、平台契约治理组织变迁模型分析

前文论证指出，共享经济的优势不在于技术本身，而是制度和组织的重大创新。从契约治理的角度看，共享契约本质上是一种制度供给。如果把共享契约理解为一种治理结构，那么平台就是这种契约治理的主要制度供给方。

---

[1] See F. Celata, C. Y. Hendrickson and V. S. Sanna, "The Sharing Economy as Community Marketplace? Trust, Reciprocityand Belonging in Peer-to-Peer Accommodation Platforms", *Cambridge Journal of Regions, Economy and Society*, 2017, 10（2）：349~363.

共享契约并非是一个固定和静态的模板,现实中的契约类型和模式五花八门,平台如何具体制定治理规则,这些规则如何发生变迁,都涉及制度变迁的动力模型分析问题。一般而言,交易成本的变化会自然推动治理规则的转型,共享经济就是这种治理发生的集中表现,理论上可被称为"诱致性制度变迁"。但许多情况并非如此,法律、政府可以通过公共规制,加速或重塑平台治理规则,使制度变迁呈现"强制性"的一面。

基于诱致性制度变迁和强制性制度变迁的经典模型,[1]交易成本引起的制度集合改变、技术创新、政府行为和法律制度都可能推动平台治理规则的组织变迁。其中,前两类为诱致性制度变迁,后两类因素属强制性制度变迁。在下文中,笔者将借鉴有关理论模型,结合我国共享经济发展实践,分析研判共享平台契约治理的组织变迁动态机制。

(一)选择集合改变:市场与非市场因素

在传统理论视角下,组织和契约不同,前者意味着权威和控制,后者则是一种私人自治的自发市场过程,但组织理论的进展和包括共享经济在内的商业实践早已打破了组织和契约的静态边界。共享契约具有组织的特征,也包含市场的过程。到底是组织多一点还是市场多一点,在技术给定的条件下,交易成本是影响选择集合的一个关键性因素。

1. 共享契约治理的市场选择过程

按照奥地利学派对市场过程的理解,市场自发秩序中很重要的一个概念就是知识的流动,供给和需求的变化过程实际上就是永不停息的知识流的表现。[2]共享经济最初由国外传入,正是这一市场过程的表现例子。优步(Uber)在进入中国时所提供的"服务协议",曾强调自己"居间商"的角色,不受专车供应商与乘客协议约束。这种P2P模式受到了我国本土网约车的模仿和追捧。滴滴专车在其原《专车使用条款》中也有类似规定:[3]

---

〔1〕 有关模型分类,参见林毅夫:"关于制度变迁的经济学理论:诱致性变迁与强制性变迁",载陈昕主编:《财产权利与制度变迁——产权学派与新制度学派译文集》,上海三联书店、上海人民出版社1994年版。

〔2〕 参见[美]路德维希·拉赫曼:"论奥地利学派经济学的核心概念:市场过程",载[美]埃德温·多兰主编:《现代奥地利学派经济学的基础》,王文玉译,浙江大学出版社2008年版,第115页。

〔3〕 转引自侯登华:"共享经济下网络平台的法律地位——以网约车为研究对象",载《政法论坛》2017年第1期。

滴滴出行平台提供的不是出租、租车及/或驾驶服务，我们所提供的仅是租赁车辆及驾驶人员的相关信息。我们只是您和供应商之间的平台。因此，租车服务供应商向您提供的租车服务受到您与租车服务供应商之间协议条款的约束；驾驶服务供应商向您提供的驾驶服务受到您与驾驶服务供应商之间的协议条款的约束。

对外来知识的借鉴提高了本地企业商业模式复制或模仿的创新能力，并扩大了平台治理制度选择的集合，这对我国共享经济的发展起到了重要作用。

除了知识和政策，影响制度选择集合的因素还包括相对价格变化、文化观念等市场因素和非市场因素。有些平台交易模式的转变是基于市场价格变化的商业选择。由于私家车车主对于价格补贴模式的观望、个人专车共享服务难以标准化等因素，私车供给的减少引发了相对价格上升，P2P 模式的竞争优势在一定程度上被减弱了，这促使一些 P2P 租车平台主动转战分时租赁市场。如宝驾租车更名为"宝驾出行"，同时将公司的主营业务从 P2P 租车调整为分时租赁。[1]

2. 影响共享契约的非正式规则

市场的扩张虽然弱化了熟人文化和传统观念，但另一方面也会衍生出了一些新兴文化或亚文化现象。这些原本只在特定群体的小众圈子传播的观念和文化，借助互联网的快速传播可与主流文化发生激烈碰撞。有时，共享消费的新伦理观（如节俭、合作、分享）[2]会引领或促进传统文化、观念、习惯等非正式规则的转变。但新旧观念的竞争结果并非总以新事物胜出而告终，在更多情况下，"公序良俗"的社会基本盘对契约过程的某些"文化衍生物"会在治理层面予以重塑与纠正。

滴滴"顺风车"下线，实则反映了主流价值观对契约治理规则选择的潜在影响。顺风车的社交属性特点使得乘客所面临的风险和不确定性更大，平台的部分司机社交圈子滋生出了对乘客的语言骚扰，乃至产生了"穿丝袜易

---

[1] "共享经济新模式：分时租赁会是下一个风口吗？"，载艾媒网：https://www.iimedia.cn/c460/46038.html，最后访问时间：2018 年 11 月 28 日。

[2] 参见李娅娌："共享经济时代的消费伦理思考"，载《光明日报》2017 年 11 月 13 日。

走光"之类的诲淫诲盗描述等亚文化现象。[1]在连续发生数起针对女乘客的恶性人身侵害案件后,平台带来的这一风险被社会舆论无限放大,引起了公众的强烈质疑和反感,间接推高了平台维持这类活动的交易成本(如用户的抵制、政府介入的法律风险大增),从而限制了"顺风车"乃至株连平台其他业务的商业价值。最终,滴滴平台选择主动关闭"顺风车"业务,至今仍未恢复。

(二)技术创新:互联网3.0版的组织变迁

共享经济的诞生离不开互联网信息技术的助力。技术创新从两个层面改变治理规则的选择和变化:一是在宏观层面,技术生产力进步决定性地影响法律制度等上层建筑,从深层次、结构性推动制度的变迁。二是在微观层面,技术进步有助于降低交易成本并引起新的获利机会。公共池塘的社群分享难以突破地域和人群的限制,而大数据分析和平台评价机制让原本只发生在偏远地区的公共治理契约在整个互联网空间都能充分发挥其有效治理的功能。技术的进步也必然会产生新的契约形式并带来治理规则的变化。

1. 区块链与共享契约组织变迁

共享契约治理也有交易成本的天花板限制,由于需要平台作为一种中心化的中央计划供给者,平台公司自身的商业风险、法律风险和技术风险(如数据的安全性)均构成了共享契约的治理成本。如何进一步拓展共享经济的交易边界,需要新的技术改变。当前,商业应用前景较高的技术是区块链,这种新技术应用又被业内称为下一代互联网技术(web 3.0)。

区块链是互联网基础设施的一种创新底层建构技术,它的特点是基础设施的去中心化架构、信息的分布式储存机制、依赖非对称的加密算法、数据的跨部门共享储存、支撑离线数字货币等技术功能,与共享经济点对点交易、信息实时匹配、数据公开透明、互联网信用增效等技术特点高度契合。更重要的是,区块链底层建构技术与人工智能算法结合,能够进一步深化和拓展共享经济交易的边界:一是跨部门的数据共享能够实现多场景、多部门的信用统一评价;二是分布式账本和加密算法能够极大地提高数据的安全性,强化数据透明和全程留痕且难以被篡改;三是智能合约能够实现契约的自我执

---

[1] 参见缪因知:"顺风车能否有社交属性:法律和商业边界之辨",载经济观察网:http://www.eeo.com.cn/2018/0528/329192.shtml,最后访问时间:2020年1月5日。

行，精准识别和惩罚用户在不同机构的失信行为，进一步降低交易风险。[1]

因此，区块链和智能技术的商业应用，不是单纯的科技层面的创新与进步，它本质上解决的是市场交易的信任和组织协调问题。从这个角度看，区块链不只是下一代互联网技术，更是下一代合作机制和组织形式。[2]

2. 区块链技术的治理适应性问题

区块链被应用于共享经济，目前还面临一些技术难题和治理堵点，其中最为关键的问题是共同记账规则的建立。区块链去中心化应用不是"创新浪漫主义"者想象的那种现实颠覆者，它既不等于现实交易的无中心实体，更非去监管化。去中心化契约治理规则建立的首要前提是各类中心化的机构和组织的共同推动和参与，其中也包括政府这一宏观制度供给者。因此，区块链的技术应用，不过是由中心化机构联合创建去中心化应用场景。

首先，在各种去中心化应用场景和环境中，监管不但必要，且需创新形式。中心化机构和组织需要解决的问题，是区块链信用评价的"共识机制"，确立区块链的共同记账权，并引入适当的监管和仲裁机制，避免用户在对交易的公平性产生怀疑时无法向任何机构进行申诉。[3]

其次，区块链技术可能会提升平台治理风险。技术改变引起交易成本的变化，提高了数据的安全性，推动了信用评价等治理规则创新，同时也会带来某些交易治理方面的潜在风险和成本。例如，分布式记账使得利用区块链从事的非法活动追踪变得困难，如果恶意算法代码被写入区块链中，将使得平台的责任风险变得不可预测。又比如，数据安全性总是相对的，"道高一尺，魔高一丈"在科技领域同样适用，随着量子计算基础理论获得突破及其工程应用取得进展，分布式记账和加密算法并非绝对安全。

前述讨论内容侧重于技术创新对共享契约治理的影响，至于科技对法律制度演变的影响则不属于本书的讨论范围。关于共享契约的新型客体和算法责任，笔者将在第三章和第四章中展开讨论。

（三）政府行为：契约塑造与风险防范

根据强制性制度变迁的理论模型，国家和政府在消除制度不均衡方面可

---

[1] 有关区块链对共享经济发展的影响，参见严振亚："基于区块链技术的共享经济新模式"，载《社会科学研究》2020年第1期。

[2] 参见李拯："区块链，换道超车的突破口"，载《人民日报》2019年11月4日。

[3] 参见许华磊："区块链技术与共享经济"，载《光明日报》2018年1月18日。

以弥补诱致性制度变迁的缺失。例如，私人和社会在收益和成本之间存在分歧会导致制度变迁的失败。但是，国家和政府是否能够通过强制行动来推动制度变迁，同样受到税收净收入、统治威胁和其他非经济目标（如执政声望、意识形态、官僚成本和利益冲突）等因素的影响。[1]网约车在世界各国所遇到的各种阻力，即体现了有关博弈的动态过程。

在我国共享经济的发展过程中，国家部委和地方政府的政策对共享契约治理的制度选择具有相当大的影响，可导致平台制度选择范围的扩大或缩小。与世界上的许多国家和地区相比，我国地方政府对待共享专车的态度不是十分统一，有的地方对网约车采取了抵制的态度，有的地方则没有对网约车的P2P模式"一棒子"打死，而是以一种相对包容的态度看待这种共享经济的发展，十分接近于学者所说的"通过试错机制不断完善规制策略"的做法。[2]

随着网约车与巡游车的利益冲突加大，在较短的时间内，交通运输部等七部委联合发布《网络预约出租汽车经营服务管理暂行办法》，对网约车采取相对严格的管控。这些管制措施包括：对网约车和网约车司机采取资格准入，各地制定了宽严不一的准入门槛；对网约车的运行标准提出强制性要求；购买强制性保险，并且要求部分网约车采用劳动合同的用工方式。

政府对网约车市场的干预推动了平台契约治理的结构转型：其一，将网约车强行嵌入特许经营的传统出租车规制模式中，以行政许可、特许准入等方式将市场自发秩序转变为行政管控的强制秩序，[3]迫使平台自我转变P2P模式；[4]其二，总体承认网约车合法地位，允许网约车根据情况采取不同于巡游出租车的用工方式（如协议用工），为城市拼车合乘留下了政策"活口"，[5]塑造了

---

〔1〕参见林毅夫："关于制度变迁的经济学理论：诱致性变迁与强制性变迁"，载陈昕主编：《财产权利与制度变迁——产权学派与新制度学派译文集》，上海三联书店、上海人民出版社1994年版，第396~398页。

〔2〕参见彭岳："共享经济的法律规制问题——以互联网专车为例"，载《行政法学研究》2016年第1期。

〔3〕参见向超："网约车法律规制：逻辑与思路——兼评《网络预约出租汽车经营服务管理暂行办法》"，载《西南政法大学学报》2017年第6期。

〔4〕参见钟凯、戴林莉："共享经济相关市场界定：挑战与回应——兼议互联网反垄断立法革新"，载岳彩申、盛学军主编：《经济法论坛》（第22卷），法律出版社2019年版。

〔5〕《网络预约出租汽车经营服务管理暂行办法》第38条规定，私人小客车合乘，也称为拼车、顺风车，按城市人民政府有关规定执行。

网约车平台与巡游出租车适度差异化的契约结构。我国相关政府部门所开启的网约车强制性制度变迁路径,并没有完全按共享经济发展规律进行规制,明显采取了一种妥协、平衡的制度供给思路。

转至共享金融领域,在遭遇"影子银行"和"平台跑路"等一系列公共事件后,政府的政策和措施显得更为严厉。2018年12月,有关监管部门下发《关于做好网贷机构分类处置和风险防范工作的意见》,拉开了对P2P网贷平台的清理运动,至2020年底,全面清退工作已完成。有评论指出,网贷机构成了金融领域的"犀牛群",其所造成的不单是金融问题,更有大量的社会问题。[1]政府对网贷行业的"清零式"打击,可以说是对此类共享契约的全盘否定。考虑到互联网金融和民间金融的天然关系,[2]这也是国家对民间金融抑制立场之延续。[3]它至少表明了,我国政府将金融风险防范和社会稳定目标置于资本效率之上,为此宁可维持局部金融市场的相对低效状态。

(四)法律制度:合法性困境与监管错位

交易成本变化一方面是组织变迁的直接推动力,另一方面也是妨碍信息流转或市场正常形成、运转的摩擦性因素。解释交易成本的形成原因有多种视角,其中之一是关于产权的分析。在巴泽尔看来,交易成本主要就是与转让、获取和保护产权有关的成本。[4]因此,国家制定市场交易产权保护的法律规则,本身就是影响交易成本的重要变量,尽管不是唯一。

法律制度属于国家强制性制度供给的一种。对于产权的保护及转让,国家法律制度也有两种不同的作用力:一是为产权安排和变革提供"游戏规则";二是直接参与甚至干预产权的安排和变革。[5]基于不同的市场交易环境,国家法律制度安排对市场运行的影响可能产生不同效果,或促进市场交易高效安全,或造成产权残缺低效。与政府政策、行政行为等强制性规则相

---

[1] 参见"清理P2P网贷以外,还应给民资开条路",载光明网:https://guancha.gmw.cn/2020-11/27/content_ 34408603.html,最后访问时间:2021年1月10日。

[2] 参见邹传伟:"互联网金融要坚守底线",载中国社会科学网:http://ex.cssn.cn/glx/glx_zt/glx_ efinance/glx_ efview/201312/t20131209_ 898406.shtml,最后访问时间:2021年1月28日。

[3] 参见钟凯:"中小企业融资问题的法经济学思考——兼论金融危机背景下的中国金融改革",载《清华法学》2010年第1期。

[4] 参见[美]Y.巴泽尔:《产权的经济分析》,费方域、段毅才译,上海三联书店、上海人民出版社1997年版,第3页。

[5] 参见卢现祥:《西方新制度经济学》(修订版),中国发展出版社2003年版,第201页。

比,法律制度的优势在于其稳定性和可预期性更强,规则适用的普遍性和违法后果的惩治力度通常也会超过政策等非法律规则。

1. 法律制度供给缺位带来的合法性困境

针对共享经济带来的法律风险和社会风险,如果有关分析只建立在现行制度的内部论证循环中,就容易陷入合法性困境。公法制度对共享经济的影响通常较为直观。例如,如果法律不承认共享经济的合法地位,或者对共享平台和用户接入提出过高的准入要求,共享经济就无法发展壮大。但是,私法制度缺位引起的治理短板及其对共享经济合法性治理的反作用力,就不那么容易被发现和理解了。

再以共享金融中的"众筹"为例,这一例子能相对清晰地展现出私法制度对共享平台合法治理的影响。所谓众筹,即大众筹资或群众筹资,是指一种向大众募资,以支持发起的个人或组织的经济行为,通常被视为共享经济的一大延伸。[1]其中,股权众筹的合法性在我国常被所谓的"穿透核查"困扰。具体来讲,就是监管机构或司法机关"穿透"跟投、领投等众筹法律结构,以众筹投资目的、参与的实际人数来评判资金筹集的公开性、社会性和利诱性,进而判断交易行为是否成立"非法集资"。[2]然而,股权众筹是互联网条件下的新型共享契约形式,不是传统的民间融资行为。如果缺乏判定这种新业态、新模式的私法标准,简单套用传统监管和刑法调整规则就无法契合"平衡新经济的创新与危害兼具、秩序与权益保护兼顾等理念"。[3]

2. 合法性困境带来的伪监管命题

法律制度供给不足造成的合法性困境,有时还会给共享契约治理带来伪监管议题。这一点在我国网约车市场发展过程中亦有所体现。为规避出租车行业的严格管控,早期专车平台曾采用"车辆租赁+司机代驾"的商业模式,分别与汽车租赁公司、劳务派遣公司和司机共同签署四方协议。[4]一种批评

---

[1] 参见王硕:"P2P、众筹与众包:共享经济新范式",载《农村金融研究》2016年第5期。

[2] 参见钟凯、郑泰安:"刑民交叉规范本质的立法论与解释论考察——以涉刑私募基金为考察对象",载《社会科学研究》2020年第6期。

[3] 参见王文华:"共享经济可持续发展离不开法律制度保障",载《检察日报》2018年4月22日。

[4] 参见侯登华:"共享经济下网络平台的法律地位——以网约车为研究对象",载《政法论坛》2017年第1期。

意见曾指出,前述规避行为使交易结构更为复杂化,明显增加了交易成本。[1]而这恰恰是一种典型的因果倒置论证,基于这一判断提出的监管建议大多为伪议题。

新事物是否引入监管的逻辑起点,不是现行法律内部评价之"合法性",而是其外部评价标准。法律关系简化并不是法律外部评价的唯一或者主要标准,更核心的问题应是社会多样需求是否得到满足。接下来要考虑的问题才是专车交易成本是否增加及其原因。如果前述命题成立,那么后一命题的正常推论便是:交易成本增加的原因,可能是缺少某种合法性保障,如国家认可的私法规则。继续分析,进一步的问题是:为降低社会交易成本,什么样的私法规则需要补全?最后,如果私法规则难以降低这种成本,为此提出引入监管才更具说服力。如此,我们既不能得出共享经济不需要监管的结论,当然更不能得出"仅因为交易法律结构复杂即需加强监管"的结论。一个与前文呼应的可能结论是,法律制度(包括公法和私法)对共享契约的良好治理可以起到促进或抑制的作用。当然,不同论说逻辑背后反映的是面对外部性问题,到底应以何种理念为优先的立场差异。[2]

第三节 我国《电子商务法》立法分类及其不足

我国规制电子商务和网络交易的立法内容,散见于各民事和公共规制单行法(如《网络安全法》)。在2019年以前,对电子商务和网络交易在私法领域明确作出调整的,仅有2004年颁布、2015年修正的《电子签名法》和于2013年经历大修的《消费者权益保护法》。2019年1月1日,《电子商务法》作为国内首部电子商务专门立法正式施行,这是迄今我国涉及互联网法律规制最为系统的单行法,为我国电子商务发展奠定了基本法律架构。由于电子商务活动涵盖了大部分的网络交易和共享交易,因此该法可以被视为共享经济规制的基本法。本法关于主体、行为的法学分类规定,原则上可适用于共享经济,但同时也存在针对性不强、新主体和新行为识别不足等问题。

---

[1] 参见唐清利:"'专车'类共享经济的规制路径",载《中国法学》2015年第4期。
[2] 此问题的详细展开,请参阅第二章第二节的内容。

一、《电子商务法》立法过程及主要争议

电子商务的概念早于共享经济被提出，其涉及范围比共享经济宽泛得多，甚至比网络交易的范畴还要宽泛。从广义而言，通过互联网、电信网、广播电视网等信息网络进行交易的商品和服务，都属于电子商务活动。[1]按照商务部《电子商务模式规范》2.1 条目的定义，电子商务被定位于"依托网络进行货物贸易和服务交易"。据此，我国政策层面的电子商务与网络交易是几近相通的概念。[2]相关数据显示：近十年来，我国电子商务交易规模迅速扩大。2019 年，全国电子商务交易额达 34.81 万亿元，其中网上零售额达 10.63 万亿元。[3]同期比较，共享经济占比约为 9.4%。与共享经济快速扩张所暴露的治理困境类似，对电子商务领域的交易规范传统上主要依靠合同法、公司法、消费者权益保护法等单行法的分散调整，难以形成对电子商务活动的系统性规制，尤其是对于网络交易安全、互联网监管、个人信息保护、消费维权、民事责任划分等内容，缺少专门与之相适应的规范予以规范调整，这使得各界制定出台《电子商务法》的呼声不断升高。

（一）《电子商务法》的立法过程

从《电子商务法》的诞生历程来看，该法出台的原动力，在某种意义上可以被认为是电子商务领域异军突起以及新业态发展过程中所凸显的问题，是社会需求倒逼法律建制的典型。早在 2000 年，我国就开始关注到互联网和电子交易监管问题，当年出台的《互联网信息服务管理办法》以及 2001 年出台的《网上银行业务管理暂行办法》均属这方面的引领政策。2000 年的《全国人民代表大会常务委员会关于维护互联网安全的决定》是我国首部互联网监管的法律性文件，但该决定只确立了原则性的监管框架，并未提供具体领域的监管细节。2004 年出台的《电子签名法》承认了电子签名的认证程序与法律效力，为私法在电子商务交易规则领域的重大补全。2010 年原国家工商

---

[1] 参见赵旭东主编：《中华人民共和国电子商务法释义与原理》，中国法制出版社 2018 年版，第 6~7 页。

[2] 网络交易还包括以权利转让为标的的内容，而电子商务仅限于货物和服务，因此二者不能完全等同。

[3] 参见商务部电子商务和信息化司：《中国电子商务报告 2019》，中国商务出版社印编，前言，第 1 页。

行政管理总局颁布的《网络商品交易及有关服务行为管理暂行办法》，以及2014年后续出台的《网络交易管理办法》等，都不断地为国家规范电子商务积累着立法经验。

在电子商务法律规范体系逐步完善的过程中，我国电子商务业态和规模有了更进一步的发展。但电子商务在飞速发展的同时也给市场监管和交易规范带来了诸多新问题。例如，微商售假、强制搭售、押金退还陷阱、泄露消费者交易信息等侵犯消费者合法权益的现象，在电子商务领域较为突出，严重扰乱了市场秩序；囿于互联网虚拟性和交易分散性的特点，消费者维权成本较高、经营者违法成本较低。又比如，对于网络交易所衍生的刷单、大数据杀熟、删差评、代购等行为也缺乏明确规定，导致这些行为经常处于合法性不明的"灰色地带"。[1]再比如，在电子商务行政监管与执法方面，同样存在依据不足、手段有限、职权划分不清等问题。

为进一步保障电子商务各参与方的合法权益，规范电子商务行为，维护市场秩序，促进电子商务持续健康发展，[2]全国人大常委会于2013年正式启动《电子商务法》立法工作。该法由有关立法部门在2014年确立立法大纲，2015年至2016年正式形成草案，并在2016年至2018年之间历经立法机关的四次审议才得以通过，成为为数不多的经过四审才得以通过的法律。[3]长达五年的立法周期在一定程度上反映了监管者与从业者、经营者与消费者在立法过程中的博弈与平衡。

相关立法的历史性文件显示，《电子商务法》遵循规范经营与促进发展并重的思路，聚焦于规范电子商务经营者特别是平台经营者，采"存疑留白"立法策略，即对争议仅作原则规定或不作规定，主要内容兼而处理民事法律和行政管理法律的关系。[4]尽管该部立法在各种争议与妥协中诞生，但其毕

---

〔1〕 参见蒲晓磊："电子商务法'升级'对消费者保护力度"，载《法制日报》2018年9月18日。

〔2〕 参见《电子商务法》第1条"立法目的"的主旨规定。

〔3〕 参见张志然："《新中国·新时代：法律制度民主化70年发展》系列报道之五——电子商务法：横跨两届人大的立法范例"，载《民主与法制》2019年第36期。

〔4〕 参见"全国人民代表大会宪法和法律委员会关于〈中华人民共和国电子商务法（草案）〉修改情况的汇报"，载中国人大网：http://www.npc.gov.cn/npc/c30834/201808/55ab721bd58f4b7e9efb10cb1c6d1a4a.shtml，最后访问时间：2020年5月17日。

竟是世界上首部电子商务领域的综合性立法，[1]具有明显的原创引领性与治理前瞻性，并试图涵盖电子商务领域的绝大部分事项，[2]为各国后续立法贡献了中国智慧。

(二)《电子商务法》主要争议与立法回应

根据文献整理与学界讨论，《电子商务法》在立法过程中的争议主要集中在立法性质、自然人网店登记、平台责任和义务、电子商务监管机制等方面。[3]为准确把握《电子商务法》有关分类规定的精神，笔者将从解释论角度，对有关文本释义作简要梳理。

1. 关于立法定位

《电子商务法》的立法定位主要包括两方面的争议：一是《电子商务法》的主要调整对象为何；二是《电子商务法》中的行政管理和监督性规范归属于哪一法律部门。

由于电子商务有广义和狭义之分，因此面临的一个问题是，依托信息网络技术开展的所有产品和服务是否均属于《电子商务法》的调整范围？对此，结合有关法律文本分析，我们不难得出结论。根据《电子商务法》第2条的规定，该法调整电子商务中的商品销售和服务，不包括传真、电报、传统广播电视信息网络等传统电子技术环境下的交易，也不包括知识产权产品等权利转让标的，且调整对象仅限于"经营活动"。经营活动即商法中所定义的商行为，一般认为是商主体以营利为目的的经营行为（或称营业行为），[4]而不是那种非商主体偶尔实施的、非持续的行为。根据同条第2款的规定，互联网金融类产品和服务、信息新闻服务等也被排除出本法的适用范围。

尽管采狭义理解，但若考察电子商务涉及的领域，围绕众多分域及类型多样化的法律问题，诸如合同审查、消费者权益保护、知识产权保护、信息数据利用、税收监管、市场准入退出等行政监管、纠纷处理解决行政执法等

---

[1] 参见蒲晓磊："中国立法'原创智慧'有望引领潮流"，载人民网：http://npc.people.com.cn/n1/2016/1227/c14576-28979373.html，最后访问时间：2020年5月8日。

[2] 参见薛军："《电商法》立法过程中相关的核心问题分析"，载《上海法治报》2017年2月8日。

[3] 参见万鄂湘等："电子商务立法引发各界评论看专家权威解读"，载《工商行政管理》2017年第3期。

[4] 参见范建主编：《商法》，高等教育出版社、北京大学出版社2002年版，第49页。

议题，[1]《电子商务法》本身不是严格按照法律部门性质进行构造的，而是具有集主体法、行为法、监管法为一体的"诸法合体"结构。[2]因此，我们很难将《电子商务法》简单归属于商法或是经济法、行政法的范畴。

从"法律责任"一章的内容来看，《电子商务法》的行政法色彩更为鲜明。本章除了第 74 条规定有"依法承担民事责任"这一转引条款，其余责任形式皆为行政法律责任。其他章节明确规定民事责任的也仅有 5 处，相比之下行政法律责任条款合计有 18 条。《电子商务法》偏重公法的另一证据是，市场主体登记（第 10 条）、用户信息管理义务（第 24 条）、平台服务协议和交易规则公平制定义务（第 32 条）、禁止删除消费者评价（第 39 条）等诸多强行性规定均未配套完全性私法规范。譬如，违反第 39 条规定的禁止义务，难以直接推导出消费者的合同撤销权和损害求偿权。又如，仅基于第 24 条的用户信息管理义务，无法得知此类义务是否源自个人信息民法保护之"被遗忘权"。[3]为在今后准确界定《电子商务法》有关条款在私法体系中的位置，如处理与民法典、消费者权益保护法、电子签名法和相关行政法规之间的关系，以及这些条款与行政管理法律法规如何衔接，需要加强协同共治研究。[4]

2. 关于个人网店登记

在传统商法学讨论中，个体工商户、流动性商贩等自然人的商事主体地位是实体法直接赋予的，不论是否经过商事登记，因此对商个人的登记更多的是实现一种监管目的。[5]而在电子商务领域，自然人网店登记的争论则具

---

〔1〕 参见高富平："从电子商务法到网络商务法——关于我国电子商务立法定位的思考"，载《法学》2014 年第 10 期。

〔2〕 参见赵旭东主编：《中华人民共和国电子商务法释义与原理》，中国法制出版社 2018 年版，第 6~7 页。

〔3〕 个人信息的被遗忘权被明确规定于 2016 年欧盟《一般数据保护条例》（General Data Protection Regulation）第 17 条，但我国是否承认以及在多大程度上保护此类权利，尚存在争议。参见丁宇翔："被遗忘权的中国情境及司法展开——从国内首例被遗忘权案切入"，载《法治研究》2018 年第 4 期。

〔4〕 参见任端平："《电子商务法》体现了包容谦让和转引共治"，载《工商行政管理》2018 年第 22 期。

〔5〕 参见施天涛："构建我国商事登记制度的基本思路"，载《中国工商管理研究》2013 年第 8 期。

有明确的实践指向,即个人网店登记是否能够满足商事登记制度所要求的线下营业场所公示等条件。实务界多认为,个人网店登记具有正当性,[1]但由于受到住改商和"一址多照"限于特定区域和企业的限制,对个人网店进行登记面临很多实际困难。[2]商法学者也有肯定性论点,认为在电子商务的网络交易环境下,需要将被虚化的市场主体通过登记予以实化,以保障虚拟市场的交易安全。[3]

《电子商务法》第10条规定了电子商务市场主体一般性的登记义务,同时但书又以限制性法条,豁免从事"销售自产农副产品、家庭手工业产品""便民劳务活动""零星小额交易活动"的电子商务个人主体登记义务。质言之,从事电子商务活动的个人原则上应进行市场登记,只有符合以上三种非营利性的豁免条件,才能成为例外。

3. 关于平台义务和责任

《电子商务法》在立法过程中争论最为激烈的问题之一,即平台的安全保障义务。草案三审稿曾规定平台违反安全保障义务须与侵权行为人承担"连带责任",草案四审稿回应了平台承担连带责任过重的有关意见,修改为平台仅承担"补充责任"。因适逢出现顺风车司机杀人、性侵的恶性刑事案件,草案中的有关规定再次成为社会舆论焦点。经专家学者、电商平台、消费者组织反复争论,直到最后一刻,全国人大宪法和法律委员会才建议将"补充责任"修改为"依法承担相应的责任"。值得注意的是,这一改动没有取得立法者的一致意见。[4]所谓的"相应责任",既涉及平台内经营者在进入和退出平台时是否需要设置相应的门槛,以及对相关资质的审核由谁展开的问题,[5]还涉及"相应责任"的具体责任形态。有关"相应责任"的解释和适用,笔者将在本书第四章进行讨论。

---

〔1〕 参见张雄伟:"对自然人网店工商登记注册制度对思考",载《工商行政管理》2017年第3期。

〔2〕 参见万鄂湘等:"电子商务立法引发各界评论看专家权威解读",载《工商行政管理》2017年第3期。

〔3〕 参见赵旭东:"电子商务主体注册登记之辩",载《清华法学》2017年第4期。

〔4〕 参见王峰:"滴滴顺风车案改写电商立法 平台违法或承担刑事责任",载《21世纪经济报道》2018年9月1日。

〔5〕 参见陈星、杨小艺:"论电商平台经营者'相应的责任'的法律适用",载《重庆邮电大学学报(社会科学版)》2020年第4期。

除围绕平台安全保障义务展开的争论，对于平台对消费者承担哪些特殊义务，也是《电子商务法》的立法重点。其中，平台对知识产权的特殊保护义务规则亦为业内所重点关注。根据相关草案的规定，电子商务平台经营者在收到有关侵权通知时，应当及时履行转送通知并采取必要措施的义务，平台内的经营者在收到通知后可以提交不构成侵权的相关证据，在一定观察期（15天）后通知人未提起相关诉讼的，平台可以据此解除相关措施。部分委员、学者和电商平台认为，这种严格要求会导致平台承担过重的审核义务，可能会给知识产权恶意投诉带来便利。[1]

《电子商务法》第42条和第43条因循了草案的主要规范思路，在第45条还进一步规定，平台知道或应当知道有关侵权情况，未采取删除、屏蔽、断开链接、终止交易和服务等必要措施的，与侵权人承担连带责任。据此可知，《电子商务法》选择强化平台的注意义务，但带来的挑战在于，如何平衡平台监控技术和审核能力与交易安全之间的关系，以及基于平台分类进而类型化"明知"或"应知"的具体情形。

4. 关于电子商务监管机制

对电子商务经营者应该如何监管、由谁监管，同样是《电子商务法》立法过程中的争议焦点。由于电子商务涉及领域众多，因此所涉管理部门亦众多，在监管"政多出门"的情况下，对"有关部门"的模糊性规定反而容易导致监管踢皮球的现象。因此，谁来负责、如何负责，部门之间如何形成有效的协调控制或"分工共管"机制，是监管必须要解决的前提问题。[2]对此，《电子商务法》第6条明确规定了多级监管和部门分管的监管体制。为了便于实现职能整合与监管合力，该条后半句还明确规定，县级以上政府可以根据实际情况确定电子商务监管的部门职责划分。

在立法过程中，一些学者也提到了电子商务发展进入"共享经济"阶段后，监管如何跟上新经济发展的问题。实务部门也逐步认识到，对于互联网的监管，平台应扮演自我规制角色。[3]《电子商务法》第7条规定了电子商

---

[1] 参见王峰："电子商务法争议中落地"，载《21世纪经济报道》2018年9月3日。

[2] 参见吕来明："电子商务监管制度思考：明确监管机构创新监管机制"，载《工商行政管理》2017年第3期。

[3] 参见万鄂湘等："电子商务立法引发各界评论看专家权威解读"，载《工商行政管理》2017年第3期。

的协同监管理念，倡导推动形成部门、行业组织、电子商务经营者、消费者多元共治的协同监管体系。这一新监管理念，与学者分析共享平台法律规制时提及的"合作监管+自律监管"路径相吻合。[1]

二、《电子商务法》中的法律类型及其不足

在不同立法中，互联网平台分别有不同的称谓，如《消费者权益保护法》中的网络交易平台提供者、《网络安全法》中的网络运营者和《民法典》"侵权责任编"中的网络服务平台。原国家工商行政管理总局于2014年颁布的《网络交易管理办法》第29条开启了网络交易平台对自营业务和平台内其他经营者的标识区分，这表示实务部门先于立法意识到了互联网多元商业模式的特点。《电子商务法》以电子商务经营者为规制中心，电子商务经营者又以电子商务平台经营者为重，因此该法关于交易内容要素的分类也基本围绕"电子商务经营者"展开。

（一）电子商务平台交易要素立法分类

电子商务的交易内容要素为"商务"。在学理定义上，电子商务经营者所进行的商务活动就是销售商品或者提供服务，不包括其他性质的活动。[2]根据《电子商务法》第9条的规定，电子商务平台的交易内容要素被整合规定于本条第2款"电子商务平台经营者"的概念中。据此，立法上虽无电子商务契约或共享契约的分类，但借助电子商务平台经营者这一概念，电子商务交易具体被划分为三类：

1. 提供网络经营场所

这一类交易内容落脚于"交易活动的载体"，系因循《消费者权益保护法》"网络交易平台提供者"而创设的一个相近概念，二者皆强调平台的网络场所属性，属于一种电子化的活动场所，即虚拟交易的场景化。与线下的实体交易场所相比，平台本身就是一种虚拟财产。网络交易平台作为一种网络场所，经营者对其享有所有权，其所有权具有整体性、原始物权性、排他性

---

〔1〕 参见唐清利："'专车'类共享经济的规制路径"，载《中国法学》2015年第4期。

〔2〕 参见杨立新："电子商务法规定的电子商务交易法律关系主体及类型"，载《山东大学学报（哲学社会科学版）》2019年第2期。

和永久续存性，受到物权法保护。[1]

延续电子商务平台经营者对平台的财产权路径，人们似乎还可以把平台内经营者与电子商务平台的关系同样界定为电子虚拟财产关系。二者所不同的是，电子商务平台经营者对平台拥有一级域名和网络空间的所有权，平台内经营者只有对二级域名的使用权，是由平台所有权人一级域名衍生出来的，故不能取得所有权。平台内经营者利用网络店铺从事经营活动，只能算取得了网络店铺的用益权。[2]

2. 交易撮合

立法没有给出"交易撮合"的明确定义，学理上仍可以梳理出其大致含义。以交易撮合为服务内容的电子商务平台本身并不参与交易，而是为用户之间的交易承担着某种电子媒介的功能，与之最为契合的民事法律关系为居间关系。因此，在一些民法学者眼里，网络媒介平台类似于传统的民法居间行为，虽然具有一些新的特征，但完全符合居间的定义和根本特征。[3]

交易撮合的平台经营者有时候也被直接称为"网络服务提供者"，不同于"网络交易平台提供者"这一类型。例如，原《侵权责任法》第36条中的网络服务提供者，[4]实际上特指"网络媒介平台"，其承担的责任形式为连带责任，网络交易平台提供者则依据《消费者权益保护法》第44条承担不真正连带责任。[5]依体系解释，交易撮合是一种独立的电子商务交易类型。

3. 信息发布

信息发布平台自身不参与交易或提供交易的场所空间，原则上也不扮演交易撮合的媒介角色，而是一种综合信息内容的发布者。在传统交易类型中，

---

[1] 参见杨立新：《网络交易民法规制》，法律出版社2018年版，第87~88页。

[2] 参见杨立新：《网络交易民法规制》，法律出版社2018年版，第113~114页。

[3] 参见高富平、苏静、刘洋："易趣平台交易模式法律研究报告"，载高富平主编：《网络对社会的挑战与立法政策选择：电子商务立法研究报告》，法律出版社2004年版，第117页。

[4]《侵权责任法》目前已被《民法典》取代。该法第36条第2款曾规定："网络用户利用网络服务实施侵权行为的，被侵权人有权通知网络服务提供者采取删除、屏蔽、断开链接等必要措施。网络服务提供者接到通知后未及时采取必要措施的，对损害的扩大部分与该网络用户承担连带责任。"该条规定与《电子商务法》第45条规定相近，但未规定前文提及的"反通知"和15天的"观察期"等内容。

[5] 参见杨立新："网络平台提供者的附条件不真正连带责任与部分连带责任"，载《法律科学（西北政法大学学报）》2015年第1期。

与之较为类似的是"展位出租",同时融合了网络广告媒体的特点。其与一般广告媒体不同的是,平台只是提供给商家一定电子空间用以发布广告,平台本身并没有亲自发布广告。[1]也就是说,这种平台的交易内容可以被理解为电子展位或电子广告发布。但需要注意的是,有关广告和信息涉及音视频形式、文化出版内容的,根据《电子商务法》第2条第3款的规定,不属于该法的适用范围。

此外,对电子商务平台经营者从事的交易内容还存在一种"综合论"的观点,即认为以上规定不属于具体的交易分类,而是一个整体、综合的主体要素判断条件,并不是符合其中一项就属于电子商务平台经营者。[2]如果这种理解能够成立,那么在关于电子商务平台交易要素的法律规定中,就几乎不存在明确的法律类型了。

(二) 对有关立法分类的简评

《电子商务法》开启了我国新经济综合立法的大门,且对现有电子商务交易模式做了相对体系化的分类规制。但应当看到,综合性立法亦有其弊端,突出问题之一就是缺乏特有的调整对象:一是导致其规范内容与现行制度存在重叠、交叉和矛盾;[3]二是大量具有不同特殊属性的第三方平台没有被正确认识。[4]关于第二个问题,最为明显的表现就是共享平台难与立法分类完全对应,尽管一些分类基本要素(如交易撮合、非商个人)与共享经济的部分特征有一定契合度,但由于立法未明确界分共享平台与电子商务平台,[5]这些制度设计远远谈不上触及共享经济的本质,共享平台的法律类型有待进一步明晰。

1. 新客体识别不足

从《电子商务法》第9条第2款的交易内容分类来看,立法机关对互联

---

[1] 参见刘德良:"网络交易中网站的地位与责任问题探讨",载《辽宁大学学报(哲学社会科学版)》2004年第5期。

[2] 参见吕来明、王慧诚:"《电子商务法》重点条文理解与适用(三)",载《中国市场监管报》2019年2月19日。

[3] 参见刘颖:"我国电子商务法调整的社会关系范围",载《中国法学》2018年第4期。

[4] 参见王健:"全球商业本质发生了什么变化:再议《电子商务法》升级为《数字经济法》",载中国经济网:http://www.ce.cn/macro/more/201804/25/t20180425_28946970.shtml,最后访问时间:2019年12月2日。

[5] 参见齐爱民、张哲:"共享经济发展中的法律问题研究",载《求是学刊》2018年第2期。

网商业模式的认识似乎主要停留在微商、网店等零售模式和互联网广告模式，这些商业模式多与传统民法的居间、广告、技术服务、物权等法律模板发生联结，其类型构造所映射的互联网商业图景仍相对粗略和模糊。

共享经济服务内容的新颖性，并非商品零售、交易媒介或信息发布所能完全涵盖。与交易撮合和居间相比，共享平台对交易主体和客体的创新组合、交易内容的型构及履约信用等第三方治理服务才是大部分共享交易的核心内容所在。许多共享商业模式中的用户自生成内容（User Generated Content），如任务协作、知识分享、信息交流等，内容不限于商业信息发布本身，而是更加突出社交色彩。这些平台搭建的社区形式较为多元化，覆盖娱乐、兴趣、社交、商业、舆论等类型。[1]可以这样讲，共享法律关系指向的客体绝非是网络版的"交易场所"，或与传统交易内容简单对应，共享服务本质上是建立在信息化技术基础上的一套新型交易规则及治理方式。[2]

2. 电子商务经营者中心主义下的体系违反

《电子商务法》以"电子商务经营者"为中心统帅调整所有电子商务法律关系主体，这一规制路径完全没有考虑到特殊共享平台所提供服务的非营利性和社群互助特点，且无法表达共享平台与用户的不同角色差异。《电子商务法》第10条固然以但书形式豁免了部分非商主体的登记义务，但从规范技术上讲，这一但书规定为限制性法条，其所豁免的个人主体登记义务并不能冲破经营者本位的规制体系。从逻辑上说，这类非商主体的交易内容本身不具备营业属性，限制性法条的逻辑结构却导致其仍被归入"电子商务经营者"范畴，即便同类主体不承担市场登记义务，也仍要承担其他经营者义务。此等"体系违反"不符合依契约类型分别治理的基本思路，不利于对共享经济中的经营者、非商主体和其他用户设定合理的权利义务。

此外，有关规定将信息发布单独界分为平台经营者的交易类型，还可能导致经营主体的不当扩张。经营者利用互联网发布信息包含两种形式，其中，倘若广告经营者利用互联网为客户发布广告信息，字面上也属于互联网信息发布内容，但这种线上广告服务形式的提供者显然不应作为《电子商务法》

---

〔1〕 参见赵宇翔、范哲、朱庆华："用户生成内容（UGC）概念解析及研究进展"，载《中国图书馆学报》2012年第5期。

〔2〕 对共享法律关系客体的微观剖析，参见第三章第二节的内容。

意义上的电子商务平台经营者。

3. 缺乏前瞻性的法律类型预判

当前传统的电商零售模式虽占据约1/3的市场规模比例，但各种新的商业模式还在不断形成和演化之中，尤其是随着区块链、人工智能和5G技术的应用和普及，这些新的交易模式在不远的将来会出现井喷式增长，具有大概率的商业前景。例如，区块链技术与共享经济结合后，共享单车行业就可能由单个平台经营者提供不同服务条款和信用评级体系，转变为多中心、多平台的交易链模式，并形成统一的信用标准。[1]在这种去中心化、数据处理更透明的商业模式下，共享契约分类与治理必然面临新的挑战，共享平台经营者的责任和义务能否套用《电子商务法》的一般规则模板，殊成疑问。正如网络服务平台等概念在《消费者权益保护法》《民法典》"侵权责任编"中不得不作出限定性解释以迎合电子商务业态的不断发展，《电子商务法》同样面临民事与商事、传统与现代、线上与线下不同交易关系的巨大张力，表现为类型划分与商业实践快速演变之间的冲突，最终可能引发私法体系的失衡。

第四节　共享契约的法律类型分析

国内外对共享经济的分类虽然缺乏共识，但业内所界定的共享经济几乎囊括了P2P（个人对个人）、B2C（企业对个人）、C2B（个人对企业）等所有网络交易模式。[2]这种划分只观察到了共享交易的某一静态环节，缺少法学上的类型规范要素，难以直接作为法律概念和种类。不论是《电子商务法》还是学者论著，有关交易模式界分均仅截取共享交易的局部特征，未脱离片面性。要对共享经济及不同平台交易进行适切的法律类型素描，还是要回归共享经济的契约本质考察，就整体契约关系的交易规则与传统法律关系反复类比，分别赋予共享契约某些事实特征新的规范要件。

笔者认为，共享经济的主要经济特征是通过信息技术链接资源来实现对

---

〔1〕参见严振亚："基于区块链技术的共享经济新模式"，载《社会科学研究》2020年第1期。
〔2〕参见国家信息中心《中国共享经济发展年度报告（2018）》、艾瑞咨询《2017年中国共享经济行业及用户研究报告》、中国电子商务研究中心《2016年度中国"共享经济"发展报告》等研究报告。

闲置资源的利用。在市场自发创新过程中，共享平台逐步发展、进化出了不同类型的契约形式，重塑了一般意义的网络交易法律关系。以平台在交易中承担的角色、交易目的和交易组织方式作为动态参数，平台与用户的组织能力和组织方式都发生了变化，多种交易活动的营利属性各有差异，共享契约呈现既有共性又有特性的诸多规范特征。基于一定的类型推理，本书将共享契约划分为中介网络型、平台租赁型、组织协同型和社群互助型四种形式。

一、中介网络型共享

中介网络型交易，顾名思义，就是指平台起到一定交易媒介功能的共享契约类型。但中介型交易的契约结构不完全等同于民法上的居间行为。在交易撮合这一行为基本要素之外，中介型共享契约纳入了链接交易、信用评价和组织再造等网络化交易内容，这远远超出了居间的行为特征。故而，完全将平台定位为居间人角色，其实是对中介型共享的误读。

（一）中介网络型共享之居间原型

"中介"一词的直接原型为民法上的"居间"。依传统民法，居间是指经纪人为交易双方提供信息、条件及媒介撮合双方交易成功的商业行为。[1]我国1999年《合同法》第424条规定，居间合同是居间人向委托人报告订立合同的机会或者提供订立合同的媒介服务，委托人支付报酬的合同，《民法典》第961条称之为"中介合同"。按照业内通识，中介型共享的主要特点是平台自身不拥有制造资源，主要提供撮合及相关服务。[2]《电子商务法》中提及的关于提供"交易撮合"服务的网络媒介平台，通常具备这样的特点。在共享平台中，国外如空中食宿（Airbnb），国内则有共享住宿平台"小猪短租"、早期的易趣网以及各种P2P网络借贷平台等，它们的外延对应狭义共享经济中的P2P平台。

国内不少学者认为，"交易撮合"服务本质上属于"居间服务"，[3]提供

---

[1] 参见谢怀栻等：《合同法原理》，法律出版社2000年版，第621页。
[2] 参见国家信息中心《中国共享经济发展年度报告（2018）》第14页。资料来源：https://www.useit.com.cn/thread-18147-1-1.html，下载日期：2018年4月7日。
[3] 参见王斐民、周之琦："P2P网络借贷平台：类金融机构的法律定位和监管"，载郭峰主编：《金融服务法评论》（第7卷），法律出版社2015年版，第52页。

这类服务的 P2P 平台，被相应地描述为"居间方"。[1]这样的理解通常基于以下理由：①平台自身不直接雇佣商品或服务的提供者，用户才是商品或服务交易法律关系的当事人，平台在其中发挥的只是网络媒介的作用，平台的获益方式也仅仅是从交易结算价款中收取一定比例的佣金或提成（即中介费）；②从竞争法的角度看，商品或服务的提供用户本身都是独立的"竞争者"，平台与目标商品或服务提供方不存在竞争关系；③P2P 平台的用户手册通常会明示，平台不参与用户之间的交易，对双方的交易不承担责任。[2]

基于前述观念所构建而成的中介型交易法律关系体现为"供方→平台→需方"的基本构造。在供方、需方以及平台三方主体关系中，平台扮演的只是信息提供和交易撮合的中介角色，其主要是以发现交易机会及作为信息载体的身份存在的，除此之外并无其他规范特征需要特别加入。

（二）中介网络型共享的功能扩展与规范再造

对中介型共享的法律原型的理解，当然具有一定的道理。共享平台收取撮合服务佣金，虽符合"媒介居间"的行为特征，但进一步分析，平台经营者提供的服务远超居间的内容。根据"小猪短租"平台"服务协议"和"房客指南"的有关规定，该平台提供的服务涵盖信息发布、在线信息交流和第三方支付等内容，具体包括住房点评和分享信用评价服务，以及房东违约的入住保障、房客保险等增值服务。[3]获取佣金并非 P2P 平台唯一或主要的营利来源，平台通过押金收益、违约金、增值服务、广告、搜索排名等多种方式赚取利润，为获得更显著的网络效应，平台甚至会免费向用户提供"撮合"服务。

仅从其交易内容和交易规则来看，中介型共享不同于居间关系。传统居间关系具有单边代理（只接受一方委托）、居间人被动接受价格和交易范围封

---

[1] 参见向超："网约车法律规制：逻辑与思路——兼评《网络预约出租汽车经营服务管理暂行办法》"，载《西南政法大学学报》2017 年第 6 期。

[2] 易趣网制定的《用户协议》明示：易趣网不参与实际交易，如买卖双方发生争议，易趣网免责。部分裁判对于这类平台的免责声明也予以认可。参见"迪志文化出版有限公司与上海易趣贸易有限公司侵害计算机软件著作权纠纷一案二审民事判决书"，载天眼查：https://susong.tianyancha.com/277575a7936f11e788a5008cfaf8725a，最后访问时间：2021 年 1 月 3 日。

[3] 小猪短租"服务协议"和"房客指南"，可访问小猪短租平台官网获取：www.xiaozhu.com，最后访问时间：2020 年 2 月 1 日。

闭性的特点，而中介型共享则属于双边代理，平台对交易价格制定有一定的主导权，且有关交易主体和交易范围均体现了准公共性。[1]如果进一步考虑中介型共享契约的新组织特性，其区别于居间关系的特殊性更为明显。

在传统经济模式下，交易法律关系主要发生在经营者（包括生产者）与消费者的交易链条中，而经营者的生产经营活动又是借助商事组织（如公司）具体完成的。经营者必须通过商事组织的管理和运作才能够实现劳动者价值产出与消费者需求的匹配，劳动者通过与商事组织形成雇佣关系，为商事组织创造商品或服务，商业组织则作为商品或服务的供应方与消费者建立交易关系，最终形成消费者支付对价给商事组织，商事组织再支付雇佣工资给劳动者的交易闭环。[2]

中介型共享打破了传统经济模式下以商事组织为中心的交易构造，劳动者不需要通过与商事组织建立某种雇佣关系就能直接和需求方建立点对点的交易关系，实现商品或服务与消费者的直接连接。因此，P2P平台的出现实际上打破了商事组织的组织闭环，从而实现了生产经营去中介化。另一方面，P2P平台虽然瓦解了商事组织的传统功能，但同时也提供了一种替代性的组织机制，即依靠技术和规则创新，实现生产经营的"再中介化"。[3]在这里，此"中介"非彼"中介"，更准确的说法应当是"再组织化"或组织再造的过程。

针对中介型共享契约的新组织特性，我们可以回到双边市场去理解其规范特征。中介型共享法律关系具有双层结构，第一个层次是商品或劳务的提供方与用户需求方作为当事人建立的法律关系，在这一层次的法律关系中，平台并不参与用户之间的交易。在第二个层次的法律关系中，平台为用户提供了一种新型的交易组织结构，不似居间行为扁平化关系那样，可拆分为不同当事人之间的法律关系。新型组织关系一方面使用户与平台具有长期性和紧密性的关系特征，另一方面又为用户提供了自我产消的组织行动工具，同时还在平台组织层面融入了交易内部和外部关系的协调机制，如用户信用评

---

〔1〕 参见伏睿："共享经济的法律关系与规制路径"，载《经济论坛》2017年第5期。

〔2〕 参见阳镇、许英杰："共享经济背景下的可持续性消费：范式变迁与推进路径"，载《社会科学》2019年第7期。

〔3〕 参见卢现详："共享经济：交易成本最小化、制度变革与制度供给"，载《社会科学战线》2016年第9期。

价、纠纷解决以及针对第三方的投诉规则。中介网络型共享关系构造具有立体化的网络结构特征，如图1-6所示：

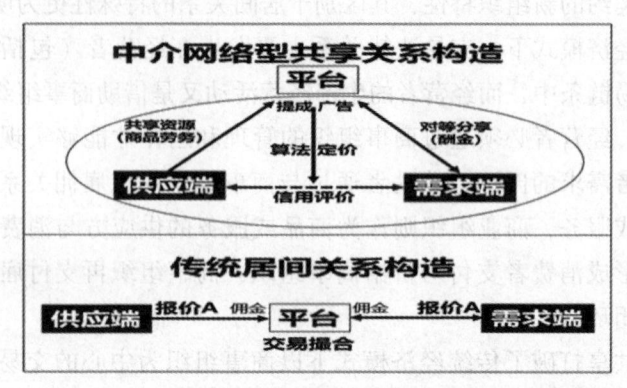

图1-6 中介网络型共享关系构造与传统居间关系构造

中介网络型共享契约的以上特征，决定了该法律关系以居间作为规范原型，但需添加链接法律关系和新型组织关系等规范特征，而不能被纳入任何传统法律模型。

二、平台租赁型共享

平台租赁型共享在业内又被称为"分时租赁"，它主要是指平台以自有财产为租赁标的物，通过互联网技术"链接"供不特定的消费者短时使用，并收取一定使用费（租金）的新型租赁法律关系。以平台为中心的租赁关系构建实际上包含了两种不同的交易模式：①平台不是资源的供给方，也不是租赁物的所有者，亦不直接参与用户之间的租赁交易；②平台充当资源供给方，通过平台利用自身资源和互联网链接配对，实现租赁关系的规模化与分散化。本书所讨论的租赁型共享特指的是第二种平台租赁交易。

（一）以传统租赁关系为构造原型

租赁型共享契约是民法租赁关系在互联网平台经济领域的变种。民法上的租赁，系以物租与他方使用收益，他方支付租金之契约。[1]《民法典》第703条规定，租赁合同是出租人将租赁物交付承租人使用、收益，承租人支付

---

[1] 参见史尚宽：《债法各论》，中国政法大学出版社2000年版，第145页。

租金的合同。根据以上规定和定义，租赁关系须具有出租人、承租人、租赁物和租金等基本要素，但现实是许多网络交易都不包含这些要素。

P2P 平台不具有出租人的身份，其不是终端服务的提供者，只是终端交易媒介平台的经营者。即便平台链接的服务内容为租赁交易，租赁关系也只发生在点对点的用户之间，而不是由消费者与平台直接成立租赁关系。B2C 网店模式也不属于租赁关系。网络模式主要以商品零售为主，是平台经营者的虚拟交易场所，通俗地称为"网络商场"（cyber mall）。[1]网络店铺虽然不是实体交易场所，但二者在功用上具有"等置"关系，即网络店铺替代实体场所作为销售和服务的交易空间，由此区别于共享平台的"链接"服务内容，以及以获取租金为目的出租人。

租赁型共享是一种新型的互联网租赁商业模式。在交易法律关系上，体现为"供方→平台→需方"，或简化为"平台→需方"的基本构造。其中，平台在其中扮演的主要是资源整合的组织者或供应者角色。共享单车、共享充电宝等分时租赁平台即以租金为主要营收，是这类共享形式的代表。这类共享平台并不是通过整合社会中闲置的单车或者充电宝来实现资源利用，而是通过供需动态配对在短时间内大规模地提供闲置资源，达成单车和充电宝出租的商业化利用。

这种平台以自有资源提供的共享模式（platform-provider，PP），经营运作建立在传统商事组织治理机制基础上，相对于点对点的用户（消费者）而言，租赁共享接近于传统垂直构造的生产消费活动，用户的自我组织性、协同性与互动性较少。另一方面，由于该共享模式融入了互联网等信息技术，具有链接其他跨业服务内容的特性和潜力，并且具备智能技术创新能力（如哈啰单车开发的"电子围栏技术"），因此成了一种具有中国特色的原创性共享经济模式。[2]

（二）平台租赁型共享实质区别于传统租赁合同

传统租赁经济与租赁型共享都涉及出租人将租赁物使用权暂时性地转让给承租人后获得报酬，二者具有相似性。不少学者认为，共享租赁平台实际

---

[1] 参见杨立新：《网络交易民法规制》，法律出版社 2018 年版，第 54~55 页。

[2] 参见孙凯、王振飞、鄢章华："共享经济商业模式的分类和理论模型——基于三个典型案例的研究"，载《管理评论》2019 年第 7 期。

上从事的仍为传统租赁业务，只不过是利用了信息技术。[1]有学者干脆把共享单车等 B2C 互联网平台等同于传统的租赁经济。[2]但事实上，租赁型共享与传统租赁经济的差别是明显的。

区别之一：契约法律模型的差异。在传统租赁关系中，不论是一次性的短时租赁还是长期的租赁，缔约内容都是一对一协商或出租方单方所拟定的。租赁型共享契约虽然亦由平台提供高度模块化的交易标准，但契约内容需要用户高度参与，共同完成。[3]例如，租赁物的投放数量、地点、维修和服务内容，一般要基于用户的评价动态调整，因而具备某种"协同消费"的特征。为应对用户分散性使用和支配的租赁特点，此类契约的要旨之一是充分保障平台的信息权，其价格机制类似于证券报价的"流动性指标"（即证券价格、交易量以及其他流动性指标）。[4]所不同的是，共享契约所依赖的信息指向对象正好是反向的，即更多地需要关注消费用户的消费习惯、个人信息及信用评价等指数。为此，契约治理需要关注的主要问题之一便是用户个人信息权与平台信息权之间的平衡与协调。

区别之二：交易客体的新颖性不同。规则与技术创新以及在此基础上的资源精准链接，不但是租赁型共享平台的核心竞争力，同时也是平台服务突破内容边界进行跨业渗透的关键所在。正如其他类型的共享平台不断创造新交易客体一样，租赁型共享契约的交易客体同样不局限于"分时租赁"本身。如共享单车的服务规则有时会要求用户缴纳一定的押金，这种一对多的押金模式有着类似融资或资金池的功能，本质上具有了金融交易的性质。[5]在用户付费的支付环节，共享平台链接了第三方支付的金融服务；平台对用户的信用评价本身包含了个人信息搜集、利用和数据转让等交易内容。

区别之三：对诚信公平交易的治理需求不同。租赁型共享并非传统租赁模式的线上版本还有一个重要的原因是共享平台有能力制造大批"黏性"用

---

〔1〕 参见于莹："共享经济法律规制的进路与策略"，载《法律适用》2018 年第 7 期。

〔2〕 参见黄电："共享经济与租赁经济的特征及差异性剖析"，载《财会月刊》2019 年第 21 期。

〔3〕 参见孙凯、王振飞、鄢章华："共享经济商业模式的分类和理论模型——基于三个典型案例的研究"，载《管理评论》2019 年第 7 期。

〔4〕 参见马成虎：《高级资产定价理论》，中国人民大学出版社 2010 年版，第 35、40 页。

〔5〕 参见赵姿昂："关于共享单车押金的法律思考"，载甘培忠主编：《共享经济的法律规制》，中国法制出版社 2018 年版，第 198 页。

户。一方面，用户黏性及其忠诚度的存在，为契约治理提出了有关诚实信用、公平交易的更高要求，以防止共享平台利用用户消费习惯侵犯消费者权益。另一方面，共享交易规则强调用户使用的便利性和可及性，故所有权人对标的物的有效监控，最大限度地减少恶意损坏、加装私锁等不正确使用行为的出现频率成了契约治理关注的重点问题。此外，租赁物在城市国土空间的大规模分散投放，需要占用和影响一定的市政设施和公共交通，并可能涉及社区与其他权利人的配合，这种涉他的持续性、广泛性外部影响，同样要求契约规则治理创新，以防止服务提供者采取"底线竞争"思维，即过度迎合用户的需求而忽视利益相关方的利益。〔1〕租赁型共享契约治理的兼容性与多样性不是传统租赁模式可以比拟的。

以上分析足见，平台租赁型共享契约是一种广义范畴的共享经济模式，不同于任何传统的租赁商业模式（包括其线上模式）。平台租赁型共享的完整交易构造如图1-7所示：

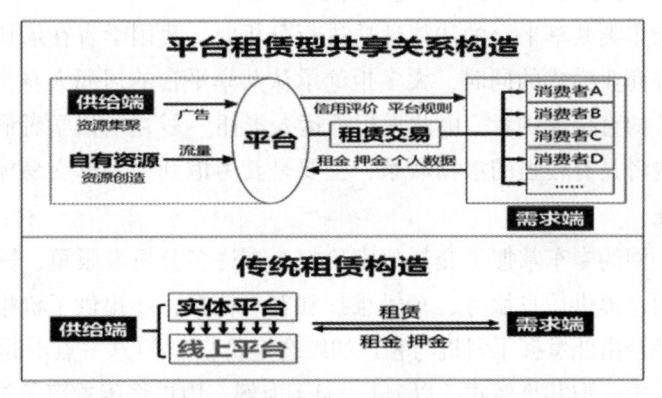

图1-7　平台租赁型共享关系构造与传统租赁构造

平台租赁型契约的规范特征可大致被归结为四点：①平台租赁型共享由平台而非平台内用户提供共享服务，共享平台是交易法律关系的当事人，属单一层次的交易法律关系；②平台租赁型共享契约为广义共享经济，平台链接的主要服务内容为特定商品在特定时间段和场所的使用权，具备租赁法律

---

〔1〕 参见谭袁："共享单车'底线竞争'问题探究及防治"，载《价格理论与实践》2017年第3期。

关系的基本特征；③平台租赁型共享契约是一种混合契约关系，融合了信用评价、个人信息和数据交易、押金、第三方支付、广告等传统或新型权利义务关系；④平台租赁型共享与中介型共享类似，具有契约外部治理需求。

三、组织协同型共享

我国有学者借鉴詹妮·卡桑和珍妮尔·奥西的分类，即交易构建型（一次性随机交易关系）、协议构建型、组织建构型和基础设施构建型，把车辆共享和房屋共享都视为第一种共享类型。[1]本书亦部分参考这种特征分类，将有关交易的组织特性描述为：平台在交易规则制定、交易履行和违约责任等各方面均发挥主导作用。但同时要说明的是，不是所有车辆共享和房屋共享都具备这种组织特征。以传统组织性强弱为基准，中介网络型和平台租赁型共享模式分处于两端分布状态，实践中还存在一些兼具平台自营和媒介链接的中间交易形态。下文所称组织协同型共享，特指这种混合属性的中间交易。

（一）由平台与用户协同创建的共享契约

在对专车类共享平台的法律性质进行分析时，我国学者在承认共享专车不同于传统商业模式的同时，大多拒绝承认共享平台的居间人身份，将之视为车辆服务的直接提供者，由此承担承运人责任。[2]之所以学者们认为平台与用户消费者具有较强的法律联系，主要是其考虑到了专车交易模式中的以下交易特征：

第一，网约专车掌握了交易的定价权。在许多分析者眼里，网约专车不仅为司机用户提供信息服务、车辆维护和客人调拨，还提供了价格制定等后台业务，平台由此掌握了司机与客户的综合定价权。[3]这一点不同于ebay等闲置物品的中介型共享模式。以ebay valet为例，用户将闲置商品拍照后发送给平台，平台根据用户发送的图片识别物品的类别、新旧程度、可卖性等因素，决定是否予以估价；如果用户对估价满意，便可将物品邮寄给平台，平台会为其重新包装展示，供其他用户选择购买，从而赚取佣金。[4]这一定价

---

[1] 参见蒋大兴、王首杰："共享经济的法律规制"，载《中国社会科学》2017年第9期。
[2] 具体内容可参见导论的相关"法学研究现状"部分。
[3] 参见黄少卿："专车兴起下出租车监管改革的思路与建议"，载《东方早报》2015年6月23日。
[4] 参见"2017年中国共享经济行业及用户研究报告"，载艾瑞咨询：http://report.iresearch.cn/report/201708/3036.shtml，最后访问时间：2021年1月16日。

第一章　共享经济的契约功能与法律类型

过程主要是买方和卖方共同决定的，平台除提供技术组织辅助外并无实质介入。

第二，网约专车平台实质上是客运活动的资源组织者。虽然诸多网约车平台提出自身并非是直接的承运人，但无法回避车辆、驾驶员均是由平台提供、招募和组织的这一事实。有的学者还认为，在服务过程中，平台提供的抢单调度机制在本质上发挥了运输调度组织功能。[1]不仅如此，网约专车平台还对车辆和人员及其服务质量进行了管理。尽管对车辆和人员管理关系具有创新性，但整体上不能否定其承运服务人的基本角色。

第三，网约专车平台对交易履行和违约责任具有控制力。根据有关平台的交易规则，平台对司机的违约行为拥有处罚权，对买家违约也有一定的规制措施，例如，扣减其信用值、采取其他惩罚措施甚至"开除"卖家或限制买家登录。[2]由此可见，网约专车平台实质介入司机和客户服务过程的程度较深，因此我们不能简单地把平台理解为独立于双方交易法律关系的第三方。

此外，前文述及的我国网约专车监管历程也彰显了平台与司机法律联系的强化。从优步（Uber）进入中国大陆市场的最初意图来看，平台公司试图采用P2P模式运营，但随着"网约车新政"的出台，网约车平台基于管制要求，不得不自我加强对专车服务的控制力度，从而使之明显区别于中介型共享服务。[3]当前，国内网约车平台提供的专车服务多属此类交易形式。

但应当看到，这种平台交易不同于平台提供自有资源的租赁型共享。首先，许多网约车平台不采取自营模式，车辆的所有权仍保留在司机或第三方机构那里。其次，根据我国网约车监管办法的相关规定，网约车平台可以选择与驾驶员签订多种形式的劳动合同或者其他协议。[4]这意味着，网约车平台可以在一定范围内灵活选择专车服务的组织形式。那些未把车辆、人员纳入平台公司的垂直组织结构的交易形式，既不同于传统法律框架下的"经营

---

[1]　参见侯登华："共享经济下网络平台的法律地位——以网约车为研究对象"，载《政法论坛》2017年第1期。

[2]　参见蒋大兴、王首杰："共享经济的法律规制"，载《中国社会科学》2017年第9期。

[3]　关于政府管制对共享经济交易模式的影响，参见钟凯、戴林莉："共享经济相关市场界定：挑战与回应——兼议互联网反垄断立法革新"，载岳彩申、盛学军主编：《经济法论坛》（第22卷），法律出版社2019年版。

[4]　参见《网络预约出租汽车经营服务管理暂行办法》第18条规定。

者—消费者"扁平化的法律模型，也不同于中介网络型共享的双层法律关系，故而，应当被视为是一种相对独立的契约法律构造。

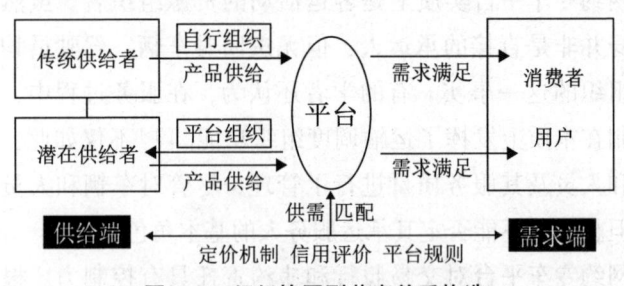

图1-8 组织协同型共享关系构造

正如图1-8所展示的那样，这类契约形式兼具平台租赁型共享与中介网络型共享的部分特征，其法律结构同时反映了平台与用户的组织协同性，系不同交易形式的混合式创新，在此，我们不妨称之为组织协同型共享契约。

（二）介于"他组织"与"自组织"之间的组织协同

组织协同型共享契约的最大特征在于其组织定位的中间形态，即介于传统商事企业"他组织"与新型共享"自组织"之间。[1]组织协同的标志性指标是平台对交易资源的垂直整合力度及其对交易过程的控制力。

一种基于竞争法的分析模型指出，根据不同类型共享平台与用户的合同条款评估，共享契约中的平台协调能力并不相同，其所承担的交易风险程度也不同。例如，优步（Uber）被认为对价格条款进行了控制，跑腿兔（TaskRabbit）平台则被认为对用户的行为几乎不存在协调，而空中食宿（Airbnb）平台的协调程度则介于二者之间。[2]前述分析模型尽管一般被应用于反竞效果分析，但如果把平台的协调能力按"他组织"和"自组织"划分，这种分析思路对我们理解协同型共享契约及其治理同样具有较大的启示。

滴滴和优步（Uber）等专车平台的交易模式明确体现其在"他组织"与"自组织"之间滑动的状态。根据《网络预约出租汽车经营服务管理暂行办

---

〔1〕关于网络空间非外部力量导向的自组织属性，参见彭兰："自组织与网络治理理论视角下的互联网治理"，载《社会科学战线》2017年第4期。

〔2〕参见[美]Mark Anderson、Max Huffman："共享经济遇上反垄断法：Uber是公司，还是卡特尔，或是介于两者之间？"，时建中、王佳倡译，载《竞争政策研究》2018年第3期。

法》第 16 条的规定，网约车平台公司直接承担承运人责任，这表明平台不但是交易的发起方，还是客运服务的直接提供方和交易参与方。因此，在有关服务交易中，平台的协调能力超出了用户"自组织"的范畴。不过，服务车辆通常系司机个人或第三方所购买，滴滴平台一般不与司机订立劳动合同，亦不为其购买社保。就此来看，平台与司机的关系体现出了一定程度的松散性，不属于基于人身依附性的"他组织"管理关系。尽管平台对服务定价有一定主导权，但这种定价权仍是相对的，远远未达到公司内部那种等级的协调性。就有关平台定价权对平台组织关系的影响，本书将具体在第三章第一节中讨论。

此外，循协同型契约观察基点，我们还可探及经营商家（包括机构和个人）与个人用户彼此分享协同的关系。职业性卖方用户的法律地位如何认定？用户与卖方平台的法律关系如何界分？是由平台和卖家用户共同承担责任或就侵权行为承担连带责任，[1]还是应当分别承担相关责任？这些问题可参阅本书第四章第二节的内容。

四、社群互助型共享

作为"经济"形态的当代共享交易，参与者往往可以就其分享活动获取一定的经济收入。[2]不过，在形形色色的共享活动中，不是所有的形态都表现为显著的"经营"属性。或者说，有的平台的主要功能并非商业意义上的营利。平台用户参与分享活动，可能基于个人兴趣和社交互助等非经济动机。这类共享平台，虽大多数采用 P2P、C2C 运行模式，却不必然具有中介网络型共享的"交易撮合"行为特征。有的平台和用户可能会收取一定的费用，但各方参与共享的行为目标不是达成某种商业交易，更多的是用户之间通过平台这一组织工具，来实现社会合作或者寻求特定问题的解决方案。由于该契约形式具有区别于前述三类共享契约的特点，因此应被视为单独一类共享形式，即社群互助型共享。

---

[1] 部分学者采取类似主张。参见于莹、张春旭："共享经济蜕变背景下共享平台的法律性质问题分析"，载甘培忠主编：《共享经济的法律规制》，中国法制出版社 2018 年版，第 40 页。

[2] 参见辛超、张鹏：《分享经济：重构商业模式的九个关键点》，人民邮电出版社 2016 年版，第 4 页。

（一）社会属性强于商业属性的共享契约

考虑到共享经济的前身是一种免费分享机制，非营利性共享不是一种让人难以理解的提法。关于共享经济的实证研究也表明，对共享用户而言，获得经济收入并不是共享活动的必要条件，人们参与共享背后掺杂着活动可持续性、行动乐趣以及经济收益等不同动机。[1]

前文提及的美国华盛顿地区流行的"slugging"，即一种免费的共享拼车。在现实中，拼车不一定不收取任何费用。德国联邦法院于1964年曾在一起判例中承认了收费合乘行为的合法性，其中介绍合乘的中间机构被定义为"居间商"。但是，合乘本身属于非商业性行为，所收取的报酬不超过私驾车运行费用，且行程以私驾司机事先设定为前提。[2]

滴滴平台曾推出的"顺风车"业务与收费合乘有相仿之处。对"顺风车"做字面理解，即有搭便车、互助拼车的非营利含义。我国交通运输部相关负责人曾公开在媒体采访中对"顺风车"的合法性做两个核心条件限定：一是以满足车主自身出行需求为前提；二是分摊部分出行成本或免费互助，而且驾驶员提供合乘服务每车每日不超过2次。[3]国内有评论同样指出，网约顺风车不是一般意义的商家和消费者的关系，更接近于普通人之间的互相帮助。[4]这就意味着"顺风车"虽然是由一家营利性平台企业推出的业务，但它仍然被普遍定义为一种非营利的共享行为。

除了交通出行领域，具有社交属性的共享平台多分布于知识问答领域，其代表性平台包括豆瓣、知乎、维基百科等。在这些平台中，维基百科是非营利平台，用户可以自由注册并参与编辑词条，不向用户或第三方收取任何费用，运营成本依靠维基基金会维持。知乎是一款社交化的问答社区网站，

---

[1] See Juho Hamari, Mimmi Sjöklint and Antti Ukkonen, "The Sharing Economy：Why People Participate in Collaborative Consumption", *Journal of the Association for Information Science and Technology* 67 （9）, September 2016, pp. 2047～2059, https://www.researchgate.net/publication/255698095_The_Sharing_Economy_Why_People_Participate_in_Collaborative_Consumption.pdf（accessed March 22, 2019）.

[2] 参见张冬阳："专车服务：制度创新抑或违法行为？"，载《清华法学》2016年第2期。

[3] 参见交通运输部："网约车行业不是法外之地 不能以顺风车名义行非法营运之实"，载新华网：http://www.xinhuanet.com/fortune/2018-05/21/c_1122863697.htm，最后访问时间：2018年9月18日。

[4] 参见缪因知："顺风车能否有社交属性：法律和商业边界之辨"，载经济观察网：http://www.eeo.com.cn/2018/0528/329192.shtml，最后访问时间：2020年1月5日。

其本身是收费的平台，但每个人均可以通过手机号码或邮箱等免费注册成为知乎用户，用户既可以在网站中免费分享自己及获取他人的知识、见解、经验、技能等，也可以通过知识共享活动获取咨询费用以及广告费用。[1]

考察以上共享平台，它们的共同特征有两点：一是凸显了平台用户社群化和领域化特征，为了在特定领域内吸引参与、强化社群属性，这些平台都倾向于采用 P2P、C2C 模式进行点对点或一对多的个人分享。二是链接用户的一般是共同的兴趣和爱好或共同的物品，从而组成了拥有共同意向的消费社群，获得创造更多价值（收费）的条件。[2]

基于以上理解，具有社交属性的互助型共享契约可被单独归类。所谓社群互助型共享，是指平台基于社群合作或用户互助之目的，链接个人用户自主提供的知识、技术和劳务等服务内容的共享模式。就其定义来看，社群互助型共享可以是完全非营利性的，不论是平台抑或是用户皆如此。它的交易构造与中介网络型基本相同，特别是对那些具有营利性的社交平台而言。如图 1-9 所示：

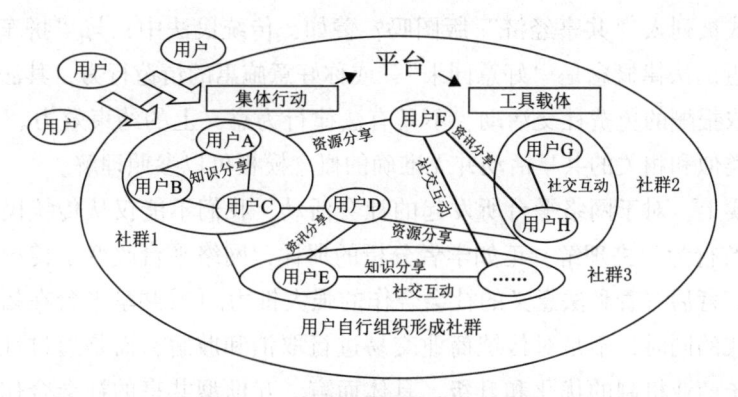

图 1-9 社群互助型共享关系构造

社群互助型共享之所以能够自成一类，在于其具有独特的社会功能，而非其具有商业属性。美国学者克莱·舍基在描述类似的互联网平台时，用了

---

[1] 参见孙凯、王振飞、鄢章华："共享经济商业模式的分类和理论模型——基于三个典型案例的研究"，载《管理评论》2019 年第 7 期。

[2] 参见孟韬等："共享经济平台用户价值独创机制研究——以 Airbnb 与闲鱼为例"，载《科学学与科学技术管理》2020 年第 8 期。

"新社会化工具"一词,并将高阶难度的集体行动区别于低阶难度的共享和合作。他就此写道:

> 因为渴望成为群体的一员,在群体中与他人共享、合作、协调一致地行动,是人的基础本能,而此前它一直受到交易成本的抑制。由于形成群体已经从困难变得极其简单,我们看到如今正涌现出大量有关新群体与新群体类别的实验。[1]

在某种意义上,这类平台是社会资本关系的凝结,共享平台的建立为该社会资本的运行建立了框架。[2]但显然并非所有共享平台都突出这种社会资本属性。正是因为社群互助型共享的社会功能超越了商业功能,不论平台本身是否以营利为目的,它都属于一类独立的共享契约形式。

(二)社群互助型共享的社会交易属性

社群互助型共享的社会属性为契约界定带来了一些困惑和障碍。既然许多共享行为是免费的,或者说非以营利为目的,那么社交活动能够作为一种交易形式被列入"共享经济"版图吗?譬如,传统民法中,与"拼车""合乘"相近的法律概念是"好意同乘",或称好意施惠的情谊行为,其法律本质是不收取报酬的免费社交活动,不具有法律行为意义上的约束效力。[3]这似乎使得类似和相关的共享活动并无准确的概念模板可以参照理解。

事实上,对于网络平台所发起的社会活动,我们不能仅从传统民法意义的"情谊行为"去理解。正如学者分析的那样,网络平台改变了传统的商业模式,其背后有着私法意义的社会合作的强大推力。[4]共享平台在拓展社会交往方式的同时,不是对传统商业交易进行取消和肢解,而是通过社会合作实现传统商业机制的优化和升级。具体而言,互助型共享的社会合作交易属性可从以下几个方面来认识:

---

[1] 参见[美]克莱·舍基:《人人时代:无组织的组织力量》,胡泳、沈满琳译,浙江人民出版社2015年版,第43页。

[2] 参见卢现详:"共享经济:交易成本最小化、制度变革与制度供给",载《社会科学战线》2016年第9期。

[3] 参见王泽鉴:《侵权行为》,北京大学出版社2009年版,第273页。

[4] 参见熊丙万:《私法的基础:从个人主义走向合作主义》,中国法制出版社2018年版,第258页。

（1）社群互助产生社会合作盈余。持续、大规模及专业化共享含有某种利益交换或成本分担的成分，绝大部分参与者虽不直接发生金钱交换，但"对等分享"可以帮助各方节约获取资源的时间和支出，促进产生合作"盈余"。具有社交属性的知识共享平台还具有优化社会知识结构的效用，由于其具有开放性，产生和积累了大量非主流问题与隐性知识传播，从而可以促进人类社会的创新和进步。[1]

（2）创新构建社会合作商业模式。社群互助共享通常不以营利为目的，但不等于平台不可以利用社群属性进行商业模式创新。在互联网商业模式中，收费差异化经营是平台经常采取的商业策略，即平台通过免费或以不超出成本的收费培育社群用户黏性，再通过其他营业行为变现营利。这样就比较容易解释这样一种现实：许多社群互助共享平台都是由商业平台公司建立的。平台发起社群互助共享本身可能是非营利的，但它无疑亦可构成平台整体经营活动中的有机组成部分，是一种商业模式创新。

（3）社群互助具有潜在的商业价值。互联网经济最重大的价值就是用户、粉丝和流量。因此，社群互助型共享与其他商业属性的共享形式不但相辅相成，有时还可以相互转换。通过分享而拥有庞大社群粉丝的平台和关键用户（KOL），拥有变现其共享服务价值的能力。一旦他们这么做，就会发生共享交易形式之转化。

总而言之，社群互助型共享是一种颇具独特性的契约形式，是否营利非其成立要件，但它整体上具有社会合作交易的基本属性，且有现实或潜在的商业价值，应当在"共享经济"版图中保有一席之地。

五、法律分类模型及关系对比

以上四种不同类型的共享契约，横跨不同行业和领域，包括广义共享和狭义共享交易形式，既体现了差异性，亦保有共享经济的某些共同特征。例如，它们皆以平台为中心构建法律关系，强调使用而非所有、某种程度的协同消费以及对不同服务内容的链接权等。在下文中，笔者将参考一些实证分类做法，结合契约规范分类特征进行建模对比。具体以"组织属性"维度为

---

[1] 参见谢志刚："'共享经济'的知识经济学分析——基于哈耶克知识与秩序理论的一个创新合作框架"，载《经济学动态》2015年第12期。

横轴,以"交易属性"维度为纵轴,将横轴的组织属性分为"自组织"和"他组织",将纵轴的交易属性分为商业属性和社会属性,再将横轴和纵轴的不同属性两两结合为四个不同象限,展现不同分类的关系对比。如图1-10所示:

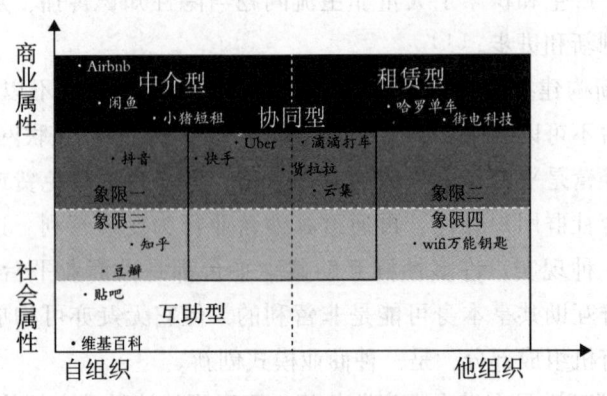

图1-10 法律分类模型及关系对比

（一）象限一和象限三内的共享契约

中介网络型共享契约位于象限一内,以空中食宿（Airbnb）、闲鱼、小猪短租等平台为代表。从其纵横属性对比可知,该类共享的组织属性与第三象限中的社群互助型共享类似,均利用了技术协调和用户自我组织的新机制,平台多以P2P、C2C商业模式运行。在双层法律结构下,两类平台均与用户保持较弱的法律联系,共享交易的开展更多地体现为用户的"自组织"行为。"自组织"类型的平台基本放弃了传统商事组织的管理职能,此时平台的组织功能一般只通过合同法上的格式条款体现。例如,仅就广告浏览、收付款、保险、隐私保护等服务条款对用户提出要求。

象限一与象限三内的共享契约,两者的主要区别在于交易属性的不同。象限一内的中介网络型契约商业属性更强,平台和用户一般都追求一定的经济收入,平台则以撮合交易佣金、打赏提成和有偿广告等作为主要营收。象限三内的社群互助型共享,社会合作交易属性更强,平台和用户均不以营利目的为必要,但有些平台通常以此作为商业模式的组成部分,如知乎和豆瓣基本都处于"平台营利、大部分用户不营利"的状态。抖音的社群属性较强,但不少用户都带有直播营利目的,商业属性更突出,故适合移至象限一。相反,越靠近浅色区域,商业属性越弱,如维基百科那样,完全不具有营利性。

社群互助型和中介网络型平台的用户都具有较强的自我组织协同能力,相比之下,象限三内的共享形式的社交属性更为突出。因此,越靠近象限三的区域,用户集体行动需求及能力更强。

(二)象限二和象限四内的共享契约

平台租赁型共享位于象限二内。这类共享的组织形式属于典型的"他组织"类型,共享平台与资源提供方建立传统的雇佣和供应商法律关系,在生产经营端完全适用商事组织治理机理。在这种组织条件的共享模式下,对平台用户而言,消费者虽然有一定的协同参与性,但生产经营端全部由平台"他组织"完成,此时用户与平台的关系可被置于"经营者—消费者"传统法律框架内调整。由于分时租赁服务通常由商业平台提供,以共享物品的租金作为主要营收,如哈啰单车、街电科技等,皆属典型的互联网分时租赁平台。

象限四内的共享契约以免费共享为目标,由平台组织汇聚资源的方式,供用户自发协同免费获取。这类共享具有较强的社交属性,对于用户而言,资源共享几乎都表现为用户间的免费互助活动。从组织属性来看,这些分享资源是平台组织提供的,而不是用户自发组织互助,故这类共享不具有象限三那种突出的用户组织能力,也不同于租赁平台营利性的出租模式。这一共享形式的代表是 Wifi 万能钥匙,该平台通过购买或租用 Wifi 热点共享设备,链接机构和个人的上网流量,免费向公众用户开放。平台利用庞大的用户流量获取一定的数据和广告收入,打造了一种免费出租上网流量的商业模式。因为它具有一定的商业属性,其所在区域更靠近象限二的位置。

(三)中间象域中的共享契约

在共享活动中,平台与用户之间的组织坐标往往呈现出两种不同的组织方向。介于"他组织"与"自组织"之间的组织协同型共享,正是部分网约车平台所采取的交易模式,它们大多位于四大象限的中间象域。其中,滴滴平台对共享交易的协调能力更强,故更靠近象限二区域;平台协调能力更弱的优步(Uber),则靠近象限一区域。货拉拉同城货运业务以协调货运企业和分散商家作为主要营收,同时也会协调部分货车司机向个人用户提供"零工"搬家服务,整体观之,可归于自组织和他组织的中间区域。

有些社群互助共享平台虽然具有很强的社会合作交易属性，但商业属性可能亦与之平分秋色，难以明确区分，一般是靠近象限三的中间象域。而快手这类短视频社交平台，商业估值往往较高，且两端同时亦链接有个人和机构，其位置略为上移。

有的平台冠以"社交电商"之名，无非是想借用微商零售模式，平台按一定的分销管理机制，发动店主和消费用户通过自己的社交链条销售平台商品或提供服务，如云集平台即是。在此交易模式中，平台和用户营利属性强，共同依赖平台的半垂直管理，又借助用户社交网络运行，其组织形式实为自营模式的某类变种，所在位置靠近象限二区域。

另需说明的是，许多共享平台经常会主动调整契约规则，促进其产品和服务范围的扩张和多样性。[1]例如，滴滴平台开设的青桔骑行，该业务就完全落入到了象限二区域。

---

[1] 参见孟韬、关钰桥、董政："共享经济商业模式分类及其发展路径研究"，载《财经问题研究》2020年第12期。

CHAPTER 02　第二章

共享经济的私法价值范畴

共享经济既是一种大众经济，也是一种混合式经济：其中包括原子化的个体与普通人，也活跃着资本和职业玩家的身影。鉴于共享活动涉及公共议题众多，国家从不忽视此交易过程。大规模的经济运行到底应依靠政府干预，还是通过"企业组织+市场竞争"的方式实现？在国家理论和企业理论之外，是否存在非商组织、非政府组织自我治理的中间道路？一百多年来，不同的思路及理论学说一直针锋相对。讨论共享经济的价值范畴，就不得不回顾学术史中私法和公法背后的思想资源和哲学观念交锋。

近代和当代，以企业为主的各种经济组织越来越多地承担起市场组织功能。私法史表明，克服市场组织障碍的行动一刻也没有停止，一条主线就是以商人为主体和以营业为中心的商事规则法典化与系统化。进入到互联网2.0阶段，许多商事组织化身为"平台"这一新型组织，用户和平台的动态交易关系隐含了新的价值叙事。在契约治理方面，互联网平台治理与民法教义学存在一定的冲突。后者谈论更多的是如何用解释学方法来支持法院进行纠纷裁判，但真实世界的运行并非如此。大量互联网交易纠纷是通过平台机制解决的，尽管这一机制也存在成本和"失灵"。

互联网与新经济带来的改变有目共睹，且发展进程不断加快。研究共享经济的法学文献，不论基于公法或私法视角，几乎言必称法律"规制"。在传统理论框架中，规制一词所隐含的价值选择偏向公法，而不是服务于平等主体的私人选择目标。[1]即使在私法体系内，对于私法内在价值存在哪些分工，

---

〔1〕 规制一词可以被宽泛理解为公共权威机构对重要经济社会活动施加的持续且集中的控制，当代一般理解为国家干预的一系列强制工具。参见［英］安东尼·奥格斯：《规制：法律形式与经济学理论》，骆梅英译，苏苗罕校，中国人民大学出版社2008年版，第1~3页。

论者并无一致见解。[1]考究共享经济（包括电子商务）私法调整中价值范畴之种种问题，价值立场以何种观念为主，价值理念到底为公法与私法所共用抑或彼此相拒，有关问题的答案不能缺位。通过本章的讨论，笔者试图抛砖引玉，求教于同仁。

第一节　中国私法学基础的选择困境

中国私法学说整体上受到西方经济学、政治学中的个人主义方法论学影响较大。正如学者分析指出的，不论承认与否，当代私法学的话语体系存在着不同类型思想资源之间的竞争关系，尤其表现为哲学、经济学与法学之"固有"信条之间的竞争关系。[2]多年前，邓正来教授提出了"中国法学向何处去"的追问，并总结和批判了包括私法学在内的"现代化研究范式"，即研究内容过于侧重对权利本位的推崇，以及对欧陆法条和注释文献不加批判地进行"中国阅读"与复制，作为中国的立法模板。[3]但多年来，关于中国法学理想图景的讨论主要局限在法理学界，私法学似乎并未受到过多这一追问的影响，个人主义方法论至今仍被奉为圭臬，[4]只是夹杂或穿插了部分来自整体主义或"私法公法化"的影响。

随着中国问题意识与法学研究实践指向性的不断增强，私法个人主义方法论似乎受到了来自法哲学、意识形态和最新实践的多重挑战。正如法理学研究提出浓缩和提炼中国本土的"法理"，[5]对于新时代如何进一步形成"科学的，有解释力、穿透力、说服力的理论体系和方法论体系"，[6]私法学同样需要加强研究。而且，移植于西方知识谱系的私法观点，亦须回应如何融入唯物史观、集体主义等中国政治话语体系的追问。中国私法学的理论体

---

[1] 例如，商法与民法的关系，商法是否限定以商人或营利行为为调整对象。参见赵旭东："商法的困惑与思考"，载《政法论坛》2002年第1期。

[2] 熊丙万：《私法的基础：从个人主义走向合作主义》，中国法制出版社2018年版，第27页。

[3] 参见邓正来："中国法学向何处去（上）——建构'中国法律理想图景'时代的论纲"，载《政法论坛》2005年第1期。

[4] 参见易军："个人主义方法论与私法"，载《法学研究》2006年第1期。

[5] 参见付子堂、王勇："'法理'：中国法学与法理学的理想图景"，载《法制与社会发展》2020年第4期。

[6] 张文显："新时代全面依法治国的思想、方略和实践"，载《中国法学》2017年第6期。

系建构远未完成，其内部价值有时还互有冲突，这势必会影响私法对共享契约的治理效能。在国家治理体系现代化与服务大数据国家战略背景下，我们应当继续将一些能够体现人类社会发展规律的思想资源作为私法基础加以坚守，同时还要协调本土资源与外部资源的关系，使私法能够站在经济社会发展与法律变革互动的最前沿，并保持自身知识体系的开放性。

一、关于私法的历史定位及理论基础

法学界对私法定位和范围的不同解读，既与私法史的演变脉络有关，同时亦取决于与私法有关的其他学科发展史。离开对私法发展及其背后学科基础的历史考察——不论这种梳理是详尽抑或概要——不足以整体把握私法面临的当代问题和未来走向。正如尤瓦尔·赫拉利所讲："研究历史的最好理由：不是为了预测未来，而是要摆脱过去，想象另一种命运。当然，我们仍不免受到过去的影响，所以永远不可能得到完全的自由；然而，部分自由总比全无自由要好得多。"[1]

（一）公法与私法划分的历史演变

公法与私法的划分肇端于古罗马。乌尔比安曾明确指出："公法是关于罗马国家的法律，私法是关于个人利益的法律。"[2]公法与私法的划分在近代欧陆民法典的编纂运动中得到了广泛应用，[3]并逐渐形成了关于公法和私法不同部门划分的近代传统。

1. 关于公法与私法划分的不同学说

作为一种具有实定法支撑的划分，出于不同的观察视角和解释需要，公法与私法的划分表面看似泾渭分明，实则学说林立。主要有：利益说，以公益与私益区分不同划分，如前述乌尔比安的定义即是；应用说，视其是否允许私人的意思自由变通或抛弃；主体说，以适用主体的性质确定分类；性质说，通过考察关系特征，如生活关系、权力关系或统治关系等加以确定；理

---

[1] [以色列]尤瓦尔·赫拉利：《未来简史：从智人到智神》，林俊宏译，中信出版社2017年版，第58页。

[2] 参见[古罗马]优士丁尼：《法学阶梯》，徐国栋译，中国政法大学出版社1999年版，第11页。

[3] 参见肖金泉主编：《世界法律思想宝库》，中国政法大学出版社1992年版，第528页。

念说，执一般正义及分配正义者为公法，符合平均正义者为私法。[1]

以上学说各异，且互有优劣。例如，商法中大量存在企业内部交易的权力关系特征，国家成为私法关系主体的可能，私人利益与公共利益之交织，等等。总体而言，单一的划分标准似难完全界定公法与私法的复杂互动。

2. 民商合一与民商分立

在私法的内容演化方面，近代罗马法复兴的过程伴随着商人法的兴起，这一历史现象促使大陆法系的私法性法典沿着两条相对独立、相互交织的脉络前进，即所谓民法与商法之分立或民商合一。在私法学界，亦有私法一元化或二元化之争：多数民法学者视商法为民法的特别法，商法学者多倡导商法实质独立于民法，更有学者将"昨日之民法"与"今日之商法"彻底割裂，进而否定私法发展之延续性。[2]对商法独立性的认识，也有不同观点：一是实质独立说，认为即使立法形式上不存在商法典，商法规范的实质特征也不同于民法；二是实质与形式双重独立说，主张二者内容和法律渊源都应区分；三是独特而非独立说，认为商法规范有自身独特性，但整体不能脱离民法存在。[3]

私法学者对民法与商法的关系还是存有共识的。比如，商法与民法保持互动，实现民法的商法品格，或"私法商法化"。[4]在规范功能方面，二者均以私法自治作为意旨，其价值取向全面渗透到具体规范属性。除大量采用任意性规范，其强制性规范亦多为消极效果，即不要求私法主体积极履行某项义务，与任意性规范一道，为当事人的行为自由与效果自主留下空间。[5]具有积极效果的肯定性规则，虽然晚近多有扩大趋势，但总体而言，要求私法主体采取某些肯定性行动的规则在私法领域还是极为有限的，仍属于罕见

---

[1] 参见龙卫球：《民法总论》，中国法制出版社2002年，第7~9页。

[2] 参见周友苏、钟凯："'商事通则'：纠缠于历史与现实中的误会——兼议私法的统一及其现代化"，载王保树主编：《中国商法年刊2007：和谐社会构建中的商法建设》，北京大学出版社2008年版，第139页。

[3] 参见郑泰安、钟凯："民法总则与商事立法：共识、问题及选项——以商事代理为例"，载《现代法学》2018年第2期。

[4] 参见周友苏、钟凯："'商事通则'：纠缠于历史与现实中的误会——兼议私法的统一及其现代化"，载王保树主编：《中国商法年刊2007：和谐社会构建中的商法建设》，北京大学出版社2008年版，第142~143页。

[5] 参见朱庆育："私法自治与民法规范"，载《中外法学》2012年第3期。

的例外。[1]

3. 私法公法化与公共商行为

不同于根植启蒙时代自由理念的近代民法典，1942 年修订的《意大利民法典》中大量的公法规定登堂入室，其他私法性法典也面临内在的"典范变易"，契约自由越来越少，所有权越来越社会化，私法自治已不再是凌驾于一切原则之上。[2]商法学者常常将该现象称为"私法公法化"，或公法向私法渗透，并据此引为商法独立之证据。[3]

为进一步"坐实"这类公法规定的商法品性，学者大体上提供了两条论证路径。一为功能性路径，从政府调控市场（包括直接和间接）的商法功能出发，认为商法规定中包含了政府监管机构权限，但应当将政府对市场进行直接干预的权限从监管机构中剥离，仅保留反映政府对市场进行间接调控的职权。[4]二为规范性路径，主张将商法中的强制性规范分为保护型、技术型、伦理型、监督型和政策型，第四类实为国家意志在商法规范中的新作用，是国家作为外部监督者以"上帝视角"对商主体或商行为提出的特别要求。[5]两条路径的共性是都把本属公法规范、事关政府干预市场职权行使的内容作为"商法"规范的当然组成部分。这也就是说，这些学者眼里的商法强制性规范已超出以追求交易统一、安全为旨趣的构件性规范的私法范畴，[6]彻底打破了公法和私法的界限。

近年来，还有商法学者提出了所谓公共商行基于之概念，它具体是指基于公共目的而实施的营利性行为，包括公共投资（共有企业或合营）、公共契约（供水供电供气等）、公共筹资和公共规制行为。这一概念似有进一步强化"商法公法化"之旨趣。[7]

---

[1] 参见易军："私法自治与私法品性"，载《法学研究》2012 年第 3 期。

[2] 参见苏永钦：《私法自治中的经济理性》，中国人民大学出版社 2004 年版，第 85 页。

[3] 参见夏小雄："私法商法化：体系重构及制度调整"，载《法商研究》2019 年第 4 期。

[4] 参见陈甦："商法机制中政府与市场的功能定位"，载《中国法学》2014 年第 5 期。

[5] 参见姜燕："商法强制性规范中的自由与强制——以历史和类型的双重角度"，载《社会科学战线》2016 年第 8 期。

[6] 参见童列春、白莉莉："商法的现代嬗变与误读——与史际春、姚海放先生商榷"，载《武汉理工大学学报（社会科学版）》2005 年第 6 期。

[7] 参见蒋大兴："论私法的公共性维度——'公共性私法行为'的四维体系"，载《政法论坛》2016 年第 6 期。

对于公法向私法渗透的观点，哈耶克曾经做过启发性的评论。他认为，私法和公法的二元区分是严格的。公法是一种人造的法与外部规则，私法则根植于人类社会自生自发的内部秩序，这种支配着人之行动及其"正义感"的内部规则不但不应该被公法渗透，相反，公法的职责应该是，组织对这种内部自发秩序发挥更大作用的架构。而且，公法渗透私法的说法容易造成一种误导，即认为公法代表公共利益，私法代表私人利益。事实上，私法要实现的并不只是个人利益，而是社会的普遍利益。[1]以公共利益和私人利益来区分公法和私法，又或以公益与营利交错作为私法公法化的证据，可能存在法域价值"趋同论"的倾向。对法域价值"趋同论"的批判将被转至下一节内容。

（二）作为私法基础的个人主义方法论

主张逻辑和内容均可内部循环、追求学说圆满自洽的"纯粹法学"，如今已非法学研究主流。如前文指出，规范法学亦需积极导入外部价值，支撑私法形成、发展以及国家立法确认过程的众多知识、观念、思想和价值体系，都是法律规范建构的"前理解"，共同构成了法律学科的基础。私法所奉行的私法自治和主观价值观，它的经济意义可以上溯至亚当·史密斯的国富论，伦理内涵则又源于康德理性哲学中的自由意志。[2]而个人主义和自由主义在某种意义上是相通的，或者说，自由意志的基础为个人主义。[3]在起源于西方的学说思想中甄别有益成分，回答它们能否为中国私法学所用的问题，首先要对什么是个人主义方法论作出准确的界定。

1. 个人主义方法论：起源、假设与内容

有关研究文献的考证表明，个人主义的哲学思想可以追溯到边沁等近代启蒙思想家的个人功利主义和边际效用学说。而"个人主义方法论"作为一个明确的概念，最早是由经济学家熊彼特在1908年提出的。[4]

从思想源流来看，个人主义融合了边沁的功利主义思想。这种学说从幸

---

[1] 哈耶克有关公法和私法关系的观点，可参见邓正来：《法律与立法的二元观》，上海三联书店2000年版，第49~53页。

[2] 参见苏永钦：《走入新世纪的私法自治》，中国政法大学出版社2002年版，第3页。

[3] 参见李强：《自由主义》（第3版），东方出版社2015年版，第197页。

[4] 参见方福前：《公共选择理论——政治的经济学》，中国人民大学出版社2000年版，第17页。

福和痛苦这两个主宰人类社会的公理出发,将功利主义定义为增加或减少利益相关人的幸福从而确定支持或反对该行为的原理。在边沁看来,幸福和效用是个人化的,即个人的幸福决定了社会和国家的幸福,社会所具有的利益不能独立于或对抗于个人的利益,社会的利益实质上是社会所有个人利益的总和。[1]边沁的功利主义思想已被广泛应用于主流微观经济分析。有关个人福利的市场理论模型认为,社会福利这一概念只能是所有个人福利的总和,所谓对"社会有价值"不具有任何其他的意义。[2]而且,相比于政府提供的社会福利,个人选择基础上的社会规则进化更具优势,秉持这种信念的观点相信,自生自发的社会秩序为我们所提供的东西,在大多数情况下要比政府所提供的特定服务更为重要。[3]

大部分个人主义学说均隐含了经济分析中理性人的假设。在这个假设中,契约自由成了一个必然的选择。假定个人知道对他们来说什么是有利的并理性追求效用的最大化,他们就应当被赋予订立合同的自由。[4]也正是因为这种个人效用最大化的理性人假设,使得法律规则可以类比成市场价格体系,使得法律规则成了不同行为的"隐性价格体系",也使得经济学和法律之间的通道得以构建。[5]

总结而言,构成方法论个人主义的内容有三项:其一,任何行为都是个人所作出的,集体或社会的行为也取决于个人行为的影响和意义;其二,离开了个人行为,就没有社会过程;其三,集体或社会无法被具体化,集体、社会的意义由行为的个人所赋予。[6]于是,个人主义方法论为个人与社会关系的处理提供了基本框架,个人有独立于国家权力之外的必要,立法不能以社会的偏好完全取代个人的意愿和选择,建立在个人主义基础上的社会自发

---

[1] 参见[美] E. 博登海默:《法理学——法哲学及其方法》,邓正来、姬敬武译,华夏出版社1987年版,第98~99页。

[2] 参见[英] 安东尼·奥格斯:《规制:法律形式与经济学理论》,骆梅英译,苏苗罕校,中国人民大学出版社2008年版,第24页。

[3] See Hayek, *Law, Legislation and Liberty: Rules and Order* (I), The University of Chicago Press, 1973, p. 132.

[4] 参见[英] 安东尼·奥格斯:《规制:法律形式与经济学理论》,骆梅英译,苏苗罕校,中国人民大学出版社2008年版,第16~17页。

[5] 参见罗培新等:《公司法的法律经济学研究》,北京大学出版社2008年版,第4页。

[6] 参见史晋川主编:《法经济学》,北京大学出版社2007年版,第41~42页。

秩序与内部规则成了促进市场繁荣、经济社会发展和国家立法演进的重要推动力。基于以上精神透视与价值凝练，私法必然以个人主义方法论为其基础。[1]

2. 对个人主义方法论的几种误读

尽管个人主义有着经济学、政治学等深厚学科背景与传统，对中国私法学者有着强烈的吸引力，其同时也存在不少对私法个人主义传统提出批判的观点，其中一些认识值得认真对待，但也不乏对个人主义方法论的误读。

误读一：个人主义排斥国家干预。

对国家权力保持警惕，是许多个人主义学说的共同特征，也因此经常被贴上"无政府主义"或"有限政府"的标签。论者常以个人主义学说提倡的国家立法"价值和政治中立性"来说明此点，即私法不能以国家强制力去追求某种目的，仅仅提供一个确定性的框架让个人自由决策。[2]应当指出的是，对国家和政府作用的忽视固然属于个人主义学说发展的衍生品，但这并非是个人主义方法论的必然选择与要求。

在功利主义的创始者边沁看来，功利主义可以支持经济学上的自由主义，并承认私有财产权的作用，但在立法理论上，边沁更加注重国家强制性对社会规则的重塑。边沁认为，法律控制的目的是安全和平等，而不是个人自由。因此，边沁的社会福利思想既可以为拥护社会福利的人所采用，也可以由放任主义崇拜者所采用。[3]

从私法制度上看，推崇个人主义的学者一般不否定国家强制对私法秩序的促进作用。例如，哈耶克"社会秩序规则二元观"的一个重要论点是，国家所建构和组织的外部规则是人类社会不可或缺的治理工具，它不能侵扰或代替内部秩序自发生成的私法规则，但人类社会复杂的秩序维持还是需要国家提供一种间接方式予以实施和改进私法，尽管不是操纵或控制社会成员。[4]

---

[1] 参见易军："个人主义方法论与私法"，载《法学研究》2006年第1期。

[2] 参见熊丙万：《私法的基础：从个人主义走向合作主义》，中国法制出版社2018年版，第88~90页。

[3] 参见[美] E.博登海默：《法理学——法哲学及其方法》，邓正来、姬敬武译，华夏出版社1987年版，第101页。

[4] See Hayek, *Law, Legislation and Liberty: Rules and Order* (Ⅰ), The University of Chicago Press, 1973, pp. 48~53.

而更多持审慎平衡立场的学者，对国家强制安排与个人自发秩序保持着同等的距离。依法理学观点，法律的本质既是对国家权力的规范，也涉及对私人权利的限制。通过一个行之有效的私法制度，可以划定私人或私人群体的行为范围，以防止或反对相互侵犯、过渡妨碍他人自由或财产的行使或引发社会冲突，从而把有序关系引入私人或私人群体交往。[1]这种私法观仍然以私人权益保护为中心，与个人主义方法论保持兼容，但不能因此认为，私法中的国家强制是对个人主义方法论的偏离。

误读二：个人主义无法实现社会共同目的。

一种观点认为，特定目的或共同目的是集体主义的特征，个人主义如果不保持目的独立性，而依附于社会或群体的目的，则无法开展私法自治；个人主义的主观价值论也决定了，社会无法为不同个体提供价值高低的尺度，越是庞大的群体，越不可能实现某种虚幻的社会共同目的。[2]

另一种与之相关的论点是，既然个人主义声称无法实现共同目的，自然就难以承担讨论共同目的的学术任务，而在经验世界中，存在大量可观察的人与人之间构建共同体的实例。这似乎表明，个人主义无力解释国家强制力组织和介入的非自发合作，客观上还可能强化一种结果——个人主义本身即是大规模群体之间共同合作的障碍。[3]

两种观点对个人主义都存在片面解读，均对个人主义的适用面进行了选择性截取。实际上，个人主义方法论将个人选择作为社会合作的一种基本方式。哈耶克曾指出，社会个体的大多数需求满足无不依赖于社会协作，个人与其他社会同伴为追求一致的目标联合起来是极其可取之事。[4]一些更加彻底的个人主义方法论推崇者（如米塞斯），虽然回避了个人主观价值的比较问题，但依然认为人与人之间的自愿交换可以实现整体的协调（coordina-

---

[1] 参见[美]E. 博登海默：《法理学——法哲学及其方法》，邓正来、姬敬武译，华夏出版社1987年版，第224页。

[2] 参见易军："私人自治与私法品性"，载《法学研究》2012年第3期。

[3] 参见熊丙万：《私法的基础：从个人主义走向合作主义》，中国法制出版社2018年版，第160~161页。

[4] 参见[英]弗里德里希·奥古斯特·哈耶克：《通往奴役之路》，王明毅等译，中国社会科学出版社1997年版，第61页。

tion）。[1]

对于个人主义式的社会合作只能发生在小规模群体，还是能实现更大规模的社会合作，罗尔斯给出的答案是肯定的。与哈耶克对个人主义经验性的分析不同，罗尔斯的个人主义方法论属于形而上和先验性的。[2]后者借助了斯密的"中立旁观者"思辨机制研究公平问题，讨论人们能否自发地按照某种初始状态（无知之幕）中商议好的方式行事，这一契约方法甚至被学者拓展至全球性的社会契约。[3]罗尔斯意义上的正义原则，本质上是如何促进公平的社会合作方式。

个人主义方法论亦非狭隘地局限于市场或是特定群体的个人决策应用，而是经常超越"自发"实现社会合作的范畴。这一方法的大量分析对象（如政党、社会团体、官僚机构等）都是个人主义方法关于社会宏观现象或诸如信任、合作或者团结问题的解释。[4]对这类问题的讨论，虽涉及个体自发实现的合作选择，但更多的是通过个人选择的方法论，研究自发合作何以能或不能。例如，以法律产权制度降低社会合作成本的方法。[5]

误读三：个人主义必然追求"小政府"。

自亚当·斯密以来的政治学和经济学传统似乎给人一种印象，即个人主义和自由主义不但反对政府干预经济，且在市场和政府的关系方面追求一种"小政府、大市场"模式。这种模式转化为法律学说后，对立法活动产生了直接影响，使得法学家和立法机构侧重对不同社会个体之间的价值和利益冲突作出评判。[6]

事实上，采用个人主义这一分析手段所产生的学说和理论，往往依赖于

---

[1] 参见［美］伊斯雷尔·科兹纳："奥地利学派经济学的哲学和伦理学含意"，载［美］埃德温·多兰主编：《现代奥地利学派经济学的基础》，王文玉译，浙江大学出版社2008年版，第79~80页。

[2] 参见沈尚武："罗尔斯和哈耶克的个人主义之初步比较分析"，载《重庆社会科学》2007年第2期。

[3] 关于对罗尔斯契约方法的评价，可参见［印］阿玛蒂亚·森：《正义的理念》，王磊、李航译，刘民权校译，中国人民大学出版社2012年版，第55、62~63页。

[4] 参见［德］汉斯-贝恩德·舍费尔、克劳斯·奥特：《民法的经济分析》（第4版），江清云、杜涛译，法律出版社2009年版，第55页。

[5] 代表性论文如科斯1960年发表的《社会成本问题》一文。

[6] 参见熊丙万：《私法的基础：从个人主义走向合作主义》，中国法制出版社2018年版，第35页。

不同时期的经验证据和实际需要，并没有形成一成不变或终结性的理论模式。对于美国20世纪后半叶以来流行的"新自由主义"，国内学界经常批评的其中一点即其对"小政府"的偏好。其实，这种自由主义或个人主义与其早期版本方向性不同，后者要求政府对个人的经济自由和平等承担更多的责任。[1]

在政治理论史上，自由主义有不同的、更宽泛的含义，它涵盖了洛克、康德、密尔、罗尔斯的尊重个人权利和强调宽容的思想传统，另外还包括一种共享自治的共和主义理论：它意味着与公民伙伴就共同善（common good）展开协商，并致力于塑造政治共同体的命运。[2]可以这样理解，这种个人主义放弃了功利主义原则，强调社会共同的善，并试图用个人权利和公共道德将社会共同体缝合在一起。以共同善为目标的个人主义，同时致力于国家与个人的对立化解，承认国家在提供这些美德方面的责任和作用，主张国家是个人之友而非敌人，个人的自由离不开国家和社会的共同维护。因此，自由主义的这一分支认同"大政府"的价值。[3]

通过以上分析可见，一些学者在批判性吸收个人主义相关学说时，往往存在选择性阅读和任意性截取的问题。尽管上文针对个人主义刻板认知的检视远远未能囊括其学说发展的全部内容，但这已充分说明，个人主义方法论比法学界想象得更灵活、涵盖范围更宽泛。它无疑可能会导致一些错误的理论演绎，或带来僵化的意识形态，但仍是一种值得继续挖掘并被认真对待的研究方法。在下文中，笔者将继续指出，有关个人主义方法论的误读有时涉及其理论基础——理性人假设，这可能是所有误会中最为重大的一点。

二、理性人假设：被动摇的私法基础？

前文已指出，个人主义方法论及其演变而来的部分学说是如何影响法学，特别是私法学研究的。个人主义方法论在经济学中的应用最为典型，后者以

---

[1] 参见楚树龙、应琛："个人主义：美国的发展动力与问题来源"，载《当代世界》2012年第9期。

[2] 参见[美]迈克尔·桑德尔：《民主的不满：美国在寻求一种公共哲学》，曾纪茂译，刘训练校，中信出版集团2016年版，第5~6页。

[3] 参见庞金友："'大政府'是如何可能的：当代西方新自由主义国家观及其批评"，载《甘肃行政学院学报》2007年第4期。

理性人（经济人）假设为分析起点。在许多私法学者看来，以"理性人"假说为基础的经济分析同样构成了私法学研究中的人性基础，民法学正是以此为前提规制市民社会生活者的行为并制定相应的规则的。[1]不仅如此，以理性人假设和市场竞争相适应的私法正义，具体表现为交换正义，而非国家强制力下的矫正正义和分配正义。[2]理性人假设似乎构成了私法价值理念和具体规则的全部基础，倘若这一基础受到广泛质疑，私法体系便有式微之虞。

（一）理性人假设：学者质疑的到底是什么？

亚当·斯密在《国富论》中对屠夫、酿酒师、面包师等小商人的自利特征及其对他人利益的促进作出了具体描述，[3]其是经济学理性人假设的思想源头。理性人假设成为实证分析工具，主要是在"边际革命"后，是主观价值论以及新古典经济学（neoclassical）作出的贡献。[4]在《国富论》中，斯密强调更多的是个人自利行为对社会整体福利的提升，而未提及自利行为可能造成的社会合作困境，这似乎给"无形之手"市场思想的声誉画上了污点，成为不少后世学者批评的对象。

在深受个人主义方法论影响的私法学界，对理性人假设提出质疑较多的反而是商法学者。这些质疑主要体现在两个方面：一是理性人假设不够真实，现实中几乎不存在满足假设的人。这些学者分析指出，理性人假设不过是对某一特定历史节点的人类行为的写照，其应当随着交易规模、复杂化程度等现实的发展而不断拓展。例如，美国次贷危机从某种意义上说也是人性的危机、文化的危机。真实的人性假设应当考虑人的社会角色，包括关心公平和他人幸福。[5]二是理性和市场皆有限。这种观点进一步认为，由于现代心理学表明，人的自利行为在一定限度内会停止，同时市场的局限性会导致人的自利行为难以使社会利益最大化，因此对理性人的假设不应止步于内部"改

---

[1] 参见易军："个人主义方法论与私法"，载《法学研究》2006年第1期。

[2] 参见蒋大兴："私法正义缘何而来？——闭锁性股权收购定价原则的再解释"，载《当代法学》2005年第6期。

[3] 参见[英]亚当·斯密：《国民财富的性质和原因的研究》（上卷），郭大力、王亚南译，商务印书馆1972年版，第14页。

[4] 法学界许多分析认为理性人假设是斯密提出的，甚至认为理性人假设不够真实完全是斯密所造成的，从经济思想史来看，这属于某种张冠李戴。在古典政治经济学时代，许多经济学思想带有朴素价值观的色彩，并非严格意义的实证分析，自然谈不上科学范式下的理论假定。

[5] 参见许凌艳：《金融法基本理论研究》，上海财经大学出版社2018年版，第26、28、31页。

良"或小修小补，而应当另行建立理论体系。[1]

质疑者所欲实现的理论目标都是类似的，即试图通过对私法基础的全部或部分解构，为其学说更新提供系统性的理论支持。这种讨论不能说没有意义，但隐含着不易觉察的学术风险。一个例子是，他们经常搞错质疑对象的基本性质：理性人假设对私法的理论意义及其在私法体系中所处的位置，并非如他们所认知的那样。

1. 作为实证分析工具的理性人假设

在批评理性人假设之前，首先应当搞清楚一个问题，即什么是理论假设。在"实证科学"（empirical science）方法论中，科学理论本质上是一种对于事实的观察和推测，其目标不是检验结论的正确性，而是求得暂时不被事实所推翻，因此实证科学理论的主旨是"创立一些可能被事实推翻的句子或言论"。[2]欲使理论可被事实推翻，往往需要框定理论的约束条件，令其不至于完全沦为或过于抽象或过于具体的原则，无法进行实际验证。为满足理论学说的可证伪性而提出的公理或条件，就是所谓的理论假设（hypothesis）。从这个定义可知，理论假设不是事实本身，也不同于理论假说，它的主要功能不过是作为界定理论假说的起点，明确理论分析的适用范围。

当社会科学家采用"理性人"这一假设，其不是在对人的本性（自利或利他）作出全面性总结，毋宁是为了检验在理性人这一约束条件下，所关联的理论学说能否解释社会经济现象。以理性人假设作为实证预测工具，其预测结果可能导致理论暂不被推翻和被推翻（证伪）两种不同结果。至于假设本身是否真实，无关分析结果。正如人们很少会根据锅具评判一个厨师，同样，人们也很少根据手段评价一门学科，而更多的是根据结果、根据预测的准确率来判断。[3]

经济分析假定个人总会为自己最大的利益行事，不意味现实中的个人全部表现为自私自利、不重视道德或无任何利他追求。相反，理性人假设不但

---

[1] 参见熊丙万：《私法的基础：从个人主义走向合作主义》，中国法制出版社2018年版，第63~66页。

[2] 张五常：《科学说需求经济解释》（第1卷）（神州增订版），中信出版社2010年版，第46页。

[3] 参见［德］汉斯-贝恩德·舍费尔、克劳斯·奥特：《民法的经济分析》（第4版），江清云、杜涛译，法律出版社2009年版，第3页。

重视且可纳入部分利他内容。这是因为，理性人假定建立在主观价值论基础之上，其追求的"利益"并非仅仅指货币，更准确地说是指依赖于个体观念的效用。[1]其中，关心他人就是个人重要的效用函数。正如有关社会共同体的经济分析所指出的：

> 那些不经常去电影院的人，也会希望皇家莎士比亚公司生意兴隆；那些喜欢城市生活的人，也会对乡村设施的保留投赞成票；支持在未来的时间段内保护濒危物种的计划，即使自己那时已经不在人世，也不是"非理性"的。[2]

理性人假设是一种对人性的简约化抽象。如果这一工具自身过于具体化、具有可变性，就会使理论前提失去限制，关于人类行为的预测也会变得无章可循。相反，如果预测工具过于一般化且放之四海而皆准，对行为激励的表述也将是空洞的，失去了实证分析的意义。人性中可能包含丰富内容，不论是自利、利他还是同情，在现实中通常都是有限的。正如休谟所说，假如物质资源并不稀缺，人性的某一个方面（如同情）是无限的，正义和非正义的规则就会变得毫无意义。[3]可见，解释工具是根据人性中的部分内容精心选定的，一切皆以提高解释和预测能力为目的。

此外，理论的可证伪性意味着任何理论假说都存在例外的可能，它们终将会被一些事实所推翻。这种异常对于扩展理论命题、完善理论体系而言往往是有益的，研究者可顺势提出新的待验证理论假说；对法学研究而言，也因此能够增加新的规范类型。但在宏观分析层面，一般的例外会在大量行为聚合中被冲淡，通常不直接影响理论假设及其项下理论假说的核心命题。

如果类似的例子越来越多，就有必要反思理论假设的约束范围。在经济学发展过程中，理论假设的修正不止一次发生。例如，前文关于契约治理的有限理性、机会主义，乃至行为经济学关注的公平偏好、恶毒、过度谨慎等

---

[1] 参见柯华庆："法律经济学的思维方式"，载《制度经济学研究》2005年第3期。

[2] 参见[英]安东尼·奥格斯：《规制：法律形式与经济学理论》，骆梅英译，苏苗罕校，中国人民大学出版社2008年版，第55页。

[3] 参见[英]休谟：《人性论》，关文运译，郑之骧校，商务印书馆1980年版，第536页。

心理因素,都有可能改变或放松"无限理性"这一假设。[1]可见,理论假设修正的目的是增加所属理论学说的解释力,而非取代通用理论假设所构建的分析框架。

2. 意识形态化的个人主义学说

法学不是单纯的实证科学,属更偏重价值判断的人文科学。法学者在吸收经济学等学科的思想资源时,通常缺乏对实证分析结论进行验证的方法或分析工具。法学界引入个人主义方法论,未必是对个人主义方法论的实证分析运用,而是体现为经过一定伦理化改造和观念移植后的结果评价。这种评价若随着学术交流和人员交往内生出共同的信仰体系或者价值体系,个人主义就会从实证主义方法论演变为意识形态话语体系。[2]

个人主义的意识形态化不只出现在法学领域。政治理论史中的新自由主义学说,尽管一般认为起源于新古典经济学,但它本身已成为一种意识形态言说,具有类宗教的属性,本质上是一种理想化的、经过重组的市场秩序。[3]在这种历史转变过程中,个人主义旗下的理论学说不再是可被事实推翻的命题,而会逐步演化成一种绝对正确、不容置疑的意识形态话语霸权。在这种意识形态下,资本的力量可以有效阻止政府对经济的干预,法律对自由的限制成了对个人绝对权利的侵犯,甚至连恐怖主义也变成了言论自由所包容的对象。[4]

私法学者对个人主义方法论的借鉴,不可避免地带有一定意识形态的色彩,诸如深信政府干预最小化、个人效用最大化必然能够促进社会福利最大化,或者意思自治、交换程序必然能够实现契约正义等观点。另一方面,这种意识形态私法话语可能会引发批评的对象错置,从而给学术批评带来意想不到的负面效果。正如个人主义怀疑论者基于本土经验观察所提出的问题:

---

[1] 参见[美]克里斯丁·杰罗斯、凯斯·R.桑斯坦、理查德·H.塞勒:"行为法律经济学的进路",载[美]凯斯·R.桑斯坦:《行为法律经济学》,涂永前等译,北京大学出版社2006年版,第29页。

[2] 关于意识形态的形成机制,可参见邓宏图:《理性、偏好、意识形态与社会演化:转型期中国制度变迁的经济史解释》,经济科学出版社2008年版,第20页。

[3] 参见[美]约翰·B.福斯特:"作为意识形态的新自由主义:起源、实质与影响",卢地生译,载《国外社会科学前沿》2019年第10期。

[4] 参见郑永年:"西方自由主义正成为虚伪主义",载《联合早报》2018年2月6日。

如果个人是理性的,并且在自利驱动下能够普遍实现自身利益最大化,为何却不能从以下例子中得出这一结论——

在城郊的大量村庄中,即便每户村民对所占有土地的使用权具有自由转让的权利,为什么那么多村民难以自发组织和实施旧村改造、规模开发等让他们利益最大化的行动?而为什么政府征收土地后引导的开发能够让村民迅速过上好日子?[1]

倘若这一评论针对的是个人主义意识形态学说,自可视其为一个极佳反证,因为"小政府""市场万能论"的主张者对此都难以给出满意答案;但如果批判的矛头指向理性人假设,则显得有点驴唇不对马嘴。在土地征收和招商引资方面,实证分析政府、个人和市场的合作问题,理性人假设这一工具用处极大。它可以指出,理性人约束不仅会带来个人合作困境,"钉子户"对政府的敲竹杠也可能造成社会及其他村民的福利损失。这一工具还促使研究者认识到,政府行为也有不同约束界面:其一,政府与市场的分工表现为"政府搭台、企业唱戏",正如企业可以在生产组织方面代替市场,但这并不意味着市场的失败,组织(包括企业和政府)是否成功,最终需要依靠市场来检验。[2]其二,在土地整理、征收过程中,政府官员在理性人约束下,可能会为实现自身目标扭曲市场化补偿机制,因而导致村民个人权利受到侵犯。[3]

由此可知,如果我们不对个人主义意识形态和实证分析工具作出恰当的区分,关于个人主义方法论的评价就会陷入"堂吉诃德大战风车"的困境。

(二)非效率导向的个人主义

以上关于个人主义方法论的分析,绝大多数都以效率为目标导向,即追

---

[1] 参见熊丙万:《私法的基础:从个人主义走向合作主义》,中国法制出版社2018年版,第67页。

[2] 参见[英]罗纳德·哈里·科斯、王宁:《变革中国:市场经济的中国之路》,徐尧、李哲民译,中信出版社2013年版,第186~187、195页。

[3] 一地村民固然可能因政府征地和引导开发改善生活,但部分现象背后隐藏的利益机制是,为释放更多开发建设用地指标,另一地村民被以"土地集中利用"为名强迫集中居住,而"集中上楼"的偏远地区缺乏近郊开发地那种市场补偿机制,集中地的村民权益就有可能因此被牺牲。参见钟凯:"论'小产权房'类型化流转的路径选择——兼评国土资源部《中华人民共和国土地管理法(修正案)(征求意见稿)》",载《中国不动产法研究》2017年第2期。

求某种形式的社会财富最大化或社会福利的提升。接下来的有关问题包括：个人主义是否必然蕴含效率目标？或者说，如果抛弃理性人假设这种分析路径，个人主义方法论能否继续被应用于法学研究？从私法史发展来看，个人自由和市场效率都不是立法的唯一价值导向，出于种种考虑，偏离效率目标的立法是一种普遍法律现象。在这些情形中，非个人主义的观点更有吸引力，因为这些观点考虑了某些独立并优先于个体的整体目标，[1]为限制个人主义在私法中的扩张提供了强大的伦理基础。

然而，如果认为偏离效率等于偏离了个人主义分析方法，就走向了对个人主义评判的另一极端，即过分强调个人主义的实证分析的一面，而忽视了个人主义方法论的意识形态功能。个人主义伦理有时候会为重要的个人基本权利赋予先验性的规范特征；与那些激进的自由主义倡导的无政府或小政府意识形态不同，个人主义的温和版并不当然排斥家长主义（paternalism）的外在调控。

1. 弱势群体与不可侵犯的个人权利

在审视"物竞天择、适者生存"和无形之手等竞争模型时，人们往往对自由竞争的后果抱有某种同情心，对于"强者通吃"保持强烈的警惕。道金斯在《自私的基因》一书中，曾描述了企鹅为保持种群数量而刻意将部分成员推下礁石被海豹吃掉的现象，但即使这种竞争手段有利于种群的繁衍，类似的制度安排在人类社会中因缺乏正当性，通常也不会被接受。[2]这种正当性评判准则，显然并非源于社会福利最大化的要求，而是来自于与国家干预有关的公平观念，即分配正义。分配正义理念植入在以往一般被理解成公法的领地。[3]事实上，私法也常常接受分配正义观念，而且是在个人主义的旗帜下。

在秉持功利主义的个人主义者看来，社会的不平等和弱势群体基本权利不足，是需要尽力避免的，但其理由并非是"公平"，而是社会福利最大化。在一些自由主义者（如罗尔斯）的眼里，社会不平等违背了人类最起码的公

---

[1] 参见易军："个人主义方法论与私法"，载《法学研究》2006年第1期。

[2] 参见［德］汉斯-贝恩德·舍费尔、克劳斯·奥特：《民法的经济分析》（第4版），江清云、杜涛译，法律出版社2009年版，第9页。

[3] 参见蒋大兴："私法正义缘何而来？——闭锁性股权收购定价原则的再解释"，载《当代法学》2005年第6期。

平正义感。其推导正义观念的方法是先验的,即人们通过设想的某种初始状态,共同缔结了包含正义公式的社会契约。这一过程同样遵循经济人的理性假设。基于先验性推理,罗尔斯得出了几种正义的判断原则,它们主要包括:自由优先、程序平等以及对境况最差的弱势成员的优先帮助。[1]罗尔斯所提出的正义原则观念体现了个人主义的公平伦理,且广泛渗透入包括私法在内的各项立法政策中,如民法实质公平、消费者权益保护等。

2. 家长主义中的个人主义价值观

本质上来讲,家长主义与个人主义是相对的,前者通过设定一种带有保护性的外部目标对个人选择进行干预。法律为了保护特定群体的利益,限制其个人自由和主观意愿,迫使其负担一定法律义务的规制思路被称为"法律家长主义"。[2]自由主义学者有时会寻求调和个人主义自由观和家长主义的矛盾,但不同于激进的家长主义,自由主义者倡导的是非对称的家长主义,将干预集中在某些低估风险存在、缺乏为自己最大利益行事能力的群体。这类干预的常见例子是赌博和吸毒,消费者权益保护法和家庭法中的冷静期制度也属此情形。[3]

经过调和的个人主义观点未必放弃理性人假设、效用最大化等功利主义话语,至少表面上其仍宣称以效率为目标导向,但是家长主义的正当性基础大量融合了功利主义以外的善和价值,[4]这超出了效率范畴。此外,对家长主义实现个人效用最大化的怀疑论不断指出,能否确保干预者理性是家长主义促进社会效率的一大障碍。[5]因而,个人主义对家长主义的调和不全然指向效率目标,更多地体现为强调对个人权利保障的人本主义价值观。

(三) 小结

法学者通过质疑理性人假设的真实性,以实现私法基础的改弦易辙、更

---

[1] 参见[印]阿玛蒂亚·森:《正义的理念》,王磊、李航译,刘民权校译,中国人民大学出版社2012年版,第81~82页。

[2] 有关家长(父爱)主义的正当性基础,参见郭春镇:"论法律父爱主义的正当性",载《浙江社会科学》2013年第6期。

[3] 参见[美]科林·凯莫勒等:"偏好与理性选择:保守主义人士也能接受的规制——行为经济学与'非对称父爱主义'的案例",郭春镇译,载《北大法律评论》2008年第1期。

[4] 参见[英]安东尼·奥格斯:《规制:法律形式与经济学理论》,骆梅英译,苏苗罕校,中国人民大学出版社2008年版,第52页。

[5] 参见禹竹蕊:"从盛行到自持:法律父爱主义在行政管理中的演进",载《深圳大学学报(人文社会科学版)》2017年第5期。

换门庭，从一开始就落入了方法论陷阱。作为实证分析工具，理性人假设是一种无关真实的前置性公理，提出理性人假设的许多反例，不能真正动摇私法的实证方法论基础。挑战这一理论工具所要求反例的数量和质量，不但要求经受住跨越多重历史时空的大量经验事实的冲淡，还必须慎重考虑理论范式更替的"成本"。如果理性人假设在解释现实方面已捉襟见肘，人类"合作品性"这一假设能够取而代之吗？从不合作走向冲突、再从克制冲突走向合作的事例，是以个体自私自利还是以无私利他为出发点去观察更好？理性人假设即使被驳倒，结果却依然不妙，因为同样的反例也摆在整体主义、合作主义乃至国家主义等学说面前。[1]

指出某一学说有问题，要比提出更好的替代方案容易得多。理性人假设谈不上是完美工具，它的本质也不是一种"宗教"言说，不能当作一切个人主义学说的背书。正如我们所看到的，某些个人主义意识形态学说及其话语霸权，正在给人类社会带来巨大伤害。[2]对个人主义方法论进行反思的启示就在于，我国私法理论发展不能完全照搬个人主义学说，需要本着科学求真的精神，在比较基础上有所甄别。对于个人主义学说如何作出取舍，笔者将转至下文分析。

三、中国私法学理论基础的取舍

前文关于个人主义方法论的考察，旨在说明私法学界关于私法基础的讨论可能存在误读和偏差，但未对个人主义方法论作结论性评价，而是保留开放性讨论的空间。在完美市场中，新古典经济学中的市场主体仅作为"价格接受者"且自动达成交易，但支持这种市场所需成本趋向无穷大，或许根本就不存在。[3]在极端条件下，个人选择的空间被极大压缩也绝非不可想象。现实不同于理论中的极化场景，在我们所处的真实世界里，所有组织安排都

---

[1] 有趣的是，17世纪英国政治哲学家霍布斯关于建立利维坦式国家的论证起点，恰恰也来自个人主义。

[2] 美国和部分欧美国家在新冠肺炎疫情大流行期间面临的系统性危机，如缺乏科学精神、社会团结、政府协调能力、医疗资源分配不平等以及"疫苗民族主义"，共同反映出了新自由主义意识形态与国家治理能力危机被疫情放大的一面。

[3] 参见周友苏主编：《证券法新论》，法律出版社2020年版，第120~121页。

有它的优势、弱势和不足，不同合约和组织之间存在重大差别。[1]个人选择有可能促成社会合作，在大多数情况下另需借助政府、企业、社会组织、网络平台等机构的帮助。个人主义方法论不过是影响法律制度选择集合中的子集之一，在其内部也存在不同的发展方向。并非所有的私法价值都以个人主义为基础，正如私法自治并非私法的唯一价值追求。[2]私法基础的甄别与取舍，既要注意个人主义意识形态话语陷阱，又应与当代本土经验相结合，方能真正在基础理论层面促进私法学的发展。

（一）对个人主义私法基础的取舍

在对私法进行本土化考察的基础上，我国私法学者开始反思个人主义方法论的局限性，并作出调整传统私法基础的努力。目前主要有三种重述路径：一是从个人主义走向合作主义。这种思路接纳了社会发展兼具自发进化性和后天建构性的哲学思潮，认为以理性人假设为基础的个人主义方法论不足以解释人与人之间的社会组织关系，倡导私法学从"私人自由""私人权利""自己责任"等学说中走出来，尝试从社会合作视角来观察私人社会关系和私法制度。[3]二是在个人主义的理性人假设中加入"社会人"的角色。[4]这种新假设提出，个人不是只顾自己利益的唯我主义者，而是具有责任心和荣辱感的集体人。从"自主决定""自负责任"到"卖者注意"规则，就是这种新人性观的最新发展。三是融入本土化的人性假设。这种观点也提出将"经济人假设"还原人的社会性，其目的是实现中国民法典私法基础的本土化，恢复社会生活中的信用、廉耻、仁义、谦卑、和睦、互助等人群伦理。[5]

三种路径均强调人性的社会属性，这当然具有现实意义。但是，正如本章开篇直指的问题，私法学的基础不是平面式的单维度学科知识，其发展背后体现的思想资源竞争是一种兼收并蓄的过程，呈现为实证与规范、整体与

---

[1] 参见［美］奥斯特罗姆：《公共事物的治理之道：集体行动制度的演进》，余逊达、陈旭东译，上海译文出版社2012年版，第31页。

[2] 参见姜强："三段论、私法自治与哲学诠释学——对朱庆育博士的一个反驳"，载《法制与社会发展》2007年第3期。

[3] 参见熊丙万：《私法的基础：从个人主义走向合作主义》，中国法制出版社2018年版，第202~206页。

[4] 参见许凌艳：《金融法基本理论研究》，上海财经大学出版社2018年版，第29页。

[5] 参见向勇："中国民法典编纂：个人主义私法观的取舍"，载《河北法学》2017年第3期。

局部、移植与本土的多学科、多维度和多层次的共生关系。即便总体坚持某种占主导地位的理论体系（如马克思主义），也不影响在具体制度规则中借鉴个人方法论中的合理成分。

1. 理性人假设仍是私法重要的实证分析工具

一如前文分析指出的，中国私法学应当区分两种不同性质的个人主义学说。在林林总总的个人主义学说中，其理论构建大多依托于理性人假设这一实证分析工具。应当看到，建基在理性人假设之上的实证分析方法，更多地体现工具属性价值，能够为许多社会经济现象提供一般性的解释力。以社会关系为研究对象的私法学不可能忽视这一重要分析工具，尽管它本身存在缺陷，但对它的拓展与完善至今一直都是补充性的，而非重构性的。

对经过价值观改造乃至意识形态化的个人主义学说则应当审慎对待：一方面，不能无条件予以接纳，以免引起与本土经验、思想资源的内在冲突；另一方面，不能将这类学说的缺陷全部归因于理性人假设这一分析工具。私法学者对不同个人主义学说采狭隘化理解，在很大程度上限制了个人主义实证分析的适用范围。他们提出大量解构市场无形之手的事实例证，无非是针对意识形态化的个人主义学说，当中许多学说，原本就是实证分析的批评对象。组织和市场当然会失灵，但这两种"失灵"没有从根本上降低理性人假设的方法论意义。通过理性人假设这一观察工具，分析者既可用以解释市场中自发增益于社会的行为，也可预测因个人自私自利导致市场和组织失灵的范围，还可以作为规范分析的基础假设，就市场、政府和社会运行能否促进合作、如何达成合作提出建议。

理性人约束下的实证分析与马克思唯物史观具有兼容性。首先，唯物史观关注的个人是在一定历史条件和关系中的个人，而不是思想家们所理解的"纯粹"的个人，但个人的出发点总是他们自己。[1]因此，唯物史观不否定个人选择的主体性。其次，理性人假设与马克思唯物史观都是实证分析手段，并不针对体现特定道德色彩的具体的个人。在斯密那里，人只是在市场交换中才表现为自利的经济人，而不是单维的现实的整体的人，[2]这与马克思所

---

〔1〕 参见《马克思恩格斯全集》（第3卷），人民出版社1960年版，第86页。
〔2〕 参见沈湘平："理性范式、人的发展阶段与'理性经济人'假设"，载《社会科学》2000年第2期。

说的"历史条件下的个人",本质上都是一种对人性的抽象。最后,马克思唯物史观比特定社会条件下(如市场经济)的人性抽象更宏观,因而在所有制与社会关系、所有制与分配等深层次问题上具有强大的解释力。〔1〕但二者不必然相互冲突,而是所处层次不同。理解微观的产权和私人交换私法制度,个人主义实证方法论仍然是重要的分析工具。〔2〕

总之,部分私法学者以理性人假设不真实或对人性的抽象不全面为由,轻易主张舍之弃之,而除了倾注部分规范性思想资源乃至意识形态观念,却提不出替代性的实证分析框架,〔3〕这甚至算不上严肃的讨论,更不会为私法研究范式更替提供足够的理论支持。

2. 祛魅化的个人主义私法观

如果把对个人主义方法论的评价集中在某些意识形态领域,许多学术批评无疑是相当有力的。部分个人主义学说信奉个人选择绝对优先,否定个人价值与社会选择的差异性,〔4〕不信任政府在提升社会福利方面的作用,并刻意与私法分配正义保持距离。这种意识形态化的个人价值观,理论与实践皆存流弊。所幸的是,中国学者通常较为熟悉马克思唯物史观的分析框架,对于中国传统文化的家国关系和责任伦理也有较深体会。故而,在审视西方个人主义私法观时多少还有一些保留。中国学者强调个人的社会属性,意图祛除个人主义私法观念中的不良意识形态倾向,这是极其自然的学术选择。

然而,借助唯物史观等中国特色理论资源,在对个人主义彻底祛魅的同时,〔5〕如何避免把个人价值这一"小孩"连同脏水一起倒掉,是学人尤需警

---

〔1〕 参见卢现详:《西方新制度经济学》(修订版),中国发展出版社 2003 年版,第 189 页。

〔2〕 关于理性人假设与唯物史观的关系,不妨以物理学中的一个例子作为类比:爱因斯坦相对论否定了牛顿经典力学的绝对时空观,但在经典力学环境下(宏观、低速物体运动),经典力学三大定律仍然适用,至今仍被广泛应用于人类生活的方方面面。

〔3〕 以无所不包的社会属性作为实证假设,看似极大地丰富了人性的细节,但就实证分析方法而言,细节越多、越具体就意味约束条件越严格,一般性的解释力就越弱。

〔4〕 事实上,对于个人效用最大化即意味社会整体福利目标的迷思,早就被一些经济学家通过个人主义方法论所穿透。其中最具代表性的例子是肯尼斯·阿罗提出的社会福利不可能定理。阿罗用数学模型证明了,即使仅满足最低的条件,个人的效用选择也无法传递,不可避免地引起社会福利功能与个人偏好的悖论。

〔5〕 参见胡天娇:"托克维尔与马克思:对个人主义思潮的两种回应",载中国社会科学网:http://ex.cssn.cn/zx/bwyc/202101/t20210119_5245621.shtml,最后访问时间:2021 年 1 月 20 日。

惕的一点。马克思曾指出，集体是个人价值的前提和实现手段，而集体的本质是自由人的联合体，"在那里，每个人的自由发展是一切人的自由发展的条件"。[1]从这个角度理解，斯密所讲的个人利益最大化实现社会利益最大化，其实是有前提的。那就是只有建立符合社会经济基本条件的法律制度，才能在促进社会经济发展的同时，实现每个人的自由发展。这一点，不仅为许多个人主义学说的倡导者所忽略，也容易被其批评者所忽视。

面对个人主义私法观的取舍，我们既要借鉴个人主义实证分析的有益成分，也应当保留个人主义私法观中尊重个人自由和个人价值的一面。因而，私法学基础不论如何变化，其市场面向都是不容轻易否定的。不论政府、企业这只有形之手是促进社会合作还是胡作非为，归根结底，都要通过市场考试这一关。[2]简言之，只要我们愿意承认"市场在资源配置中起决定性作用"，个人权利、意思自治和自己责任便总是市场经济条件下私法的基本价值追求，尽管它们不是私法的全部。

（二）私法基础的社会化拓展及均衡

如果大致认同需要对个人主义私法观进行一定的"舍弃"，那么在保持个人选择对私法之重要意义的同时，我们要思考的下一个问题，即私人社会关系中的社会属性将在私法发展中承担何种角色。对此，部分近现代法学家已经作出过部分回答。

1. 私法基础的社会面向

近现代思想家留给后世的理论宝库中，个人主义不是独一的理论明珠。强调相互合作、政府干预和个人与社会整体关系的私法学说，在私法学术史中绝不少见。社会法学创始人狄骥对法律制度的社会学基础作过系统阐述，他认为人们之间具有不同但却一致的利益关系，因而要求人们在行动上必须相互合作。[3]社会功利主义学说的代表人物耶林在批判个人主义绝对自由观的时候也指出，保护个人自由不是法律的唯一目标，政府不应当对侵犯社会利益的行为袖手旁观（例如以禁毒侵犯个人购买自由），而应当在个人原则和

---

[1]《马克思恩格斯选集》（第1卷），人民出版社1995年版，第294页。

[2] 参见张五常：《制度的选择：经济解释》（第4卷）（2015年增订版），中信出版社2015年版，第220~221页。

[3] 参见［法］狄骥：《宪法论》，钱克新译，商务印书馆1962年版，第64页。

社会原则之间寻求平衡。在他看来，立法是有意识、有组织的具有能动性的倾向，法律的实质性目的就是保护社会生活条件的综合。[1]

这些倡导社会协作或社会功利的法哲学思想，对私法制度的发展具有潜移默化的作用，促使法学家超出契约自治的范畴，而用协作关系来把握契约关系。[2]拉伦茨在评论《德国民法典》的当代特征时指出，现代民法更加注重"社会"因素，诸如强调社会义务和责任、信赖保护和对居民中社会弱者的保护，以及审判实践确立的"滥用权利"学说等。[3]至于在分析私法适用中更多地考虑合同均衡、信赖、公平乃至社会原则的缘由，他认为这与我们身处"现代化的大众社会"的社会关系发展有关。"人们依赖于社会机构和'国家'机器的正常运行，依赖于'管理'其利益的社会组织，依赖于'社会'和群体对个人提出的'角色期待'。"[4]

我国《民法典》的编纂同样体现了私法社会面向及家国共同体观念的吸收与拓展。在《民法典》总则编的基本原则中，自愿原则与公平原则并举，强调诚实信用和公序良俗，均属个人的社会性品格。在具体条文中，第184条所规定的自愿紧急救助免责规定（俗称"好人条款"）彰显了私法促进社会互助的价值导向；第185条之"英烈条款"则反映了国家政治认同和民族尊严等公共利益和社会情感价值。

2. 私法个人性与社会性之互动

从方法论和价值取向来看，个人性与社会性属于私法基础的不同方向，在私法具体制度领域发挥不同的功能。而按照马克思等人的哲学思想，个人和社会不是截然分离的，相互之间有辩证统一的关系。因此，个人性和社会性在私法的发展和适用过程中应当保持某种互动。下面，笔者将简单举两例说明：

---

[1] 参见[美] E. 博登海默：《法理学——法哲学及其方法》，邓正来、姬敬武译，华夏出版社1987年版，第103~104页。

[2] 参见[日] 内田贵："契约法的现代化——展望21世纪的契约与契约法"，胡宝海译，载梁慧星主编：《民商法论丛》（第6卷），法律出版社1996年版，第312~328页。

[3] 参见[德] 卡尔·拉伦茨：《德国民法通论》（上册），王晓晔等译，法律出版社2004年版，第68~69页。

[4] 转引自[德] 卡尔·拉伦茨：《德国民法通论》（上册），王晓晔等译，法律出版社2003年版，第70页。

(1) 见义勇为与理性人假设。部分"好人好事"明显无法用理性人加以解释。例如见义勇为，行为人风险巨大且收益甚微，与追求个人利益最大化毫不相干。即便如此，理性人假设对这类行为规范的立法分析仍具现实解释力。立法者通过经济分析方法研判，在何种条件下可以降低做好事的成本，或如何以法律来弘扬社会美德，会激励更多好人好事的涌现。《民法典》"好人条款"的要旨即为强化对见义勇为救助行为的鼓励和保护。在立法过程中，各方面就是否以"重大过失"对免责范围作出限制展开了辩论，许多意见认为免责限制条款会激励受助人起诉救助人，使救助人心存顾虑，故删除了限制条款。[1] 这一例子印证了：私法的个人性价值追求，非全然与社会属性矛盾，二者相互促进是可能的。

(2) 理性人假设的适度扩容。既然健康、权力、兴趣、声誉等非经济利益都可以被纳入个人效用函数，那么对他人的同情、道德义务和对秩序的渴望等社会因素，能否被部分吸收进理性人假设框架？答案或许是肯定的。人是社会化的动物，以社会合作为生存发展的基本手段，基于社会与个人角色的互动，在理性人假设中添加"干涉偏好"这一抽象简明的内容并非毫无道理。例如，人们希望被公平对待，并且希望他人认为自己在公平做事；或者，人们经常想和做的是别人怎么想和怎么做。[2] 如果能够通过一定的实证检验，私法就有理由采纳某些家长主义的调整方法，或者设置一些要求交易当事人向非交易方乃至社会公众承担义务的条款。

第二节 共享契约私法理念：嬗变、坚守与协同

前文占用大量篇幅介绍私法学有关基础理论的演变脉络，并不代表本书过多承载重述私法学基础的任务，笔者只是希望通过对共享经济认知有潜在关联的外部思想资源加以甄别，帮助我们接纳共享经济可能给私法体系带来的变化，避免因冲击和震荡而偏离其在私法场域中的准确定位。通过前文内

---

[1] 有关好人条款的立法介绍，参见马吾叶："民法总则好人条款背后的故事"，载中国人大网：http://www.npc.gov.cn/npc/c5855/201902/e33f32ecce4f47d5ba93ac48db222720.shtml，最后访问时间：2019 年 12 月 15 日。

[2] 参见克里斯丁·杰罗斯等："行为法律经济学的进路"，载 [美] 凯斯·R. 桑斯坦主编：《行为法律经济学》，涂永前等译，北京大学出版社 2006 年版，第 10~11 页。

容的讨论，我们可以进一步发现，免费共享与有偿共享或许在契约类型上有所差异，但从整体法律关系来看，不同的契约活动通常是平台营利活动的广义组成部分。平台用户主要受到个人兴趣和其他自利动机驱动，其中固然包含互助、利他的非市场因素，但大规模资源利用活动、共享行为的可持续性、平台商业模式与组织变迁，无不体现市场"无形之手"对这些活动的作用力。正因如此，共享契约引发的价值嬗变并非是颠覆性的，而只是私法体系内的局部调适。对共享交易所产生的公共性社会关系，仍然遵循私法优先调整的基本理念，前者将与公法规制形成合理分工。

一、共享契约治理的私法理念嬗变

从私法史上看，民法的近代化过程离不开商法的作用，而商法的滥觞与中世纪商人为突破城邦法和封建法秩序的努力密不可分。商人们不仅发展了市场，也发展了商法，商事自治成了他们打破利益束缚的最有效手段。[1]不仅如此，商法的发展使市场交易更为便捷，促进了社会经济的发展，并在一定程度上重塑了私法精神。正如商法学者所说："商法是发展的强大发动机和通向未来之门。"[2]进入互联网时代，由共享平台发起的共享经济模式在法律关系特征、法律调整对象方面具有较大的新颖性，不同交易形式的契约治理需求又有主体多元化、关系相互交织的特征，传统且单一的私法规则及其背后的价值理念未必能够匹配共享契约的治理适应性。共享契约治理的私法价值嬗变在很大程度上影响着私法精神的变迁。

（一）共享契约拓展了传统私主体的价值内涵

传统私法主体仅有法人和自然人二元支撑，随着民法吸收社会法因素，以及民事、商事特别法的发展，各国皆逐步采用"经营者"和"消费者"，"雇主"和"雇员"等特殊私法主体。及至我国《民法典》新增"非法人组织"、《电子商务法》细化电子商务经营者、平台经营者、平台内经营者等互联网私法主体，这足见私法主体可依经济社会发展和价值观变迁等现实而扩

---

[1] 参见周友苏、钟凯："'商事通则'：纠缠在历史与现实中的误会——兼议私法的统一及其现代化"，载王保树主编：《中国商法年刊（2007）：和谐社会构建中的商法建设》，北京大学出版社2008年版，第136页。

[2] [德] 卡纳里斯：《德国商法》，杨继译，法律出版社2006年版，第2页。

张。私法主体范围扩张并非随意,重要制约因素至少有"正当性证明"和"可行性证明",前者依据来自促使法律变革的社会现实和思想观念,后者旨在确保不造成体系的紊乱。[1]前述主体变迁,主要的法理脉络无非两条:一为近代以降,围绕商人群体展开的商事法律关系构建;二为私法自治的个人主体性与国家、社会的关系重构。共享契约是平台经营者与各色各样的用户联手创造的杰作,引起私法价值某些重大而深远的变化,但契约治理和运行并未脱离私法的整体框架。

1. 从商人法到"众人法"的价值意蕴转变

商法是私法在近代逐步发展成熟的重要法律分支。近代商人作为一种特殊的职业性群体,不断推动着商法演变、发展,使商法带有鲜明的主体法特征。传统商法对商人的界定虽有主观主义和客观主义之分,但最终以商人作为商法适用的中心。[2]商人,现代又称为企业或经营者,主观上以营利为目的,客观上实施营业行为。正是围绕这一核心要素,商法在经营自由与自由限制、保护营利与加重责任之间不断作出取舍。[3]可以说,传统商事法总离不开商人或经营者这类基础性主体概念,其法律价值功能在于法律关系的区分,即把具有较严密规则和细致技术的交易活动与一般民事活动区隔开来。[4]

共享经济商业模式的创新不只是交易标的由过去的"买卖"到如今的"使用",更重要的是交易组织机制的创新实现了商人与个人之间的生产和消费关系的重新构建。在共享机制作用下,生产和服务活动无需由商人完全组织承担,而是根据契约形式的不同,或多或少地交给众多个体自发联结汇聚,源源不断地提供各种生产要素或消费协同。随着企业边界的收缩,共享经济使一部分经济活动由"劳动者—企业—消费者"的传统模式转向"劳动者—

---

[1] 参见崔拴林:"私法主体范围扩张背景下的动物主体论批判",载《当代法学》2012年第4期。

[2] 主观主义是指通过形式上的商行为确定商事主体这一核心概念作为商事法的基础,如《德国商法典》第1条。客观主义是指以商行为的客观性质反过来界定商人主体,如《法国商法典》第1条。

[3] 参见王建文:"论商法理念的内涵及其适用价值",载《南京大学学报(哲学·人文科学·社会科学)》2009年第1期。

[4] 参见华德波:"对商人与商事主体关系等同论的反思与重塑",载《河北法学》2011年第2期。

共享平台—消费者"的共享模式。[1]这预示着经济社会关系的某种重建,使得商人法的价值内涵出现了一定的功能转变。

（1）商人法的价值区隔功能被弱化。处于双层市场中的用户市场界面,共享经济似乎制造了"谁是企业"的"斯芬克斯之谜"。首先,并不是所有共享行为都是营利性的,不以营利为目的的活动在平台与用户、用户与用户之间大量存在。其次,有时候共享平台不是终端消费者商品服务的直接提供者,平台能否对用户承担原来的经营者责任存在疑问。最后,产品和服务的直接提供者多为分散个体,这些个体大多不符合商人的定义,甚至也不符合"小商人"的定义。由于商人、经营者的主体身份难以锁定,劳动者责任、消费者保护责任也就失去了"锚点"。

（2）"产消合一"意味着社会价值色彩的强化。与商事法以利润和赚钱为资源投入的主要目标不同,生产者和消费者有机会不再截然分离,在"你中有我、我中有你"的共享机制推动下合二为一,共同协作和共创财富的个体经济借着共享契约回归,在一定范围内实现了马克思所说的"自由人联合"。而且,许多共享活动并非基于金钱目标,而更多地追求成就感、个人兴趣、身份归属等精神需求,在价值内涵层面由商业和营利部分转向社会属性。

2. 大众分工与组织价值嬗变

传统组织在拓展个人自治与自由方面具有不可忽视的重要作用,往往是保障个人成为"组织人"的基本价值所在。法人等组织对个人主体自治保障的功能具体表现为:一是个人选择身份的自由和满足个体的精神需求,为个人实现自由提供组织保障和能力;二是法人组织创造和积累的"社会资本"、社会动员能力,使社会合作得以向纵深扩展,进而重构国家、社会与个人的关系。[2]

传统组织为实现以上价值功能,通常以个人自愿选择某个固定身份为前提。在这一结构下,组织对个人具有某种管理性和支配性,向成员灌输那些既定的、为其成员所具体遵从的价值观念。[3]共享平台与用户共同打破了这

---

[1] 参见彭文生、张文朗、孙稳存:"共享经济是新的增长点",载《银行家》2015年第10期。

[2] 参见谢鸿飞:"论民法典法人性质的定位——法律历史社会学与法教义学分析",载《中外法学》2015年第6期。

[3] 参见[法]米歇尔·克罗齐耶、埃哈尔·费埃德伯格:《行动者与系统——集体行动的政治学》,张月等译,上海人民出版社2007年版,第120页。

种社会结构,一种清晰可见的关系通常是不受管理的、自发的劳动分工。在传统企业里,如果公司员工不接受管理指令并稳定到岗,这个公司从一开始就注定会失败了。但"维基们"[1]避免了机构困境,因为内容贡献者不是雇员,创造这些个体行为的关键在于给予普通用户尽可能多的自由。[2]自发的分工便捷地营造无数大小不一的互联网集体行动空间,赋予用户更为强大的自我动员能力,由此深化和拓展了社会合作的价值观。

(二) 第三方治理下的契约理念形变

从整体来看,共享经济并未改变市场运行的主貌,市场经济的基本规律在共享经济背景下依然成立。但从契约治理视角来看,共享交易无疑改变了私法自治的表现形式。它并非完全依赖企业这只"有形之手"的作用,同时改变了市场"无形之手"发挥作用的传统条件,使之呈现出某种混合性交易的特征。[3]包括共享平台在内的许多网络交易平台,其所对应的治理方式都远不只有企业与市场两种机制,同时还是一种涵盖第三方治理和用户社群自我组织的综合体,带有准公共治理的特征。

1. 平台治理与社群自治

在契约治理形式上,共享平台主导的内部治理属于第三方治理范畴,即通过一定的技术性手段来保障契约的执行、重复交易和争议解决,主要手段包括平台基本规则、信用评价体系及在线争议解决机制等。[4]平台规则不属于国家强制规则,尽管不完全等同于政府治理及其提供的公共服务,但平台内部治理类似于互联网电子化世界中的公共机构,具有部分取代政府公共性职能的功用。

体现平台承担准公共职能的一个典型例子为商事登记。正如有学者指出的,商事登记的这一制度功能是基于其公共品属性、国家提供公共品的垄断

---

[1] 意指知识分享的代表平台"维基百科"(本书作者注)。
[2] 参见[美]克莱·舍基:《人人时代:无组织的组织力量》,胡泳、沈满琳译,浙江人民出版社2015年版,第95~98页。
[3] 参见熊丙万:"专车拼车管制新探",载《清华法学》2016年第2期。
[4] 参见孟凡新:"共享经济模式下的网络交易市场治理:淘宝平台例证",载《改革》2015年第12期。

性以及商事登记的网络效应等因素。[1]赋予商事登记公信力,是政府为商事交易节约交易成本、提高交易安全的一种常用手段。一般而言,商事登记有两方面的私法效果:一是设权和公示,通过登记这种公示方式,使法律行为产生权利创设或变动的后果;二是法律事实的推定,通过登记赋予该事实正确性推定。[2]商事登记的反面法律后果是权利外观责任,即任何未经商事登记的法律事项均不得以此真实状态来对抗第三人,除非此种事实为第三人所知悉。因此,这也被称为"沉默"的信赖。[3]

商事登记的制度价值在一定程度上被共享交易契约所削弱。基于零边际成本和网络效应的特征,共享经济比商事登记更加符合"公共品"的界定。平台所发布的各种交易信息及主体认证,虽然没有经过任何官方"登记",但通过向参与者提供用户注册、信息公示、用户信用评价、投诉处理等一系列行为规则的公示,使陌生人之间的交易基本可以有条不紊地进行。

平台治理与行业协会、商会等传统第三方治理也有所区别。在由中世纪发展而来的商事仲裁机制中,居间裁判者可以在不诉诸法律强制性的条件下保证合同的执行。[4]这种传统行业治理与共享平台治理有共通点,即二者均构建了一个相对稳定的第三方治理机制,各自成员均可以成立某些地域性、行业性、话题性或事务性的行动与意见联盟。但前者以某种身份认同和一定人数规模限制为前提,自治过程更强调成员的管理依从性。在平台第三方治理机制中,平台在很多场合下本身就是共享交易的参与者和执行者,不只是单纯的居间裁判者,平台规则更接近奥斯特罗姆意义上的社群治理规范;用户社群自治大于社区规范的适用范围,借助互联网的开放性、多中心和技术特征,共享社群行动具有身份的模糊性及转换的便捷性,其身上并没有太多传统社员自治的痕迹。

2. 平台治理的价值理念形变

平台治理的前述特征直接影响了共享契约治理规则供给,引起了政府、

---

[1] 参见赵旭东:"商事登记的制度价值与法律功能",载《中国工商管理研究》2013年第6期。

[2] 参见[德]C.W.卡纳里斯:《德国商法》,杨继译,法律出版社2006年版,第74~75页。

[3] 参见[德]C.W.卡纳里斯:《德国商法》,杨继译,法律出版社2006年版,第80~81页。

[4] See Milgram, P. D. North and B. Weingast, "The Role of Institutions in the Revival of Trade: The Law Merchant, Private Judge, and the Champagne Fairs", *Economics and Politics*, 1990, (2): pp. 1~23.

社会公众、平台与用户个体之间关系的价值调整。传统私法自治中，个体价值的要义是"自己是自己的立法者、自己是自己的执法者"；社会价值表现为，私法自治导致的社会自治权利的伸张与扩展，集中展现了国家权力回归为社会权利的过程。[1]

平台规则具有准公共治理特征，用户较为依赖第三方权威机构提供的治理规则，对于平台规则制定而言，用户自身并没有太多的自治管理权，尽管用户不完全是这一规则的被动接收方，用户的行为也影响着其他用户甚至平台规则的制定。因此，在平台与国家、社会、个人的关系处理方面，平台治理应有新的理念转型。

（1）共享契约的准公共属性。共享契约的成立主要依赖于共享平台，契约治理规则是用户之间建立信任关系的基石。信任一旦强化到一定程度，就可以发挥替代或补充国家法律的作用。[2]因而，共享契约尽管是一种私人主体之间的内部治理规则，但却在一定程度上成了一种"私域的公地"。这决定了共享契约不仅仅是一种"自治的秩序"，还在产权、主体、行为和责任等多个维度具有公共价值属性。[3]

（2）家长主义的规制需求。基于共享契约的准公共性特征，共享经济具有某种"弱的负外部性"，[4]其创新收益和创新风险均具有一定的外溢效应，法律的目标之一即在于处理这些外部成本和外部收益。家长主义规制的心理需求实际上是我们从祖先那里继承而来的。面对未知和不确定性，人类与生俱来的风险厌恶倾向会把创新和冒险活动统统拒之门外。[5]干预式的风险管控固然会扼杀创新带来的一些好处，但公众社会心理因素中必要的风险防范

---

[1] 参见李海青："私法自治的哲学阐释"，载《上海行政学院学报》2007年第5期。

[2] 参见徐化耿："论私法中的信任机制——基于信义义务与诚实信用的例证分析"，载《法学家》2017年第4期。

[3] 参见蒋大兴："论私法的公共性维度——'公共性私法行为'的四维体系"，载《政法论坛》2016年第6期。

[4] 共享经济的负外部性弱乃是指其通常以利用过剩的产能为导向，在给使用者带来收益的同时，相较于传统经济模式，给外部施加的成本负担要低许多。参见张力："共享经济：特征、规制困境与出路"，载《财经法学》2016年第5期。

[5] 小说家亦曾生动描述过人类对宇宙等未知事物的本能恐惧："处于幼年的人类文明曾经打开家门向外看了一眼，外面无边的暗夜吓住了他，他面对黑暗中的广袤和深邃打了个寒战，紧紧地关上了门。"刘慈欣：《三体3：死神永生》，重庆出版社2010年版，第338页。

意识将成为"共享经济健康发展"的合法性构筑。

(三) 互联网平台力量的扩张与异化

相比于共享平台带来的外部性问题,互联网平台的资本和技术力量扩张更容易引起警惕和关注。对资本力量扩张的限制属于反垄断的传统议题,互联网平台恰恰具有天然的加速扩张和天然垄断的倾向,超级聚合平台的出现不但加剧了人们对于"赢者通吃"的担忧,更引发关于平台"超级权力"利用私权侵蚀公权边界,从而导致国家治理秩序失衡的批评。[1]其中的议题之一便是如何判定互联网平台滥用市场支配地位以及作出相关市场界定,涉及对市场和竞争关系的重新理解。除互联网反垄断,防止平台技术力量对个人自由和国家利益的戕害也逐渐被纳入部门法及其法伦理的考量范畴。

1. 新型竞争与反垄断的价值考量

按照新古典经济学的界定,所谓垄断,就是经营者对市场价格有某种程度的定价主导权,但垄断未必是坏事,垄断性竞争可以提高经济效益,这一点在共享经济中体现得较为明显。首先,在双层市场结构下,共享平台的垄断地位对终端市场竞争有促进作用,帮助平台内经营者更好地实现充分竞争;其次,共享平台的跨业竞争,使得不同业态具有共生、竞争和互补关系,平台是否采取不当竞争行为,面临其他相关竞争者的明显制约;再次,共享平台存在双边市场的网络效益,这可能导致"边际成本定价"法则的失效,难以进行相关市场检验;最后,"赢者通吃"的前提是缺乏潜在竞争压力,平台网络效应往往是创新的结果,同样因为网络效应,针对同样的用户群体,其他竞争者也在创造自己的网络效应。[2]

"垄断促进竞争"的新型竞争形式,既会给互联网产业相关市场界定制造难题,同时也会引起人们对"大的就是坏的"这一反垄断信条的反思。所谓通过价格战来压缩竞争对手的生存空间以排除竞争,其效果存疑。另一方面,市场份额的"无罪推定"并不意味着资本的无序扩张无任何反竞争之虞。当平台有了无限的规则制定权,且用户对平台存在某种高度依赖时,针对用户

---

[1] 参见方兴东、严峰:"网络平台'超级权力'的形成与治理",载《人民论坛·学术前沿》2019年第14期。

[2] 参见钟凯、戴林莉:"共享经济相关市场界定:挑战与回应——兼议互联网反垄断立法革新",载岳彩申、盛学军主编:《经济法论坛》(第22卷),法律出版社2019年版。

"二选一"的滥权行为就有可能成立。因此,对平台垄断是否存在反竞争效果便有了新的价值观察坐标,即不应当局限在市场份额、用户数量等客观结构性因素的判断上,更重要的是对用户选择自由度的个体价值进行考察。

2. 平台技术异化的伦理调适

互联网平台的经济力量扩张不是唯一需要进行价值决断的地方,平台所倚重的技术创新同样会直接带来价值调适困境乃至巨大的伦理挑战。从共享契约的交易客体来看,其中重要的内容之一即为数据产权,或者说对个人信息进行搜集、分析及利用的权利。许多互联网平台的治理规则是大量依据数据和算法制定和运行的,对私法自治和相关立法而言,平台数字技术的潜在伦理挑战可能是前所未有的。

大数据利用和算法给网络消费者带来的威胁并不限于民法学者已关注到的"个人信息的利用行为"如何规范的问题[1],还涉及在算法和区块链技术的加持下的用户被遗忘权的永久让渡、算法歧视及其决策"技术黑箱"等一系列问题。[2] 不同问题的叠加可能会逐步瓦解私法自治乃至宪法上的人性基础,背离人之所以为人的基本价值尊严。[3] 为防止将来可能发生的技术异化,应当提出算法伦理调适的基本要求:提前考虑制定数字产权领域的伦理原则,以避免平台用户受困于数字世界的"丛林法则"。

二、共享契约私法调整的基本理念

回顾前文的分析,围绕共享经济既有概念之争(如什么是共享经济),也有观念之辨(如共享经济是有较大价值的"破坏性创新",还是风险过大的"创新性破坏")。说到底,这些争论不只是事实性的验证,同时也是价值性判断。那些影响和决定法律规范生产和演变的价值,即"法律应如何"的价

---

〔1〕 参见王利明:"编纂一部网络时代的民法典",载《暨南学报(哲学社会科学版)》2016年第7期。

〔2〕 参见匡文波:"智能算法推荐技术的逻辑理路、伦理问题及规制方略",载《深圳大学学报(人文社会科学版)》2021年第1期。

〔3〕 参见洪丹娜:"算法歧视的宪法价值调适:基于人的尊严",载《政治与法律》2020年第8期。

值问题，被统称为"法理念"，如公平与正义、自由与平等、利益与幸福。[1]共享经济及其契约形式是市场经济在互联网背景下深化发展的产物，具有鲜明的私法品质与契约治理创新性。共享平台这种集合公众参与、分散协同的契约治理方式从根本上推动了传统法律调整模式的转变，这意味着共享契约交易主体多元化和客体新型化、碎片化，其治理结构可能会打破原有平权型关系和公共型关系的界限，从而催生新型法律调适组合关系，带来新的治理适应性问题。故而，共享契约法律调整既需坚守私法先行的基本理念，同时亦要求一定形式的理念创新与价值协同，以回应契约治理适应性的需求。

（一）坚守私法先行的价值理念

共享经济法律调整的最核心内容即如何处理其外部性的问题。[2]在法学视野里，与外部性相近的概念是权利冲突。外部性问题涉及纠正市场失灵等实证分析，而权利冲突事关权利界定及其价值取舍。从表现形式和发生原因来看，二者接近于等价。存在权利冲突，必有外部性问题。外部性问题之发生，多是由权利边界不清所致。共享经济外部性问题不外乎三种：第一类是竞争行为，涉及与共享平台存在竞争关系的相关行业；第二类是非竞争行为，如共享住宿为小区业主带来的不利益；第三类涉及公共安全，如网络安全和刑事风险。

建基于科斯的论证，通过产权界定引导各方协商解除冲突，为解决契约外部性问题的重要私法方案。[3]但另一方面，共享契约的私法性和公共品性如同"车之两轮、鸟之两翼"，缺失任何一环及二者的动态联结，共享契约治理之体系"拼图"均无法完成。在此过程中，单纯的私法方法是否具有优先排序在解释论上有可议之处。[4]笔者的意见是，最早支持共享经济发展的不

---

[1] 参见史尚宽："法律之理念与经验主义法学之综合"，载刁荣华主编：《中西法律思想论集》，汉林出版社1984年版，第259~272页。

[2] 外部性又称溢出效应，经济学上是指强加于他人的成本或效益。参见[美]保罗·萨缪尔森、威廉·诺德豪斯：《经济学》（第17版），萧琛等译，萧琛审校，人民邮电出版社2004年版，第29页。

[3] 这种方法强调，在考虑到交易成本的前提下，权利界定对外部性问题解决可以起到重要作用。有关论证参见[美]R.H.科斯："社会成本问题"，载陈昕主编：《财产权利与制度变迁——产权学派与新制度学派译文集》，上海三联书店、上海人民出版社1994年版。

[4] 有学者主张法律适用上私法应优先适用。参见周林彬、官欣荣：《我国商法总则理论与实践的再思考》，法律出版社2015年版，第110~111页。

是行政监管,而是平台企业这一私主体所创制的平台治理规则,故私法先行本身就反映了共享经济的成长规律性。在立法论范畴讨论如何处理共享经济外部性,私法先行的理念整体上能够成立。

1. 私法先行是处理竞争性冲突的首要原则

对竞争性冲突的立法处理背后反映了政府与市场关系的法律模型选择。竞争性冲突所引发的损害在本质上为竞争衍生物,如新产业淘汰旧产业。如果对于竞争行为的附带后果直接施加限制,必然会增加市场竞争的交易成本。这是因为,一项权利保护不包括免于竞争的权利,"咖啡店运营许可证的颁发不意味着授予被许可人阻止他人开茶馆的权利"。[1] 从这一角度讲,优先考虑监管等于间接否定竞争。

而且,冲突的后果具有相互性,限制一方的结果往往是损害另一方。共享专车固然会影响巡游出租司机的经营收入,但若限制前者,则会损及部分人的择业自由及广大消费者福利。因此,寻求共赢或至少是多赢的方案比简单限制一方更有意义。在事关市场竞争的立法中,行政力量当按"限定政府、余外市场"的立法调整模式尽量限缩,除非出现系统性风险或公众大规模损失等情形。[2]

2. 私法方法处理非竞争性冲突具有灵活优势

安全保障、个人信息保护、共享经营扰民等非竞争性冲突,理所当然应成为共享经济法律规制的重大议题。这类冲突具有广泛性和随机性,行政主动干预往往会迫使平台承担较高的违法审查成本,进而影响中小平台竞争场景的多样性。诚然,共享平台与用户、平台及用户与第三方之间的非竞争性冲突较难通过自治的方式解决,但私法责任规则仍可以着眼于降低协商成本,引导当事方通过私法的方法解决。

与公共规制立法语言不同,私法更多地以内部规则"搭建义务"来要求平台规范用户行为,如建立线上投诉、调处和救济等自治规则解决冲突。至于管理义务水平及内部规则的边界认定,则留下了司法的裁量空间,这恰恰是

---

[1] Illinois Transportation Trade Association, et al. VS City of Chicago and Dan Burgess, et al. Nos. 16-2009, -2007, &-2980.

[2] 参见陈甦:"商法机制中政府与市场的功能定位",载《中国法学》2014年第5期。

私法规制的主要优势。[1]督促平台履行私法义务的公法规定，亦建立在平台规则制定、内部管理和纠纷裁决等准公共权力规制的基础上。[2]申言之，私法规则的首要目标是促成市场主体达成一致的"游戏规则"，[3]为此引入的公法义务只是第二位的。

3. 公共性规制的谦抑性支撑私法先行

大多数理论研究并没有否认"私法失灵"现象的存在。产权经济分析表明，如果公共领域的权利界定成本过高，即使权利被明确界定了，也无法保持排他性。[4]公法规制介入共享经济有其必要性，共享平台拥有更好的通信工具和更灵活的社会结构，这一点无论是对恐怖组织、犯罪集团和一般用户都是一样的。[5]但从治理实践和规制理论共识来看，行政监管并非总是立于一线，各地方政府倾向于对共享经济采取"回应型规制"，以"战略性模糊"对待暂时无法看清发展前景的行业，避免行政权力不适当地扩张。[6]

促使监管立场将"枪口"上抬的，除监管者本身的主观价值判断，客观上亦有来自市场"无形之手"的推力。如此，公共性规制应尽可能采用包容审慎或政企合作之方式介入，其秉持的谦抑性姿态一方面促使监管结构实现优化，同时也在一定程度上印证了私法先行的基本理念。[7]这是因为，如果平台与市场规则遭到不当干预之扼杀，共享经济的经济社会效益将无从谈起。从公共选择的角度来看，各级政府的经济社会发展需求与其监管目标存在高度的一致性。

---

〔1〕参见［英］安东尼·奥格斯：《规制：法律形式与经济学理论》，骆梅英译，苏苗罕校，中国人民大学出版社2008年版，第264页。

〔2〕参见解志勇、修青华："互联网治理视域中的平台责任研究"，载《国家行政学院学报》2017年第5期。

〔3〕参见苏永钦：《走人新世纪的私法自治》，中国政法大学出版社2002年版，第17页。

〔4〕参见［美］Y.巴泽尔：《产权的经济分析》，费方域、段毅才译，上海三联书店、上海人民出版社1997年版，第2页以下。

〔5〕参见［美］克莱·舍基：《人人时代：无组织的组织力量》，胡泳、沈满琳译，浙江人民出版社2015年版，第169页。

〔6〕参见张力："共享经济：特征、规制困境与出路"，载《财经法学》2016年第5期。

〔7〕应当指出的是，私法先行不等于价值排序上以私法为先，也不等于放松规制，毋宁讲只是公法和私法调整策略的重新组合，价值上体现二者之协同。关于法域冲突与协同问题，后文将继续讨论。

（二）分类一体的私法调整理念

不论是公法还是私法，对共享契约采取分类调整或规制皆为不言自明的道理。但分类规制往往只是一种笼统的提法，未必对应部门法调整的价值表达。共享契约是一种网络化、多层次的法律关系，不同交易环节与整体契约之间、同一层次的交易对手之间、不同层次交易结构与整体契约中的交易主体之间都存在着相互联系且相互区别的辩证关系。只有在私法价值上纳入共享契约特质，将类型思维一体贯穿于共享契约网络关系的不同水平的子系统，才能摆脱线性或平面化调整策略的局限。在此过程中，私法调整既要关注不同平台的特有问题，又要从整体上审视平台与用户、各用户之间及其与第三方的关系，分别赋予其不同的法律意义。

1. 交易结构分类调整

狭义共享契约的双层交易结构给法律体系带来的冲击尤为巨大。这类交易在主体层面制造了"谁是企业"的界分难题，在交易行为上也出现了营利行为与非营利行为的结构性分离，给以商人为中心的传统规制体系带来了重新校正的挑战。相比之下，广义共享契约的交易结构与传统规制体系更具兼容性。以共享单车为例，法律对经营车辆的安全性能要求与民法瑕疵担保义务内容无实质差别。实务较为关注的共享单车押金问题并没有脱离"作为经营管理他人财产的代理人"的商事严格责任范畴。[1] 只不过，某些问题可能存在创新调整的需求，如前文提及的押金的金融属性。这类问题可在传统法律框架内对其特殊性再施以补充性调适。

2. 平台分类调整

按传统分类方法，共享平台被简单分为经营性平台与非经营性平台。如果平台采取结构性策略，即一方面提供营利性服务内容，同时兼采免费共享模式，便可能形成私法调整之盲点。不论按平台经营者还是按非商个人规制，都难以完全适应此种平台的商业模式。对平台服务内容的分类规制亦如此，提供不同服务的平台的经营者义务及强度当然存在差别。譬如，基于媒介交易特征，把P2P平台对用户的审核义务的水平提升至实质监控的强度缺乏合理性，平台当仅受"注意义务体系"（notice-based system）调整或承担有限

---

[1] 参见施天涛："商事关系的重新发现与当今商法的使命"，载《清华法学》2017年第6期。

的告知义务。[1]

3. 主体、行为分类调整

共享契约的各种行为具有不同的特殊属性。平台组织行为与用户之间的交易行为不可同日而语，社群互助型平台的行动聚合与用户间互助亦有所区别。有鲜明个人化交易和小额交易特征的用户行为不可被纳入持续性的"作为营业"的商行为规制。[2]社群互助型平台因具备强大的行动聚合能力而与经营性平台受到同等程度的网络安全公共性规制。[3]用户不以营利为目的的互助契约较少受到公法关注，多由私法对双方风险分担和民事责任作出一定考虑，如非营运车辆的投保义务人及其责任险种问题。[4]

此外，平台内用户的行为性质差别也会直接影响用户承担的法律义务。全职网约车司机自带"营运"的属性，事关乘客人身安全，比照巡游出租车的监管标准，科以职业准入、车辆状况限制等行政相对人义务是恰当的。但对于兼职司机和普通人之间的拼车行为，应视情况给予一定的监管豁免，通常以遵守治安安全防范为限。

(三) 共享契约治理的法域价值协同

几乎无人否认共享契约具有公共属性，需要公法的介入和规制。针对共享单车乱停放问题，从地方治理经验来看，其应更多地依靠投放量规划、异地转运等行政手段而非私法来解决。毋庸讳言，在"有效市场"和"有为政府"的结构性理念转型下，对"私法公法化"以及共享经济准公共属性的片面理解皆有可能给私法学带来一种公共规制"万能"的幻觉，使之轻易滑向政府过度干预，甚至呈现"诸法不分"的色彩。于是，准确理解不同部门法调整的价值定位及其相互关系，对共享契约的私法调整是至关重要的。

1. 法域价值"趋同论"批判

提及商法学科独立性及其当代学说演进，一种令人担心的可能倾向来自

---

[1] See Vanessa Katz, "Regulating the Sharing Economy", Volume 30 Berkeley Tech. L. J., 2015, p.1110.

[2] 参见蒋大兴:"商人，抑或企业？——制定《商法通则》的前提性疑问"，载《清华法学》2008年第4期。

[3] 我国《网络安全法》对网络服务提供者提出了一般性的运行安全、信息安全等公共规制义务。

[4] 有观点主张，频次、里程、路线均满足基本出行需求而开展顺风车的私家车，车辆事故保险应由平台投保，但无须购买运营类险种。参见刘慧萍、高椿娜、王依璇:"顺风车保险理赔的争议及破解对策"，载《人民法治》2019年第23期。

所谓的"私法公法化"这一含糊不清的表述。出于证成商法学科独立性之需要,商法学者常把商法区别于民法的正当性寄托于公法力量之渗透。这种学术观点的实质是误将私法价值和公法价值、私法规范与公法规范的协同关系视作趋同关系。其实,不同价值观念在同一部法典中协同表达,或私法规范借由公共力量展开,古已有之,绝非"私法公法化"的例证。[1]

论及共享经济这一例子,说共享契约兼具私人属性和公共属性固然正确,然将共享契约的公共特征内置于私法行为,则有价值错置之嫌。在这里,与其说"商法兼具管制面和交易面"[2],不如说包括共享契约在内的诸多私人契约越来越涉及公共目标,需以公法及私法的观念交错调整该种具有公共性的法律行为。[3]在规范法学视角下,私法性立法包含的大量公法性规定,多是基于现实主义的法律编纂方法论,[4]为协同适用便利而把两类规范集约立法于同一法律文件中,如《电子商务法》即属此"综合立法"情形。

倘若"趋同论"之模糊场域得以扩张于相关立法中的行政监管及政府职权规定,则实难回答以下问题:这样的"商事规范"与强调政府调控的经济法,以及以控权为目的的行政法有何实质不同?基于类似逻辑,若所有与《民法典》实施有关的公法性规定[5]亦一并被称为"民法公法化",则《民法典》之重大功能——"国家机关履行职责、行使职权清楚自身行为和活动的范围和界限"[6]——必然会受到弱化。

私法与公法"趋同论"的理论魔方被大量启用,这或许有助于拉开商法与民法的距离,但在私法的价值中注入一种不平等的价值,只会导致私法价

---

[1] 参见周友苏、钟凯:"'商事通则':纠缠在历史与现实中的误会——兼议私法的统一及其现代化",载王保树主编:《中国商法年刊(2007):和谐社会构建中的商法建设》,北京大学出版社2008年版,第139~140页。

[2] 王文宇:"从商法特色论民法典编纂——兼论台湾地区民商合一法制",载《清华法学》2015年第6期。

[3] 参见蒋大兴:"论私法的公共性维度——'公共性私法行为'的四维体系",载《政法论坛》2016年第6期。

[4] 参见王保树:"商事通则:超越民商合一与民商分立",载《法学研究》2005年第1期。

[5] 例如,根据《民法典》第1254条第3款规定,发生本条第1款规定的情形的(高空抛物致害),公安等机关应当依法及时调查,查清责任人。此处所谓"依法"即依公法性规范。

[6] 习近平:"充分认识颁布实施民法典重大意义 依法更好保障人民合法权益",载《求是》2020年第12期。

值更加紊乱。[1]私法本体价值受到公法的渗透和压制，势必会给私法地位带来不可承受的后果。如是，私法学将失去未来。

2. 共享契约法域价值协同

法域协同而非趋同，这一价值判断对如何回应私法活动中的公共性议题尤其重要。这其中既可能存在"趋同论"的价值误判，也可能存在"分离论"的观念僵化。以民法和刑法的冲突为例，有民法学者在谈及《最高人民法院关于审理民刑交叉案件若干问题的规定》历时十多年仍未能出台的原因时指出，草稿获得了民法学者的支持，却遭到了刑法学者的批评。[2]这反映出私法和公法的价值协同是当前理论和实践亟待解决却又未能得到很好解决的一大难题。

在法学方法论中，不同部门法有不同的法益目标，[3]而这些法益实质上是立法者根据正义的理念所作的一连串推论的终点。[4]法域价值协同意味着不同法益虽目标各异，但其更高层次的目标（如社会主义核心价值观）应当保持一致性和兼容性，而不只是着眼于法域冲突。那么，在面对同一类调整对象时，如何在不改变各部门法秉持的价值观念前提下消除法域冲突呢？解决这一问题显然不能基于本部门法的价值扩张来实现，而需依赖不同部门法的价值协同。具体要求是，从法秩序统一的视角分析私法和公法的规范目的，协调私法自治和公法管制、目的和手段的关系。[5]当私法和公法之规范目的无法在具体事项中保持一致时，需另诉诸整体价值秩序衡量，以判明一种法益较他种法益是否有明显的价值优越性。[6]

合作监管理念的兴起正是回应了跨法域价值协同的实践性需求，尽管这只反映出了公共规制的立场变化。[7]如果加入私法价值考量，这一互动过程便得以展现得更加完整。以合作和信任为观察基点，私法与公法一样，本质

---

[1] 参见沈敏荣："论公私法之嬗变"，载《东疆学刊》2000年第2期。

[2] 有关观点引自畅冰蕾、雷槟硕："传承与超越：新时代的私法法理凝练"，载《法制与社会发展》2019年第2期。

[3] 参见王保树："论经济法的法益目标"，载《清华大学学报（哲学社会科学版）》2001年第5期。

[4] 参见［德］卡尔·拉伦茨：《法学方法论》，陈爱娥译，商务印书馆2003年版，第1页。

[5] 参见于改之："法域冲突的排除：立场、规则与适用"，载《中国法学》2018年第4期。

[6] 参见［德］卡尔·拉伦茨：《法学方法论》，陈爱娥译，商务印书馆2003年版，第285页。

[7] 参见朱宝丽："合作监管的兴起与法律挑战"，载《政法论丛》2015年第4期。

上都是"人类合作行为"家族中的一员。[1]在公法和私法的协同过程中,私法自治不必退让,与"放松规制"或"自由主义"的诉求亦不可混淆,两种目标互动之下,公共规制得到了强化,反过来也支持了私人规范的生成。[2]

对待平台自治管理权的态度在一定程度上是协同理念在共享经济规制中的运用。正如本书第三章第二节和第四章第三节所分析指出的,承认平台的自治管理权,以及要求网络平台发现违法行为和信息,即负有报告、记录和屏蔽的公法义务,既体现出私法对意思自治、诚实信用等价值的尊重,同时也是公法针对私主体设定公共"看门人"职责的协同性选择。在某种意义上,公法和私法的价值协同就是综合性立法的理论依据。

总而言之,围绕共享契约的公共和私人治理,公法与私法的角色不应相互入侵和替代。二者皆可借彼此机制相互协同实施,但各自的本体价值越是坚如磐石,法律体系的内在平衡就越呈良性。若非如此,在"私法公法化"迷雾笼罩下,私法价值可能危如累卵,各项私法规则构建大有利维坦具象化之势,此绝非法治中国之福。

第三节 《民法典》与共享契约治理的价值阐释

作为私法行为的最新形式,共享契约私法调整之基本价值,既可借由法规范之外部世界导入所谓法理念,亦可由法规范内部的法律原则和法律规定储存与表达。当前,《民法典》和《电子商务法》业已颁布实施,从法律适用的关系来看,《电子商务法》中的私法性条款相对于《民法典》为特别法,《电子商务法》相对于共享契约有关法律规则(不论有无集中立法)又为一般法。如何在这些实定法基础上对共享契约私法调整作具体价值阐释,通常属解释论范畴,涉及一般私法与特别私法的目的性和体系性解释。

《民法典》第1条开宗明义,分别从个体、社会、国家及政治意识形态等

---

[1] 参见刘水林、刘永宁:"经济法与行政法关系之精神透视",载《法律科学(西北政法大学学报)》2001年第5期。

[2] 参见[美]奥利·洛贝尔:"作为规制治理的新治理",宋华琳、徐小琪译,载冯中越主编:《社会性规制评论》(第2辑),中国财政经济出版社2014年版,第127~145页。

不同视角规定了该法典之立法目的。[1]这反映了《民法典》在私法基础取舍方面作出的政治抉择。本条规定还为私法的目的解释提供了基准，而私法目的与私法价值往往具有牵连性或合二为一的趋势，立法目的与基本原则被同时援引成为正常现象。[2]《民法典》"总则"的目的条款、基本原则以及《电子商务法》中的部分规定对共享契约治理而言有着重要的价值宣誓和表达意义。共享契约治理中的诸多方面（如算法歧视、大数据"画像"、平台自我管理、消费误导、恶意投诉、刷流量、用户"薅羊毛"等等），可能涉及私法原则的具体价值阐释，包括平等原则、自愿原则、公平原则和诚信原则。[3]

一、平等共享与算法歧视

《民法典》第4条规定"民事主体在民事活动中的法律地位一律平等"，这一原则与《民法通则》的表述基本一致，即强调地位和机会的平等、非"均贫富"意义上的结果平等和实质平等。[4]平等原则与自愿原则、公平原则存在密切相关性，是民法重要的价值理念。平等原则所表达的理念不是要消除现实中由经济实力、家庭出身、教育水平、智力体力等起点不平等带来的结果不平等，而是在承认现实不平等的前提下，努力保障民事主体参与民事活动的机会平等。

共享理念的应有之义就是大众参与、人人分享。从这个角度来看，平台用户之间的交易活动似乎不涉及重大的平等问题。或者说，与普通民事活动相比，无特别需要关注之处。但与许多商业模式一样，平台企业在共享活动中处于强势者的地位。从现实地位来看，共享契约中的不平等主要表现在平台与用户之间的关系。平台第三方治理机能决定了平台地位相对于用户而言天然具有优势性。平台不仅握有规则制定、执行、监督等治理大权，同时还掌握着算法等技术优势。针对这一现实的不平等地位，立法和司法均应当引入平等性的伦理观念矫正。

---

[1]《民法典》第1条规定："为了保护民事主体的合法权益，调整民事关系，维护社会和经济秩序，适应中国特色社会主义发展要求，弘扬社会主义核心价值观，根据宪法，制定本法。"

[2] 参见陈甦主编：《民法总则评注》（上册），法律出版社2017年版，第10页。

[3]《电子商务法》第5条对电子商务经营者提出了类似的价值要求，包括遵循自愿、平等、公平、诚信的原则。

[4] 参见向勇："中国民法典编纂：个人主义私法观的取舍"，载《河北法学》2017年第3期。

(一) 共享契约中被忽视的算法歧视

平台技术优势带来的不平等，非目力简单可见。其中，算法歧视就是隐藏在"平等"交易背后的不平等因素。算法（algorithmic）和大数据分析均是共享平台大量运用的技术手段。其中，算法是由代码设计师编写的一种数据代码，能够模拟和实现人类自我决策过程。[1]算法是人工智能（AI）的核心技术，与一般的大数据分析不同，前者可以通过深入理解和学习数据实现"自动化决策"。因此，算法本质上也是数据处理的一种技术方式。算法既然是由人设计的，其运算过程和结果自然容易受到编写代码的工程师和平台商业决策的影响，存在被滥用并导致异化的可能。

1. 难以洞察的"偏见"代码

深层学习代码有时会存在缺陷，这种缺陷可能反映了设计者人为的价值排序偏好，也可能是由算法内部逻辑关系造成的理解错误。[2]不管是哪一种，现实交易过程都会表现出非平等的交易倾向，此时交易机会更青睐于拥有某些个人特征的用户（如年轻漂亮的女性），而事实上有关个人特征对交易决策并无差别意义。更关键的问题是，这一过程可能无法被事后洞见和解释，因为数据输入和答案输出之间存在着我们无法洞悉的"隐层"或"黑箱"。[3]

2. 被污染的"偏见"数据

除了"偏见"代码和决策"黑箱"，系统深度学习所依赖的数据"污染"问题也会引起算法歧视，进而影响交易的机会平等性。数据可能因以下主要原因被污染：一是用于训练算法模型的历史数据本身存在偏见；二是将具有显著歧视性的数据用于算法模型的训练；三是算法工程师收集的用于训练算法模型的数据集本身质量不高，导致预测不精准。[4]

总结以上两点，产生歧视的原因可能各不相同，有的属于主观上刻意追求的歧视，有的是无意导致的歧视，还有的无法直接洞察其缘由。但是，不论是主观抑或客观因素，亦不论造成的歧视后果属于差异性还是无差异性，

---

[1] See Omer Tene, "Jules Polonetsky, Taming The Golem: Challenges of Ethical Algorithmic Decision-Making", *The North Carolina Journal of Law & Technology*, Vol. 125, 2017, p. 130.

[2] 参见郭哲："反思算法权力"，载《法学评论》2020年第6期。

[3] 参见许可："人工智能的算法黑箱与数据正义"，载《社会科学报》2018年3月29日。

[4] 参见张恩典："反算法歧视：理论反思与制度建构"，载《华中科技大学学报（社会科学版）》2020年第5期。

算法给社会带来的各种不平等（包括形式和实质），可能广泛存在于网络交易之中。

（二）算法歧视造成的不平等后果

算法歧视造成的后果是多方面的，不单纯限于交易机会的不平等。例如，大数据画像所产生的价格歧视，可能会影响交易实质公平及消费者的知情权，进而违反自愿原则和公平原则；有些算法歧视具备差异性的理由，属于交易决策的合理考量范围，符合交易双方的自愿性，故结果虽有不平等，但与形式平等原则无涉；有的后果则属于交易机会方面的不平等，甚至会导致系统性、结构性的社会不平等。

1. 交易机会的不平等

在数字时代和共享时代，算法歧视以一种隐蔽化的方式普遍存在。许多用户可能会因为个人信息和数据被标记为某些"负面"个人特质（如特定种族、宗教信仰）而失去被推荐交易和获得交易信息的机会。他们往往对此一无所知，事后亦无法举证算法过程存在"偏见"。而这种"偏见"往往可能并非是交易任何一方所刻意造成的，甚至连平台也无法对此作出辩解和解释。因此，算法歧视造成的不平等问题与一般私法中的平等观念存在差异，需要调整平等伦理规制原则。

2. 社会结构的不平等

算法歧视普遍扩散的结果将会给经济社会带来结构性的挑战。"全民共享主义"本为共享经济的口号之一，但这一口号不会自动实现：传统经济社会的不平等传导到数字智能世界就会出现"数字穷人"和"数字贫穷地区"这一概念，反过来加剧贫富差距和就业不平等问题。[1]有学者在分析算法给人类社会带来的不平等挑战时，写下了忧心忡忡的一段话：

随着算法将人类挤出就业市场，财富和权力可能会集中在拥有强大算法的极少数精英手中，造成前所未有的社会及政治不平等。到了21世纪，我们可能看到的是一个全新而庞大的阶级：这一群人没有任何经济、政治或艺

---

[1] 参见郭哲："反思算法权力"，载《法学评论》2020年第6期。

价值，对社会的繁荣、力量和荣耀也没有任何贡献。[1]

"无用阶级"一词暗示了这样一种场景：随着数据边界的扩张以及万物的互联，私法中的"人"总有一天会演变为"数字的人"。过分推崇这种缺乏伦理温度的数据主义，一小部分人就能够为绝大多数人任意设置"算法"，将社会成员的方方面面都纳入数据评价，进而依据评价的结果分门别类地赋予"数字人格"。私法平等理念在这样的数据洪流冲击下将再无容身之地。

(三) 算法歧视的伦理规制

我们在充分利用互联网和人工智能的技术创新驱动力，积极发展共享经济为代表的数字经济的同时，应当正视算法歧视可能给人类社会造成的平等伦理挑战。人们之所以容忍个人信息不断通过算法进行交互，是因为以免费或低成本的商品和服务来换取个人信息是可以接受的。然而，科技的应用结果往往是不确定的，不论这些创新有什么样的吸引力，对此保持一定的谨慎都是完全必要的。

1. 算法伦理的规范空白

在我国，与平台算法规制有关的私法性规定主要集中在《民法典》《电子商务法》等法律。根据《民法典》"人格权编"第1037条和第1035条之规定，在合法、正当和必要前提下，依算法处理个人信息是完全合法的，但有关条款没有提供关于算法歧视规制的私法细节。《电子商务法》第18条仅规定了平台大数据分析的程序性义务，而非直接针对算法歧视提出伦理规制，其义务内容仅为要求平台"同时提供非个人选项"，价值要求为自愿原则基础上的消费者知情权保护，而非着眼于用户的平等权。此外，这一规定也没有具体明确违反"同时提供"义务的私法后果。考虑到算法伦理规范与现行法律体系存在的结构性张力，对有关空白填补的立法创制问题，需要进行后续追踪研究。

2. 算法伦理规制的基本策略

从个人伦理受到的威胁来看，继续向算法透露各种个人信息，其代价是令每一个人都可能越来越滑向"精神"监控。算法歧视的副作用直抵个人意

---

[1] [以色列] 尤瓦尔·赫拉利：《未来简史：从智人到智神》，林俊宏译，中信出版社2017年版，第292页。

志和自由的基础，如若我们不分青红皂白地将一切都交给算法，在某种意义上便是放弃了个人主义的基本伦理。因此，面对平台推行算法可能带来的个人价值崩塌，我们有必要采取一些公共性伦理规制手段，目的在于对信息社会规范缺失以及现行规范未能充分相机规制作出回应。[1]

伦理规制分事前、事中和事后三种策略。对算法进行事前伦理规制，本质上是在技术与伦理之间设置一个制度安全阀。由于算法歧视的"隐层"和"黑箱"，着眼于事中干预或事后救济未必能够真正解决问题。为此，应通过事前设计实现公平治理，在算法和智能体中实施伦理嵌入，[2]确保有关算法不会偏离基本的社会平等和公平观。例如，提升算法的透明度、人员参与的多元化，加强对设计人员、数据选取的伦理审查，等等。事中的伦理介入可以依赖于某种私法义务，具体又分为机会平等和实质平等矫正方法（前者如允许用户参与算法评价，后者如家长主义的某些"关爱"式措施），直接将某些重大敏感事项排除出算法评价范畴。而对于违反算法伦理的事后规制，则通常会落入侵权责任救济的范畴。

二、平台自治与公平交易

平台本质上是一套第三方自治（治理）系统，其当然且必须享有一定的自治管理权。这种平台自治管理权虽然不同于一般的自治形式，但其与私法中的自愿原则在价值理念本质上是相通的。平台自治具有不平衡性，规则主导权更多地掌握在平台手上，用户也正是依赖于这种平台规则，推动人与人之间的互动与合作。由此可见，除了意思自治一侧的价值立场，对于交易规则的公平价值倡导，同样是促进共享经济健康、有序发展的必备条件。至于何为公平的平台规则，以及衡平自治与公平的关系，既需放置在一般私法的视域下审视，又要结合共享契约的特点加以阐释。

（一）自愿原则与公平原则的私法内涵

民法自愿原则即意思自治在民法中的集中体现，它们与形式主义平等观

---

[1] See Richard Warner and Robert H. Sloans, "The Ethics of the Algorithm: Autonomous Systems and the Wrapper of Human Control", *Cumberland Law Review*, Vol. 48, 2017, pp. 65~66.

[2] 参见潘斌："人工智能体的道德嵌入"，载《华中科技大学学报（社会科学版）》2020年第2期。

是契合的。正是由于私法主体的地位平等解放了个人的自由，才有了个人自愿交易的自治基础。按照自治原则所确定的交易是否就是公平的交易，在不同的观念中有不同结论。因而，从整个民法来看，私法自治仍然是其不可撼动的价值理念。但是，这并不意味着立法者应当自始至终地一以贯之，不顾其他。[1] 尤其是当交易双方的经济地位和社会强弱颇为悬殊时，所谓的自愿交易能否通过私法的价值检验，殊成疑问。对自愿原则所采取的限制和补充，有时由公平原则的多元化阐释体现出来。

1. 交换正义公平观

公平通常是社会中公认的价值观判断，且所有法律皆以正义理念为导向。然公平之内涵高度抽象化，具有多元性和可变性，在不同部门法中的侧重亦有差异。在传统民法中，自愿原则和公平原则具有密切联系。以意思自治一端来体现公平观念，就是所谓的契约正义或交换正义。只要当事人的交易安排系各方自愿达成的结果，不论结果为何，是否具有对价的等值性，[2] 该交易仍应被视为具备伦理正当性。从这个角度理解，私法场域中的公平主要是过程正义，其重点审视交易过程是否由"自己决定"作出，而不是交易结果的公平。[3]

这一版本的公平原则十分贴近个人主义的效率伦理观。基于理性人利益决策作出的选择，事关公平的全部要素仅由自由意志和自我决定：如果交易满足自愿原则的全部条件，则既符合公平原则，也促进了财富最大化；反之亦然。因而，自愿原则项下的公平观无非是私法意思自治理念的一种体现。

2. 分配正义公平观

意思自治不会带来社会财富的公平分配，为了实现对某些弱势群体的照顾和倾斜，法律规范除被用来高效配置资源，还要体现公平分配的任务。在民法学界，学者多认为民法之所以单独将"公平"作为基本原则，主要是因为其可以对意思自治和平等原则形成补充与限制。平等原则的内涵为民事主

---

[1] 参见姜强："三段论、私法自治与哲学诠释学——对朱庆育博士的一个反驳"，载《法制与社会发展》2007 年第 3 期。

[2] 参见王泽鉴：《民法学说与判例研究》（第 7 册），中国政法大学出版社 1998 年版，第 21 页。

[3] 参见蒋大兴："私法正义缘何而来？——闭锁性股权收购定价原则的再解释"，载《当代法学》2005 年第 6 期。

体形式平等、机会平等,而公平原则是指实质平等、结果平等,舍此公平原则就没有独立存在的余地。[1]可见,《民法典》中的公平原则主要体现为分配正义意义上的公平。

注重结果的社会公平观旨在兼顾交易和非交易利益分配的均衡度,与意思自治下的自愿原则是两种对立的理解。但另一方面,这两种不同的价值观念并非截然分离,其相互之间仍存在重要的伦理关联。自愿原则注重合同的合意度,公平原则注重合同的均衡度,解释上,二者要素体现出某种动态互补:若合同的合意度高,一般不考虑均衡度;只有在合意度不足时,才由均衡度补充。[2]

3. 功利主义的社会公平观

功利主义具有伦理导向功能,它与其他形式的公平观在一定条件下具有相通性。例如,自愿原则体现了个人功利主义的伦理思想,而社会福利原则往往是社会功利主义者所追求的道德标准。因此,功利主义也体现了某种结果导向的社会公平观,即用以评价某项社会选择是否是基于社会成员的整体福利和公平作出的。

但是,功利主义社会公平观不完全等同于财富最大化,在本质上也区别于分配正义的社会公平观。首先,财富最大化是一种严格的效率决策标准,可以被清晰地应用于成本收益分析,而功利主义在人际效用比较和传递时可能面临障碍,因此不能解决某些非歧视、非剥削等社会目标。其次,分配正义公平观是非功利主义的,不论是否能实现财富最大化或者功利目标,对弱者地位的改善都是优先的。[3]

(二) 平台自治与共享契约公平观

《电子商务法》第5条所指的自愿和公平原则,从字面上看与《民法典》并无差异。作为特别法中的价值条款,后者应具有某些特别的价值含义。尽管平台经济不等同于共享经济,但正如学者所指出的,网络交易市场为共享契约治理提供了先导经验。在类似的市场中,存在着圈层化的治理结构,包

---

[1] 参见马俊驹、余延满:《民法原论》(第4版),法律出版社2010年版,第39页。
[2] 参见陈甦主编:《民法总则评注》(上册),法律出版社2017年版,第37~38页。
[3] 参见[德]汉斯-贝恩德·舍费尔、克劳斯·奥特:《民法的经济分析》(第4版),江清云、杜涛译,法律出版社2009年版,第42~44页。

括政府规制的外生秩序、平台内部规则秩序和用户自组织内生秩序。[1]因此，共享契约治理中的自愿原则和公平原则同样表现为多元化和圈层化的价值观念结构，未必与一般私法的基本原则产生直接的对应关系。

1. 平台自治下的交换公平

"国家鼓励发展电子商务新业态，创新商业模式"，是《电子商务法》第3条所表达的倡导性理念。共享经济作为一种市场创新，必然遵循市场经济的一般伦理，平台与用户及用户之间的关系应以意思自治和自愿交易为基准，此理不言自明。但共享契约中的两种内部秩序（平台与用户）的自治形式存在的差别在于，用户内生秩序接近于市场交易（部分存在社群组织性），原则上适用一般私法中的自愿原则；而平台内部规则带有新型组织性，根据契约形式的不同，平台内部规则存在强弱不一的内部管理性，当事人之间可能存在一定的利益失衡。

如将平台自治对比企业内部管理，可以看到二者的异同。企业内部管理更多地体现少数人（甚至是单方主体）的意志，而非成员的"平等"合意，实质上还是以自愿加入商事组织为前提，可视为一种带有层级管理特征的组织性自治契约。[2]如果说企业内部自治是对市场自治的替代，那么平台自治就是对前两种自治的综合创新。因此，尽管平台规则具有某种组织性和管理性，但实质上仍属于交易规则，其未完全取消用户的授权和用户接受的条件，价值谱系偏向于契约正义与交换公平，法律和政府外生规则均应加以尊重。

当然，平台规则中相当大量的内容无疑都具有准公共属性，如惩罚机制、算法机制和评价机制等，无不涉及公法价值的接入与协同，其自治范围存在限度。故共享契约不仅奉行交换正义，还需要引入其他层次的公平观念，以平衡和限制共享活动中的交换正义价值观。

2. 共享契约的实质公平观

根据《电子商务法》第32条的规定，电子商务平台经营者负有公平制定平台服务协议和交易规则的义务。考量到平台规则所包含的社会目标，此处

---

[1] 参见孟凡新："共享经济模式下的网络交易市场治理：淘宝平台例证"，载《改革》2015年第12期。

[2] 参见钟凯：《公司法实施中的关联交易法律问题研究》，中国政法大学出版社2015年版，第200~201页。

所谓的"公平"并不限于交换正义,也包括了实质公平和结果公平的要求。

(1)消费者保护。消费者权益保护的价值导向既非财富最大化,也不是功利主义的。消费者保护的许多措施还可能损及社会福利最大化,保护的成本(更好的消费环境)有时候会被分摊到更多的社会成员头上(更高的服务价格)。但是,这些保护措施被立法者和私法学者所坚持,支撑这一做法的基本理由正是对弱势群体给予优先保护的实质公平价值观。基于《电子商务法》第32条之规定,共享平台在制定平台规则时有义务加入这种价值考量。

(2)促进公共道德和社会目标实现。共享经济所具有的社会交易功能,能够塑造共享精神和社会平等合作观念,从而推动社会的发展。共享经济的分散性、大众性特征能够促进灵活就业和居民财富增收,使得更多人分享经济发展成果,从而缩小贫富差距,有助于实现社会公平正义的目标,故共享经济具有善的道德价值。[1]共享经济的这一道德精神在一定程度上反映在共享契约治理的公平观念中。

3. 公平观之权衡:以"大数据杀熟"为例

在同一契约治理结构中注入形式各异的公平价值观,必然需要面对这些价值如何在实例中平衡应用的问题。在《电子商务法》立法过程和共享经济研究文献中,关注度较高的一个例子是"大数据杀熟"。《电子商务法》第18条对基于"消费者兴趣爱好、消费习惯等特征向其提供商品或者服务的搜索结果"的行为作出了规制性规定。一种观点认为,本条规定并非针对个性化的定向推送,而是针对价格的区别对待这一"大数据杀熟"现象,后者损害了消费者的知情权和公平交易权。[2]这一观点包含了两层意思:其一,"大数据杀熟"是一种价格歧视;其二,价格歧视有违消费者保护的实质公平观。

以笔者之管见,以上理解并不准确,是一种对公平分析方法的误用。首先,"大数据杀熟"不等于"价格歧视"。"大数据杀熟"是基于算法针对不同客户采取不同的对待模式,即"看人下菜碟"(包括个性化推送和差别定

---

[1]参见许获迪:"共享经济与泛共享经济比较:基于双边市场视角",载《改革》2019年第8期。

[2]参见吕来明、王慧诚:"《电子商务法》重点条文理解与适用(五)",载《中国市场监管报》2019年4月16日。

价），它和代理偏见、特征选择都属于算法歧视的实践形态。[1]差别定价只是算法歧视整体行为中的具体环节之一，并非算法规制的重点。其次，差别定价（价格歧视）在商业实践中广泛存在，亦不是互联网的特有现象。在不同时间段收取不同的价格、针对特定群体打折或涨价、不符合比例的增值服务[2]等都属差别定价，不能说这些行为统统有失公平。再者，差别定价不一定违反实质公平或结果公平。在某种意义上，差别定价符合社会福利原则：一部分消费者可获取更多的合作盈余，另一部分消费者则自愿让渡其部分盈余转化成经营者的利润，社会福利有增无减。这一功利主义观念与实质公平有所兼容，此种情形既有利于商家，也有利于部分消费者，后者通常是对价格波动更为敏感的经济弱者。最后，《电子商务法》第18条只要求平台同时提供非个人化选项，并未禁止平台差别定价，意为在保障消费者知情权的前提下，由消费者自主选择是否接受差别定价。

通过此例，可以管窥不同公平观在共享契约治理中的正确运用方法。对涉及个人基本权利和人格平等的算法歧视，多适用实质公平矫正；而审视平台规则，原则上应尊重其自治商业模式，以保障消费者知情权和平等权为主；实质公平调控应当符合比例原则，如在弱势群体较多的民生领域和普惠式的公共服务领域方宜禁止功利权衡。

三、共享契约中的信任机制与价值阐释

经济学、社会学中的信任与合作，在私法价值观中有着不同的表述，如民法之诚实信用原则和商法之信义原则。包括我国在内的大陆法系民法更推崇诚信原则这一立法表述，如今，它已被奉为"君临全法域之基本原则"。[3]具体言之，诚实信用原则早已不限于商业道德和合同诚信范畴，只要涉及私法活动及其权利义务行使和履行，该原则均可参与调适。在商事法

---

[1] 参见郑智航、徐昭曦："大数据时代算法歧视的法律规制与司法审查——以美国法律实践为例"，载《比较法研究》2019年第4期。

[2] 例如，飞机头等舱的服务固然优于经济舱的服务，但服务内容与价格并不成比例，打折价与头等舱价格最高可相距数倍甚至十倍，而航空公司为不同乘客提供的服务内容差距实际没有那么大。

[3] 参见王泽鉴：《民法学说与判例研究》（第5册），中国政法大学出版社1998年版，第29页。

领域,诚实信用原则同样是被立法所明确采用的通用表述,如《证券法》《电子商务法》。另有所谓信义原则,逐步在公司法、金融法等学科领域得到广泛采用,其适用范围不断扩大。应当指出,因为不同原则之内涵高度弹性化且相互交叉,调整范围甚至看似无所不包,所以确定其在本部门法中的含义及适用类型并非易事。任何一种商业模式都离不开信任机制的支撑,但需要框定由此发展而来的一系列法律原则的适用范围,共享契约亦不例外。

(一) 私法信任机制与共享诚信

作为社会合作的重要基础,信任是一种社会资本。[1]信任关系在商事交易和开发多样化的社会关系方面具有特殊意义,它可以降低企业经营成本,培养社会成员的"自发社交性",从而增加企业的连属能力;若反之,为此多支出的交易成本,则相当于向所有形态的经济活动课征一种"信任税"。[2]第一节的分析已指出,个人的自私倾向和政府强制并不当然破坏信任关系,市场、政府、企业和平台在不同场景下都可能提升社会信任,关键在于找到适应的治理机制。但是,社会成员之间的"不信任""不合作"确实在现实中大量存在,并有可能因不同组织弱点被进一步放大,立法和司法需要建立不同的治理机制去回应这些挑战。在私法领域,应帮助建立这类治理机制并与私法实践保持反馈的代表性价值工具,包括被称为民法"帝王条款"的诚实信用原则,以及在商事实践中被广泛应用的信义原则。

1. 私法信任机制中的两大价值载体

我国各私法性法律并无信任之直接条文表述,但其价值内涵在具体制度中随处可见,如商法之外观主义、民法之信赖利益、公司法之忠实义务,皆属此例。私法通过法律行为等抽象技术构造,将不同范畴的信任关系植入私法行为中,或导入法律体系,褪其具体现实关系特点。在私法具体构建的"信任机制"中,若论价值意蕴最为典型与深厚者,非诚实信用原则与信义义

---

[1] See James Coleman, "Social Capital in the Creation of Human Capital", *American Journal of Sociology*, Vol. 94, Supplement: Organizations and Institution: Sociology and Economic Approaches to Analysis of Social Structure (1988), pp. 95~120.

[2] 参见 [美] 弗兰西斯·福山:《信任——社会道德与繁荣的创造》,李宛蓉译,远方出版社1998年版,第37页。

务莫属。[1]

（1）一般私法中的诚实信用原则。诚实信用的价值基础源自宗教和道德教化，本意为信守诺言和诚实不欺。诚信原则在近代民法典中被明文表述，最初旨在解决合同履行道德风险，而后才被瑞士、日本等国逐步扩及整个民法的基本原则，[2]并倚重法官的主观能动性，最终使该原则成为维持当事人之间利益平衡的创造性司法活动之手段。[3]依诚信原则之演变脉络，这一原则可被具体从三个层面理解：其一是指信守契约，即要求契约双方忠实履行合同义务，在追求自身利益的同时不损害对方利益；其二是指依善意行事，要求当事人本着不损害他人和社会利益的最大善意行使权利或履行义务；其三是指公平分配，要求当事人之间、当事人与社会之间利益和负担的合理分配，使当事人行使权利或履行义务在客观上符合社会经济目的。[4]诚信原则三个层次道德水平依次递进，分别在合同履行、行使权利与履行法定义务以及利益衡量等场合发挥道德指引功能。

（2）商法中的信义原则。商法中的信义原则源于普通法的信托法理论，该法律构造要求受托人必须按照信托受益人的利益诚实行事，但允许受托人从事一定的商业风险行为。[5]信义关系中的信任可以被理解为以下两种情况：一种是能力信任或称职预期；另一种是品质信任，即相信受托人会把委托人的利益置于最高位置。[6]信义原则具体可解析出忠实义务和谨慎义务两项内容，二者在公司法、证券法和资产管理等领域被广泛适用，且均被作为信义主体的法定义务。

有观点认为，虽然诚信原则和信义原则可能均来源于罗马法拉丁文中的"fide"一词，但从适用范围来看，诚信原则仅要求不损人利己，属于一般的道德要求，而信义义务则要求受托人不得与委托人有利益冲突，甚至在必要

---

[1] 参见徐化耿："论私法中的信任机制——基于信义义务与诚实信用的例证分析"，载《法学家》2017年第4期。

[2] 参见梁慧星："诚实信用原则与漏洞补充"，载《法学研究》1994年第2期。

[3] 参见徐国栋：《民法基本原则解释——成文法局限性之克服》（增订版），中国政法大学出版社2001年版，第79页。

[4] 参见周友苏主编：《证券法新论》，法律出版社2020年版，第126页。

[5] 参见钟凯：《公司法实施中的关联交易法律问题研究》，中国政法大学出版社2015年版，第163~164页。

[6] 参见罗培新等：《公司法的法律经济学研究》，北京大学出版社2008年版，第155页。

时放弃自身利益,具有强烈的利他主义精神。[1]实际上,这一看法不太妥当,甚至略显片面。把信义原则看作一种特殊的信任激励机制,不过是为了应对某些高度不确定的长期契约条款,并未超出理性人订立契约的商业道德范畴,此其一。私法诚信的道德伦理本身具有不同层次,最广义的诚信道德与分配正义公平观有交叉重叠,难言只针对一般人的道德要求,此其二。故而,不宜过分夸大信义原则对受托人提出的道德水平。本质上讲,信义义务仍然是诚信原则框架内一种特殊的信任关系构造。

2. 共享诚信的价值证成

共享经济基于共享平台自治管理,由社会公众高频次地使用商品和接受服务,说到底,在信任问题上共享契约同样是有交易成本的。任何破坏共享合作的行为,最终都需要参与者乃至全社会共同买单。在实践中,这类例子并不鲜见,如共享平台经营者对消费者权益的侵犯,用户利用平台规则"薅羊毛",以及买家和卖家之间因规则"漏洞"产生的龃龉,[2]都充分说明共享背信行为同样受到私法诚信原则的价值调适。

诚实信用原则的优势和弱点皆系于其抽象性和弹性化。由于诚信原则内涵具有高度不确定性,以致除了"诚实信用"四个字,其他什么都无法确定。[3]为对诚实信用原则的价值内涵进行填充,我们需要将契合调整对象的价值伦理引入其中。正如信义原则为诚信原则提供了一个相对清晰化的适用场景,在共享契约治理中,共享诚信之"信"意为何指,诚实平台和诚实用户须负有何种诚信义务,这些问题要结合共享契约治理机制及其外部理念,并建立与共享经济适应的"诚信法律模型"予以回应。

(二) 共享诚信的价值分层

现有研究和立法未区分共享契约中不同层次的诚信义务,如《电子商务法》第5条关于"诚信"原则的表述,第17条关于电子商务经营者欺骗或误

---

[1] 参见徐化耿:"论私法中的信任机制——基于信义义务与诚实信用的例证分析",载《法学家》2017年第4期。

[2] 媒体曾报道,有滴滴专车乘客在乘车过程中,要求滴滴司机提供第2瓶免费矿泉水被拒,遂引发双方口角。事后,滴滴公司回应称专车规则中未规定乘客只能饮用1瓶矿泉水。由于1瓶水的价格为4元,而乘客仅为此支付16元车费,舆论声音大多数支持司机而否定乘客的行为。参见艾媒网: https://www.iimedia.cn/c460/56247.html, 最后访问时间: 2020年12月23日。

[3] 参见孟勤国:"质疑'帝王条款'",载《法学评论》2000年第2期。

导消费者之禁止义务的表述，似乎均是对《民法典》和其他商事特别法的重述，尚未看到对此进行特定和清晰的价值提炼。进一步对照一般诚信原则与信义原则之关系，尤其考虑到共享契约分类一体的调整理念，就应然角度而言，共享背信应存在不同层次的价值导向及诚信义务水平。

1. 一般私法中的共享诚信

共享经济属于市场经济的最新发展，原则上可分别对应私法诚信中不同层次的价值要求。需要注意的无非是哪些主体或行为适用普通道德要求，哪些适用广义的诚信道德。共享契约中部分法律关系属于互联网服务合同范畴，适用于《民法典》"合同编"的规定，共享交易参与方均依诚信要求负有对他方善意履行合同的义务。同时还应注意的是，基于共享契约本身的外溢效应，共享诚信的道德要求不能只局限于合同当事人，还应针对不特定公众或潜在用户履行善意守诚的义务。

《电子商务法》第17条中"以虚构交易的方式进行虚假商业宣传"（俗称"刷流量"），可能给不特定的社会公众带来误导，即属于这个意义上的共享背信行为。[1]另据《电子商务法》第32条规定，电子商务平台经营者应当遵循公开、公平、公正的原则，制定平台服务协议和交易规则。这一义务针对的是共享平台的自治管理权，既体现了公平原则的要求，实际上还包含了合理确定平台和用户、用户之间关系的要求。

2. 共享平台信息信义原则

尽管《电子商务法》第32条对平台制定规则提出了"三公"价值要求，并明示此立法目的为明确"消费者权益保护、个人信息保护等方面的权利和义务"，但此种要求在现实中有时会显得苍白无力。由于个人信息保护涉及算法的"黑箱"以及大数据"画像"过程的隐秘性，加上用户对互联网工具的长期依赖性，针对这种基于个人信息管理而产生的特殊信任关系，是否有必要仿造传统信义义务为平台设定某种背信法律模型？

在美国，个人信息信托理论近年来引起了较大关注，这主要归功于巴尔金教授的系列论证。这一理论呼吁，通过创新信义义务内容，把谷歌、推特

---

[1] 在司法实践中，已有判例明确指出"暗刷流量"的行为违反商业道德，侵害广大不特定网络用户利益的行为，并援引"公序良俗"条款否定合同效力，收缴双方所得。参见北京互联网法院[2019]京0491民初2547号民事判决书。

和优步等平台公司当作信息信托义务的受信人。巴尔金教授在分析中指出,信义关系是历史的、发展的,随着时间的推移,法律会最终认识到新的信义关系。例如,过去人们就已认识到,某些专业人士就是我们的信息信托人,而这只是一种类比,不等于优步等平台在管理我们的财产。用户与平台的关系不需要在所有方面与传统信托关系相同,也不需要与之等同的忠实义务水平,只需要在敏感信息信任方面去定义新型信托。[1]

在笔者看来,于共享诚信价值体系中就特定关系引入信义价值考量,不失为解决共享契约个人信息保护突出问题的选项之一。在下一章的第二节中,笔者将针对个人信息信托义务作进一步讨论。

---

[1] See Jack M. Balkin, "Information Fiduciaries and the First Amendment", *U. C. Davis Law Review*, Vol. 49, 2016, p. 1221.

CHAPTER 03 第三章

共享契约的私法构造

在《电子商务法》颁布以前,商业交易的"互联网+"即引起了私法学者的注意,[1]网络交易平台的责任问题逐步被纳入《消费者权益保护法》《侵权责任法》等特别条款加以调整。但直到平台经济、共享经济等概念被正式提出,对共享契约及其法律构造的系统化研究和整体把握仍未有专门文献阐述,导致私法中的有关责任规则难以被直接适用于共享契约,无法契合《民法典》《电子商务法》实施的需要。因此,对共享契约法律构造内容展开剖析,就其法律关系、法律主体、客体及权利义务关系内容,从宏观和微观不同层面进行系统观察,才能为共享契约私法责任研究奠定基础。

依共享法学类型分析展现的脉络,不同共享契约的治理机制不尽相同,但仍然可以总结共享法律关系的一般构造特征。哪怕是组织结构最为松散的共享交易,参与者也无不遵循平台规则展开行动;组织结构最为接近商人组织的租赁型共享,也展现了链接闲置资源的经济特征,并突出吸引更多用户加入协同的"免费思维"。由于共享法律关系宏观层面的主体聚合、客体重组、组织更新、关系集成等诸多因素,共享契约构造的微观内容呈现出了不同于传统关系的规范特征。因此,研究共享契约私法构造,宏观上对照"经营者—消费者"和"商人—商行为"等传统法律模型有其价值,而切入不同共享契约类型的微观构造并从中取样亦具现实意义。

---

[1] 民法学对网络交易的法律关系研究综述,可参阅本书导论部分。

第一节 共享法律关系的宏观构造特征

法律关系分析是法学中的一个基本范畴,也是私法理论的基本研究工具。传统民法分析严格按照法律关系的内在逻辑展开:通过理顺不同的法律关系,确定其要素及变动情况,以提高案例分析适用法律的准确性,而且这一方法同样适用于民法体系的构建。[1]法律关系分析同样是建立新型契约私法体系的调整方法。研究共享契约的法律构造,只有从不同层次与交易环节的法律关系入手,才能准确体认契约结构的规范特征。观察共享契约的法律关系特征,有宏观和微观不同视角,前者秉持分类一体的私法调整理念,旨在从整体上识别共享法律关系的聚合性、组织性、网络性和结构性特点;后者则侧重于不同交易面中主体与客体的法律定性,以及提炼权利义务内容中区别于传统关系的特质。对共享法律关系的宏观构造考察是进行后续微观剖析与行为阐释所要完成的前提工作。

一、共享法律关系的新颖网络性状

界定共享契约可资借鉴的概念为公司契约,后者是一种涉及多主体的长期性网络结构商事契约。公司契约固然能够解释某些特殊主体法律关系特质产生的缘由,但并非德国潘德克顿法律体系中的主流概念,不能直接反映法律权利及其变动的法律原因。对共享契约的法律特质加以描述,需要把类似契约概念的网络性状与共享交易法律关系结合在一起理解,拉近不同研究成果的距离。据此可以看到,共享契约是分散化、多层次的关系集合,由共享平台与共享用户以及不同用户之间的法律关系,平台、用户分别与其他主体成立的法律关系共同构成。共享法律关系的客体及其性质同样具有多层次性和复合性。不同交易面关系的相互关联、共同交织,形成了复杂的网络状法律关系群,这是观察到的共享法律关系最为直观的特征。

(一)共享法律主体的网络聚合性

共享法律关系主体大体上可被分为共享平台、共享用户和其他交易参与

---

[1] 参见王利明:"民法案例分析的基本方法探讨",载《政法论坛》2004年第2期。

者。共享契约本质上是一种自治性契约关系,主要涉及共享交易的参与方或利益相关方,故区别于物权、人格权等对世性的法律关系。共享法律关系的网络属性有两种不同层次的主体关系,不同层次的主体还有聚合性特征,即此环节法律关系可能影响彼环节之关系。不同层次主体关系之涉他性表明,共享契约的权利义务边界时而发生变动,因而不同于合同等具有相对性特征的法律关系。

1. 共享平台层的多主体法律关系

共享契约包含了平台、用户以及第三方分别缔结的多种类、多主体的法律关系,这些相互交织的法律关系之所以整体上被界定为共享契约,并作为一种新型网络法律关系存在,皆因不同关系束无不以平台为中心建立。也就是说,以平台为中心的法律关系是共享法律关系的核心层,离开平台这一主体就不会有共享法律关系的存在。另一方面,仅有平台一方也不能直接成立共享法律关系。平台层法律关系内还包括其他法律主体,平台制定平台规则,吸引用户注册,目的即为与不同用户建立共享法律关系。不同用户分别与平台缔结不同法律关系,形成"平台—买家(消费用户)"和"平台—卖家(供给用户)"等法律关系,[1]平台层的法律关系主要由这两类关系所共同组成。

以平台为中心的共享法律关系,不是简单地表现出多元化主体特征,更重要的是不同主体关系还具有聚合特征。这是因为,参与共享法律关系的前提是接受共享平台所制定的交易规则,受平台规则的约束与调控。故共享主体虽各自独立,但其法律关系非"各自为战",即使是很少受到平台指挥、协调的共享契约,平台与不同用户之间也有某些共同的法律联系,如共享目的的共同性、共享客体的同一性以及权利义务的涉他性(如个人信息、风险分担和违约惩罚)。总而言之,在平台层的法律关系中,不论平台是否直接参与交易,有关法律主体皆围绕平台及其交易规则开展共享活动。

2. 用户层多种类法律主体

依私法自治之个人主义价值观念,每一个主体都具有独立意志和平等私法地位。故而,共享契约中的不同法律主体,不论处于交易环节的何种位置,

---

[1] 买家和卖家这一概念,是对传统网络零售交易主体的概称,共享契约更多的是一种内容或信息服务,在此借用此传统划分,不过是一种约定俗成的称谓。

在法律构造上皆只有层次之不同，而不存在价值排序的高低。在大多数共享法律关系中，用户层的法律关系均具有相对独立性，区别于平台层的共享法律关系。

在交易结构之用户端，共享法律关系的主体种类不尽相同，它们既可以是点对点的个人化交易，也可以是经营用户与消费用户的交易关系。用户之间法律关系的性质，依不同用户分类而有所区别，如卖家用户和买家用户，卖家用户又有职业用户和非职业用户之分。倘若用户之间的交易符合"持续从事的营利性行为"或"以营利为业的行为"等商法特征，[1]用户又会被分为经营用户和消费用户。用户法律关系的类型，有时亦包括用户之间非营利的民事互助关系，这类"社交用户"只是某种社会角色的个人承担者。

3. 第三方法律关系主体

除平台层的核心法律关系，为了增加服务的多样性或保证契约有效履行，共享平台还会与其他法律主体成立第三方法律关系，如电子支付、物流服务、大数据分析以及基于链接性所增加的其他网络服务关系等。尽管第三方主体系与平台直接建立法律关系，但用户作为该等法律关系的参与方，其与第三方主体建立之关系，本质上不同于平台层和用户层的法律关系。

共享平台与第三方建立的法律关系大体分为两类：一类是基于共享契约的链接特性，由平台链接加入的其他契约关系，这类关系若非共享契约，则独立于共享法律关系本身；另一类是为保障共享契约履行所建立的辅助性法律关系，共享交易离不开电子支付、物流服务、大数据分析等第三方主体的参与，其所产生的辅助交易关系与平台内主体所建立的关系互为主从法律关系。[2]

（二）共享法律客体的虚化与实化

法律关系的客体，又被称为法律关系的标的，是法律权利和义务的指向对象。[3]不同于传统民法关系中的物之客体，或有名合同的特定给付行为，通过链接新的法律主体和权利义务内容，把传统法律客体——渗透，呈现碎

---

〔1〕 参见蒋大兴："商事关系法律调整之研究——类型化路径与法体系分工"，载《中国法学》2005年第3期。

〔2〕 参见杨立新："网络交易法律关系构造"，载《中国社会科学》2016年第2期。

〔3〕 参见王利明："民法案例分析的基本方法探讨"，载《政法论坛》2004年第2期。

片化状态并重新组合,为共享契约的主要特征之一。实际上,网络化的共享关系既有虚化的一面,又有实化的属性。

1. 传统法律客体的解体与虚化

传统法律客体的解体与传统行业所受的冲击,始于共享经济的跨业渗透及服务广泛链接。在实务中,空中食宿(Airbnb)这类共享房屋的交易客体究竟为房屋租赁、订房居间还是酒店服务,特别容易引起认知分歧。如果是房屋租赁,则客体侧重于稳定期限的房屋交付使用;若为居间关系,则客体为交易撮合;倘若是酒店服务,则客体集中于给付临时性的客房服务。表面上看,争议焦点在于房东的出租期限是否符合法律规定,但其背后反映的却是传统权利界限的模糊化以及其内容的碎片化。不但如此,房屋共享"短租"对传统酒店行业的行政许可权益、居民楼的居民相邻权、城市穷人的廉租房居住权等都会形成较大冲击。[1]

共享法律客体难以识别,不仅在于传统法律客体因被链接服务冲散而解体,同时还因为"链接权"本身具有电子化属性。所有共享交易均在线上发生,除租赁型共享平台链接的商品来自平台企业自身,其他大多数共享交易的商品和服务均来自所链接的用户。这种"电子服务"的在线化特征,容易给人带来交易客体"虚化"印象,并可能令人产生商品和服务来自何人的疑问。但正如下文所指出的,此处所谓"虚化"者,并非指向共享法律客体本身,系仅就其电子化的交易形式而言。

2. 共享法律客体的网络化重组

共享交易客体的部分内容解体,其实不必然导致法律客体的虚化和消失。相反,随着不同主体和新权利义务的加入,共享法律主体权利结构的概念、主体之间的权利义务关系对象会加速重组,进而展现出共享网络关系的实在化面向。再以前文所述之共享住宿为例,平台链接了个人房东的自有住房,使用期限可长可短,又提供履约保障和第三方服务,结合共享法律关系的网络性状,此交易之客体对应的显然并非单一客体,而是重组形成了链接服务、用户实物给付、第三方服务给付等综合性共享客体。此外,该法律客体的新颖性还在于其具有可变性,即随着链接权利义务内容的增减,客体的集合内

---

〔1〕 参见许娟:"法律运作中的权利话语——中国网约车案与美国的Uber案、Airbnb案比较研究",载《法学评论》2017年第2期。

容也相应变化。

由此可见，将网络交易和共享法律关系视为一种虚拟关系并不十分妥当。[1]在共享契约多层次的网络关系中，其法律关系客体有时包含了实体性的标的物。还要看到，即便是在线化的链接服务，其法律客体也不是所谓的"虚拟的、无形的网络交易平台"[2]这一标的，而是包含了大数据分析、信息推送、个人信息授权、信用评价和履行保障等一系列有关交易规则。总之，交易形式的电子化不等于虚拟交易或交易的虚拟性，共享法律关系客体是清晰且实在的。

二、共享法律关系的新型组织性

共享平台所承担的资源配置功能打破了企业和市场的边界。从外观上看，共享平台通过交易规则和技术手段，在一定程度上能够实现对用户行为的管理协调。平台内建立了大量的"合同关系"，看似可类比公司不同的业务部门或分支机构与外部供应商和消费者之间的法律关系，但正如本书第一章所指出的，平台的协调指挥功能大大弱于公司内部管理，大多数用户皆保持了相对独立的法律地位，这种介于企业和市场之间的新型组织结构，为共享法律关系的组织定位带来了挑战。依传统法律定位，私法以法人或商人为中心展开体系设计，法人内部组织活动具有明显的社团法特征。[3]对于平台内的资源聚合活动是否能被定义为"组织"，并仿照社团组织构造加以调整，我们需认真思考。

（一）异质性的松散团体关系

对于社团成员如何自愿结成组织，传统团体法的经验判断是：成员有着共同利益和共同目标，内部以决议拟制整体意思表示，成员需限制或牺牲个体自由并服从团体整体意思，内部规范效力仅约束团体成员，成员依程序加入或退出组织。一言以蔽之，传统社团具有明显的身份属性，为"同质性"

---

[1] 严格来讲，数字经济并非对应于虚拟经济，或与实体经济对立。数字经济部分内容本身即为实体经济的智能化和数字化。另一方面，部分数字化服务可能是无形的、免费的，但这些服务降低了实体经济的交易成本，提高了经济发展的质量。

[2] 参见杨立新：《网络交易民法规制》，法律出版社2018年版，第35页。

[3] 参见［德］卡尔·拉伦茨：《德国民法通论》（下册），王晓晔等译，法律出版社2004年版，第433页。

成员结成的小社会。[1]之所以有许多观点把网约车等共享平台视为实质性的资源组织者，将其规则制定、用户注册、信息推送、算法定价等系列活动视为传统组织行为，究其缘由，无非是将平台内关系类比作法人社团关系。

不同类型的共享平台都有一个共通的特点，即它们提供了网络社群集体行动的潜在工具。从集体行动的某些共同特征来看，其与传统组织关系具有一定的类似性。在已被强制下线的"内涵段子"平台，用户即有广为人知的共同口号，所谓"段友出征，寸草不生"；有共同的群体意识形态，推崇"天下段友是一家"；有共同的行为准则和线下交流方式，如"四不笑三不黑""嘀嘀嘀（一长两短）"等。[2]这说明，部分平台内的团体关系具备传统组织的雏形。这种线上"团体"虽然借用了某些社群主义的"叙事"与话术，[3]但是并不意味平台团体关系就是传统社团的线上翻版。

从很多方面来看，平台用户之间缺乏社团成员那样的紧密关系，而表现为松散型的团体关系特征。其一，大多数平台用户均缺乏长期和特定的共同目标，人们往往基于短期的共同兴趣、随机的社交话题或单一事件加入，这决定了用户的"归属"是多元的而非固定的，成员的加入或退出也是开放的，数据和流量可能被不同的平台所分流。[4]其二，社交属性突出的共享平台，除了提供社群交易规则，很少对用户进行协调与控制，通常只是单纯地为潜在用户提供自我聚合的网络工具，展示其不同于传统组织的团体行动能力。[5]其三，平台用户的共同体意识源于用户的网络忠诚度，以及违反平台规则导致的精神惩罚，缺乏人身依附的组织属性。平台关系中固然会出现某类影响力较大的"意见领袖"，但不存在凌驾于社群乃至互联网之上的整体意志。

---

〔1〕参见叶林："私法权利的转型——一个团体法视角的观察"，载《法学家》2010年第4期。

〔2〕内涵段子创立于2012年，由北京字节跳动科技有限公司运营，属头条系产品。作为一款包含短视频、脑洞神评论、图片、段子、精华等多主题、多题材的搞笑娱乐社区，内涵段子于2017年已拥有2亿用户。以上内容根据互联网资料整理而成。

〔3〕"叙事"是人与其他存在物相区别的一个根本特征，在社群主义的叙事中，个人生活的叙事总是被包括在赋予其身份的那些社会共同体的叙事中。参见郭佩惠："社群主义'自我'观的批判性分析——方法论的视角"，载《中国矿业大学学报（社会科学版）》2012年第2期。

〔4〕参见钟凯、戴林莉："共享经济相关市场界定：挑战与回应——兼议互联网反垄断立法革新"，载岳彩申、盛学军主编：《经济法论坛》（第22卷），法律出版社2019年版。

〔5〕参见［美］克莱·舍基：《人人时代：无组织的组织力量》，胡泳、沈满琳译，浙江人民出版社2015年版，第36~37页。

不难看出，把平台关系简单类比于社团，在理论和实践上都难以成立。平台关系总体来看是松散型的关系，用户成员是"异质性"的聚合，集体行动主要由背后的共享兴趣、社交等需求共同推动。正因为这类平台工具彰显新型组织特性，故其能够在一定程度上弥补政府、企业和其他社团组织力量的不足。值得注意的是，部分平台（如内涵段子）所形成的强大社群文化，当它们蔓延至线下，并越来越向传统组织靠近时，其组织关系就越会落入国家的监控范畴。

（二）新型组织协调与小型套利联盟

如前文所揭示，影响传统组织同质性关系的因素有很多，但决定性因素是组织内部的权力结构，经济学将其描述为公司组织内部的控制权机制，[1]社会学上亦强调为组织的等级及协调特征。[2]部分组织的权力结构可能会超出单一组织的边界，如关联企业以所谓"组织合同"扩展单一企业的组织边界，这类企业合同同样十分清楚地表现出了关联企业间的"合法的权力关系"。[3]

观诸不同类型的共享组织可知，其等级制和协调色彩并不完全相同。某些社会属性较高的非营利平台，它们几乎不提供关于用户的任何监管服务（如维基百科），除此之外，绝大部分共享平台都会对用户进行不同程度的协调和控制。这些协调通过交易规则及平台的单方执行来实现，通常就广告浏览、用户指南、收付款规则、算法定价和保险服务等服务条款向用户提出要求，并排除用户就条款进行协商。尽管中介网络型共享平台提供的服务一般被理解为"一种发现产品与服务的信息的方式"，[4]但如果平台对服务价格进行了实质干预，就会对平台协调程度及平台内关系的性质产生影响。优步（Uber）被普遍视为实施了定价算法控制，那么至少在竞争法意义上，专车司机之间的竞价具有了反竞争效果的可能性。[5]

---

〔1〕关系契约是商法学者研究公司合约结构时，借鉴自社会契约论的一个概念。参见罗培新等：《公司法的法律经济学研究》，北京大学出版社 2008 年版，第 24~27 页。

〔2〕参见冯珏："作为组织的法人"，载《环球法律评论》2020 年第 2 期。

〔3〕参见［德］罗伯特·霍恩、海因·科茨、汉斯·G. 莱塞：《德国民商法导论》，楚建译，中国大百科全书出版社 1996 年版，第 301~302 页。

〔4〕参见刘远举："共享经济时代，如何定义垄断？"，载金融时报中文网：http://www.ftchinese.com/story/001068788?page=1，最后访问时间：2016 年 8 月 15 日。

〔5〕参见［美］Mark Anderson、Max Huffman："共享经济遇上反垄断法：Uber 是公司，还是卡特尔，或是介于两者之间？"，时建中、王佳倡译，载《竞争政策研究》2018 年第 3 期。

饶是如此，中介网络型共享契约的定价权和电子派单所体现的协调力度仍是相对有限的。实践中，优步（Uber）司机常常利用平台提供的定价机制和在线论坛讨论各种"涨价"策略，联合在特定区域调整接单频率，主动影响平台派单价格，进而形成特殊的"卖方市场"。[1]优步（Uber）司机的自发行动或许超出了平台规则的允许范围，而"小型套利联盟"的现实例子恰恰说明，专车司机在交易地位上相对独立于平台公司。协调程度更高的组织协同型共享平台，平台与用户的关系仍未具有公司等级制那种程度的协调力，这一点在第二章第四节已有讨论。

总之，大部分共享平台关系都或多或少地表现出了不同于传统组织的新型组织特征，私法学研究应当重视共享法律关系的这一特性，它完全可能会为私法自治的组织类型增添新的成员。

三、共享法律关系的结构性

共享法律关系的结构性是从其网络性状派生而来的。所谓结构性，是指构成该法律关系的各部分关系既具有不同的特征，又系统合成新的规范属性，当不同关系结合为整体时，会表现出异于其作为组织部分的特征。共享法律关系性质的多样化是结构性关系成立的前提，只有跳出单一环节的法律关系整体，结合不同关系群进行考察，才能厘清共享法律关系的结构特征。不同的法律子关系具有不同的特征，有的甚至完全区别于传统法律关系。任何割裂这些法律关系的考察视角，都难以解释共享契约的法律构造。

（一）不同关系束的异质性与合成性

共享法律关系的内部异质性不但体现在成员的整体相互关系上，还体现在不同层面和不同水平系统的交易关系上。在共享契约的网络关系集合中，既有平台经营者与买家用户的法律关系，也有平台经营者与卖家用户的法律关系，还有用户之间的消费关系或互助关系，以及平台、用户与第三方的资金托管、物流服务、数据交易等辅助性法律关系。每一子系统法律关系中的权利义务内容都有所差别。

网络性状并非共享法律关系之独有特征，诸多商事契约皆有此属性，如

---

[1] 参见［美］史蒂文·希尔：《经济奇点：共享经济、创造性破坏与未来社会》，苏京春译，中信出版集团2017年版，第152~153页。

公司契约[1]和金融契约[2]即为两个相关例子，它们所集合的不同合同或关系束可相互关联和相互交织，共同形成完整的"网络"交易系统。在这些关系束内部，不同法律关系的内容是相区别的，部分性质也存在差异。例如，公司内部的信义关系与公司外部的债权关系存在明显不同。但在不同关系合成新的法律属性方面，金融契约、公司契约皆不如共享契约。

其主要原因在于，前两类契约构造存在稳定的主从法律结构，而共享契约则是诸多平权链接关系的结合，具有客体网络化重组的特质。公司关系是一种以公司组织为媒介，并以公司团体内部为目标的契约关系。[3]换句话说，公司契约是以内部控制管理权为核心的，共享法律关系非但不存在公司内部关系那样的等级特征，恰恰相反，共享机制以瓦解并取代这种关系为目标。

金融契约关系性质也相对单一，受到信义原则的统一规制，信义规则是其核心的法律关系。共享机制所集合的法律关系虽然也存在主从关系，如平台关系与第三方关系，但整体上更为动态和均衡，关系束的性质更为多样化。它们中有的关系突出营利特征，有的是非商化交易，有的法律关系主体虽为非商个体，但如果用户持续地从事营利活动，则终归于经营者范畴。

(二) 共享契约结构性特征的两个关系片段

上述对共享法律关系子系统交易关系的观察，是研究这类契约关系结构性特征的基础，据此我们可以从以下两个片段的主体关系进一步看到共享法律关系的结构性特征。

1. 平台与卖家用户的结构性关系

理解共享契约的结构性特征，需要在不同主体的关系侧面基础上，整体把握不同关系所合成的新特征。首先考察平台与卖家用户的关系，焦点在于二者是否分别以传统劳动关系和劳务关系进行解释。关于平台与卖家用户的法律关系性质，学理上主要有劳务关系说、劳动关系说和新型劳动关系说三种学说。[4]依劳动法原理，劳动者的弱者性或者说从属性构成了成立劳动关

---

[1] 参见罗培新："公司法的合同路径与公司法规则的正当性"，载《法学研究》2004年第2期。
[2] 参见许凌艳：《金融法基本理论研究》，上海财经大学出版社2018年版，第14~21页。
[3] 参见徐强胜："论公司关系：公司法规范的分析基础"，载《法学》2018年第9期。
[4] 参见蒋大兴、王首杰："共享经济的法律规制"，载《中国社会科学》2017年第9期。

系的正当性基础。[1]

单独观察共享平台与用户关系可知，若考虑平台的自然垄断属性，用户似乎容易被平台的优势地位所压制。[2]但这种优势不能直接转化为平台与用户的从属关系。整体分析不同卖家自身情况可以发现，采用传统劳动关系规制会导致部分共享关系解体。因为非职业卖家更愿意在业余时间分享资源，并不适合从属性劳动关系调适。例如，货拉拉平台内不少货车司机的车辆注册均在货运公司，事实上，其也不可能与平台建立劳动关系。职业用户在实践中也有不同的地位状态：一类用户对平台依附性较强，但该用户可能同时在不同的平台提供服务，不具有传统劳动关系那种稳定的人身属性；另一类用户对平台依附性较少甚至没有依附性，具备自立为业或独立经营者的地位。

基于以上分析，平台与卖方用户的关系难以用传统关系简单界定，不论是偏向传统"劳动说"的坐标，还是适用民法之劳务关系说，皆不能回应共享法律关系的集合属性，只能借助梯度式关系动态调整，并新增互联网雇工这一新型关系模型调适。[3]至此，我们可清晰地观察到共享关系结构特征之合成性。

2. 平台经营者与买家用户的结构性关系

传统消费法律关系成立要件的判断，主体上通常以与经营者交易为前提；客体上，经营者提供产品与服务，一般理解为有偿行为。卖家用户虽然是提供服务用户的交易相对方，但其自身未必具有经营者身份。以营利为目的的平台经营者，其经营客体与买家用户的消费客体不具有同一性，后者可能表现为"无偿"消费。由此便出现了一个悖论：不论是否以营利为目的，交易是否为有偿行为，共享关系均难以同时满足"与经营者交易"的主体要件和"行为有偿性"的客体要件。[4]

只有结合共享关系的结构性特征，才能析出共享消费关系的"成立要件"。消费是一种与生产服务相对应，而不是与经营者相对应的概念。在单一

---

[1] 参见王天玉："基于互联网平台提供劳务的劳动关系认定——以'e代驾'在京、沪、穗三地法院的判决为切入点"，载《法学》2016年第6期。

[2] 参见张江莉："互联网平台竞争与反垄断规制 以3Q反垄断诉讼为视角"，载《中外法学》2015年第1期。

[3] 关于互联网雇工与合作共享劳务的新型关系的进一步讨论，详见本章下一节内容的分析。

[4] 参见马一德："解构与重构：'消费者'概念再出发"，载《法学评论》2015年第6期。

关系中，用户间的免费共享或许是无偿的，考虑到双边市场，一旦将目光转至平台链接的其他法律关系，整体"经营—消费"关系便可被清楚观察。故对于消费者身份认定，交易相对方是否为"经营者"，在所不问。共享消费关系实际上是平台经营者和各方用户共同建立的：离开平台经营者，接受无偿服务就不是消费行为；离开卖方和买方用户，共享平台也不能创造出"免费"消费者。对"免费消费者"认定更详尽的讨论，可参阅下一节的内容。

第二节　共享法律关系的微观构造

但凡涉及私法体系构建，皆有主体、客体和权利三大支点。若欲揭示共享契约私法构造，除宏观法律关系考察，还应进一步澄清建于私法支点上的微观内容。法律主体乃法律关系的参加者，其具体法律定位有时决定了该关系的基本内容。法律客体指向权利义务的对象，当中亦包含法律构造的丰富信息。一项法律关系的内容，首先往往是权利，而且往往同时有若干项权利。[1]且私法学以权利为本位，私法体系中的义务为权利而被动存在，其指向由权利发动。[2]故对共享法律关系之微观剖析，当从主体、客体和权利入手，以资观察线索。需要说明的是，共享法律关系涉及主体众多、权利义务内容颇为庞杂，为避免全而不当，笔者在下文中对有关内容的分析并非面面俱到，而是有所侧重，仅取其典型意义之部分。[3]

一、共享法律关系微观构造之一：四类共享主体

共享法律关系之核心主体为共享平台，准确地说，是开办共享平台的企业或其他私法主体。由于共享经济属于电商模式的一种，故共享法律关系的主体分类原则上可适用于《电子商务法》。例如，开办共享平台的企业，即为该法所称的"电子商务经营者"和"电子商务平台经营者"。但是，仍然有一些共享主体未在法律文本分类中得到正式体现，需要通过法律解释方法或

---

[1] 参见[德]迪特尔·梅迪库斯：《德国民法总论》，邵建东译，法律出版社2000年版，第55页。

[2] 参见龙卫球：《民法总论》（第2版），中国法制出版社2002年版，第108~110页。

[3] 例如，关于辅助性参与共享法律关系的第三方主体，未在下文中具体讨论。

漏洞补充的方式，明确其具体定位及其关系的适用范围。结合《电子商务法》的规定，共享法律关系主体大体上分为四种类型，下文分别述之。

（一）共享平台经营者（发起者）

《电子商务法》第9条具体界定了电子商务经营者的概念和种类。根据规定，电子商务经营者属于"经营者"这一集域，具体包括自然人、法人和非法人组织，可被划分为电子商务平台经营者、平台内经营者以及其他非平台经营者（如自建网站、其他网络服务经营者）。对于共享平台经营者的定位，主要涉及以下两个问题：

1. 共享平台经营者与非营利平台发起者

电子商务平台经营者为电子商务经营者的子属概念，共享平台经营者又属于电子商务平台经营者范畴。根据《电子商务法》第9条第2款的规定，共享平台经营者的组织形态仅限于法人和非法人组织，不包括自然人。申言之，自然人不得作为平台经营者的开办主体。而共享平台经营与其他平台经营者一样，都应当依据《电子商务法》第10条进行市场登记。此种经营者登记义务是绝对的，不存在豁免条件。

《电子商务法》可能存在的漏洞之一，在于未对非营利的共享平台提出规范方案。例如，维基百科即为完全非营利的互助型共享平台，其开办主体为维基媒体基金会这一非营利组织。或许存在一种辩解：非营利平台及其开办者，原本就不在电商立法的考量范围内，充其量也只能算立法者认知的"漏洞"。[1]然而，若考虑到第二章第三节的内容以及对共享关系结构性的特征分析，我们应当看到这种漏洞的存在很可能是立法者未正确识别电子商务类型所导致的结果。

共享交易乃至互联网平台经济中，非营利共享有可能是营利活动的组成部分，如与维基百科类似的百度百科即由百度公司建立。某些非营利共享平台即使不是直接由平台经营者开办的，从整体交易结构来考虑，有时也可被纳入结构性商行为的范畴。关于这一点，笔者将在下一节分析中谈及。为弥补《电子商务法》忽视共享关系结构性特征之不足，国家市场监督管理总局

---

[1] 所谓认知的漏洞产生，通常是因为立法者认为系争问题不宜操之过急地立法，最好交由司法机关在学界支持下逐步完成。参见黄茂荣：《法学方法与现代民法》，中国政法大学出版社2001年版，第337页。

于2021年出台的《网络交易监督管理办法》以第7条第4款压实了提供网络社交、网络直播服务的平台经营者义务。这些平台的共通之处在于，它们可能会利用免费共享服务来"掩盖"自身的营利属性。

2. 平台经营内容与平台法律地位

根据《电子商务法》第9条第2款的规定，电子商务平台经营者的交易内容表述为"为交易双方或者多方提供网络经营场所、交易撮合、信息发布等服务"。这一规定的具体含义及不足，第二章第三节已有具体分析，此处不再赘述。本款后半段所谓"供交易双方或者多方独立开展交易活动"，这里的"交易方"包括平台自身，即区分了平台自营服务和第三方服务。该条文表明立法者因循了传统网络交易模型的基础分类，即网络服务提供者（ISP）和网络内容提供者（ICP）的划分。[1]据此，平台内经营内容与平台自身经营内容并不等同。

商法和消费者权益保护法的调整模型总倾向于假定与经营者相对的普通主体在风险防范和议价能力方面处于弱势，而经营者通常能够承担防范各种风险的成本。这也是为何在网约车问题上，许多学者坚持要求网约车平台承担承运人责任的主要理由。一种观点认为，国家之所以要求平台企业扮演承运人的角色，是因为网约车交通事故率不高，平台有足够手段分散其原本就不高的赔偿风险，并促进更多的消费用户加入网约车交易。[2]

以上假定总体上固然不错，但私法对主体的调整还应当根据经营活动的特点，区分不同经营内容的风险激励结构。事实上，许多共享平台的主要经营内容都是提供一整套共享服务规则，其重点不在于提供共享物品或服务本身，对用户也缺乏像承运人企业那样分别采取"职能长工制""直线职能制"和"科层官僚制"等指挥管理手段。[3]新兴共享交易结构下，共享平台甚至不能被理

---

[1] 学界对何为网络服务提供者有不同认识，有的将网络服务提供者做广义理解，涵盖网络内容提供者；有的限于狭义，仅指网络技术服务提供商。参见刘颖、黄琼："论《侵权责任法》中网络服务提供者的责任"，载《暨南学报（哲学社会科学版）》2010年第3期。

[2] 参见熊丙万：《私法的基础：从个人主义走向合作主义》，中国法制出版社2018年版，第211~212页。

[3] 关于企业的内部组织管理方式综述，参见李方勇："西方企业组织理论百年演变和发展综述"，载《北京航空航天大学学报（社会科学版）》2010年第3期。

解为单纯的"网络服务提供者",前者承担了一定契约公共治理的职能。[1]那种强行把所有共享平台经营者都当作租赁型"自营"经营者,或者刻意混为一谈的观点,是无视平台类型和共享契约双边市场特征的错误看法。[2]

(二) 共享用户经营者

狭义共享契约的本意是个人闲散化的共享活动,体现点对点的特征,用户层的法律关系一般并不包括经营者和那些以此为业的"职业玩家"。但广义上的共享显然不限于此。在第二章第四节的分析中,靠近第二、四象限的中间象域,进驻社交电商的中小企业和小卖家有时会利用平台规则形成某种"商业联盟"或"套利联盟"。一些典型的中介型平台交易中,也大量活跃着营利性的职业用户。这类用户的法律地位大体上可以在《电子商务法》的框架内解释。

1. 平台内经营者

共享平台内具有经营者身份的用户,其地位落脚于"电子商务平台内经营者",由此区别于非经营者用户。根据《电子商务法》第9条第3款的规定,平台内经营者是通过电子商务平台提供的服务来进行商品销售或提供服务的。电商零售模式中常见的网络店铺(简称"网店")之"店主",即属于平台内经营者。这种经营活动的开展,以经营用户与平台经营者之间的网络服务合同关系为前提条件。共享平台内的经营者法律地位,若不考虑其参与共享契约而合成新属性的法律关系,它们与其他平台内经营者并无实质区别。

2. 其他经营者

根据《电子商务法》第9条第1款的定义,电子商务经营者中还包括通过自建网站、其他网络服务销售商品或者提供服务的经营者。一般认为,这就是所谓的"电子商务第三方平台",立法在此将其归入电子商务经营主体,体现了对各种电商模式的平等对待。[3]从体系上理解,"其他经营者"这一主体形式,是对平台经营者和平台内经营者两类主体形式的补充归类,但该条规定没有对其进行具体界定。

自建网站这一行为比较容易理解,通常是指经营者自行租用互联网域名

---

[1] 关于平台交易管理权的性质,详见下文的分析。
[2] 有关专车类共享的责任承担问题的讨论,详见第四章的分析。
[3] 参见刘颖:"我国电子商务法调整的社会关系范围",载《中国法学》2018年第4期。

开发网站或 APP 移动互联网终端，而其他网络服务则明显具有兜底性和开放性。电子商务法起草组指出，提供"其他网络服务"的电子商务经营者主要是依托于社交网络来从事商品销售或提供服务，被称为"社交电商"。[1]有学者认为，微商也属于此种形式，其指经营者通过微信的聊天功能与订阅号功能销售商品或提供服务，而不是在网购平台上注册网店从事电子商务活动。[2]

依笔者所见，"其他网络服务"可填补《电子商务法》在吸纳共享契约类型方面的体系漏洞，作为兜底解释之依据。因"平台内经营者"这一概念建立在平台经营者基础上，非营利平台及其开办者并不能被纳入其中，后一类平台却可能涉及具有社群属性的共享契约交易形式。平台内用户以持续性行为积累"社会资本"并套现个人经济价值，即可被界定为"其他经营者"，受到《电子商务法》的调整。

(三) 非商共享用户

依传统商事主体法定原则，非经商事法确认不得成为商事法主体，只有依商事法确认的商事主体才能实施商事行为。[3]商行为也是一种与商人有关的对合概念，同时强调主体的商人性和行为的营业性。按照通说定义，营业的行为定义是指"以营利为目的，独立的、连续的、不间断的职业性经济活动"。[4]随着商法逐渐脱离"商人特权法"的轨道，以及民法被商化、企业和经营者集中商事立法路径不断强化，商人、商行为等概念已不再被作为商法体系构建的基础。[5]为此，不少观点认为，企业是商主体的核心，或者可被视为商人的替代概念。[6]但是，这并不意味"商人—商行为"的传统关系

---

[1] 参见全国人大财经委电子商务法起草工作小组编著：《中华人民共和国电子商务法解读》，中国法制出版社 2018 年版，第 67 页。

[2] 参见赵旭东主编：《中华人民共和国电子商务法释义与原理》，中国法制出版社 2018 年版，第 50 页。

[3] 参见王保树主编：《中国商事法》（新编本），人民法院出版社 2001 年版，第 41~42 页。

[4] 中国社会科学院法学研究所法律辞典编委会编：《法律词典》（简明本），法律出版社 2004 年版，第 239 页。

[5] 参见夏小雄："商行为的体系定位和结构转换——历史维度的再考察"，载《环球法律评论》2017 年第 1 期。

[6] 参见范健：《德国商法：传统框架与新规则》，法律出版社 2003 年版，第 63~64 页。类似的观点还可以参见叶林："企业的商法意义及'企业进入商法'的新趋势"，载《中国法学》2012 年第 4 期；王建文："从商人到企业：商人制度变革的依据与取向"，载《法律科学（西北政法大学学报）》2009 年第 5 期。

模型失去了其价值功能。我国《电子商务法》所调整的"电子商务"经营活动，即需要商人、商行为等概念要素参与界定，形成以电子商务经营者为中心的规范体系。作为体系中的例外，大量参与共享活动的非商卖方用户，需要尽快找到自身定位。

1. 《电子商务法》中的非商用户

《电子商务法》第9条定义的法律关系主体均集中在"电子商务经营者"这一概念项下。而根据该法第10条的豁免登记规定，我们可以间接推导出电子商务法律关系的非商个人主体在一定程度上可作为共享非商用户的规范依据。

根据规定，《电子商务法》的非商主体以自然人为限，具体分为"销售自产农副产品、家庭手工业产品""便民劳务活动"和"零星小额交易"三类。这些交易有两种共性特征：其一，其交易活动缺乏稳定的营利性和持续性，以此区别于消费者及其他非经营用户；其二，即使交易主体以营利为目的，也不过偶尔从事，或者虽保持一定的交易频率，但交易数额较小，通常不会被当作营业行为看待。《电子商务法》识别非商主体的立法目的在于豁免其公法上的登记义务。[1]

在共享交易中，不少平台注册用户都属于这类被豁免登记的非商个人主体，如出售或出租自有闲置物品。但由于前文（第二章第三节）提及的"体系违反"问题，这类被豁免的非商主体在其他权利义务内容上，究竟与电子商务经营者有何实质不同，难在现行电子商务法体系中找到答案。依共享契约基本原理，个人非商主体并不承担过于严苛的经营者义务，涉及赔偿责任时亦有减轻其责任的正当理由。

2. 职业用户：新型劳动者

在狭义共享中，随着供给边际成本趋向于零，职业门槛将被一定程度地减低甚至取消，越来越多的兼职化、业余化的用户会加入进来，形成所谓的"零工经济"。在部分学者看来，不论工作对技术能力的要求高低，也不论收入的高低，零工们似乎都没有"雇主"。[2]但在现实中，由于涉及交易成本等诸多因素，许多共享平台都没有实现这一状态，反倒是大量出现了在一定

---

〔1〕 依《电子商务法》之规定，非商用户的纳税等公法义务仍不得当然豁免。

〔2〕 参见刘文静："平台企业：零工经济中的法律关系与责任分担"，载《探索与争鸣》2020年第7期。

程度上依赖于平台的"半自由职业者"。

　　针对数字劳动市场的特殊性,有学者总结了美国、德国等国家司法机关对优步(Uber)司机劳动关系的审查指标和因素,诸如"对工作细节的控制权""是否具备专业技能""是否由专业人员独立完成""是否提供劳动工具或场所""报酬以工作时间还是工作量"等,以及围绕人身依附、经济地位、组织活动等方面的从属性审查。尽管这些审查标准具有高度不确定性,但许多法院都倾向于把司机与平台的关系归类为传统劳动用工。[1]另一方面,许多国家的政府规制都没有采取非此即彼的策略,而是考虑了数字化用工增加灵活就业产出,减少搜索、交易和协调成本的特殊市场功能,以及数字平台用工有限的自治性平台基于算法控制之间的平衡性,更多地把优步(Uber)司机定位在员工和自由职业者(independent freelancers)之间的灰色地带,视之为非独立自我用工(dependent self-employed workers, DSEWs)。[2]

　　在我国,也有学者反对把这类零工模式下的职业用户按全日制用工对待,主张依照民法上的平等主体之间的劳务关系调整,引导平台和用户平等协商二者之间的用工纠纷。[3]事实上,我国《网络预约出租汽车经营服务管理暂行办法》第18条允许平台公司与驾驶员签订多种形式的劳动合同或者协议,以明确双方的权利义务,这表明我国对网约车这类共享经济采取了相对开放的规制立场,并未将平台与司机用户强行定位于劳动关系或劳务关系。

　　关于共享关系中的用工模式认定涉及多种价值和权利义务权衡,并非一种简单的非此即彼的选择。笔者总体上赞同以下观点:在共享契约参与度和协调度较强的平台关系中,平台与职业用户的关系应以新型的非独立自我雇佣为主,在考虑分配平台与卖方责任时,应视卖家参与程度进行差别对待。[4]

---

　　[1] 参见王天玉:"基于互联网平台提供劳务的劳动关系认定——以'e代驾'在京、沪、穗三地法院的判决为切入点",载《法学》2016年第6期。

　　[2] See Cristiano Codagnone, Fabienne Abadie and Federico Biagi, "The Future of Work in the 'Sharing Economy': Market Efficiency and Equitable Opportunities or Unfair Precarisation?", Posted 27 May 2016, https://papers.ssrn.com/sol3/papers.cfm?abstract_id=2784774, accessed 18 Jan 2020.

　　[3] 参见彭倩文、曹大友:"是劳动关系还是劳务关系?——以滴滴出行为例解析中国情境下互联网约租车平台的雇佣关系",载《中国人力资源开发》2016年第2期。

　　[4] 参见蒋大兴、王首杰:"共享经济的法律规制",载《中国社会科学》2017年第9期。

(四) 共享消费用户

从体系上理解，电子商务消费者与电子商务经营者是一对对合概念。尽管《电子商务法》没有使用和界定电子商务消费者的概念，但其中有不少条文都涉及"消费者"这一表述，据此可推导出共享消费用户的概念。需要注意的是，《电子商务法》在电子商务经营者以外还分别使用了电子商务当事人、用户和消费者三个概念当作主体描述，显示出立法者意识到了电子商务法律关系的多元性和复杂性。例如，平台用户可能属于消费者，但同时也可能是平台内经营者，或者是非个人用户，并不能为消费者这一概念所涵盖。就共享消费用户认定而言，我们还应当关注以下两个问题：

1. 免费的共享消费用户

关于互联网免费消费者的身份问题，有学者试图从竞争法角度，提倡以"潜在消费者"的观念破解传统民法"购买行为"要件的局限性。[1]亦有人提出了"经营者不以营利为必要、消费不以有偿为必要"的变通观点，[2]但这突破了消费概念的基本语义，未必是合适选项。正如前文指出的，共享法律关系的私法结构性特征，已经为免费共享消费者的成立提供了解释路径。

从私法上认定免费消费者的身份，可以从以下两方面澄清：其一，尽管消费关系一般须体现某种有偿性，但有偿给付的对象不必是经营者，消费者可以向其他用户（该用户也未必是经营者）给付。其二，有偿之给付行为，重在对待给付，其不必限于金钱给付，其他义务之履行亦无不可。[3]用户对等分享资源（知识、文化体验）可被理解为互助式对待给付，将用户接受广告推送、浏览广告等行为视同对待给付亦无不可。因为，这些行为背后的实质，是经营者利用免费用户带来的流量，帮助其获取了来自免费用户之外群体的收益。[4]

总之，在共享观念大行其道的互联网商业模式下，免费消费者的概念不仅成立，且并没有突破经营和消费关系的整体框架。只不过，用户消费和对

---

[1] 参见陈耿华："互联网时代消费者在中国竞争法中的角色重塑与功能再造——兼论《反不正当竞争法》的修改"，载《江西财经大学学报》2018年第2期。

[2] 参见马一德："解构与重构：'消费者'概念再出发"，载《法学评论》2015年第6期。

[3] 参见朱庆育：《民法总论》（第2版），北京大学出版社2016年版，第139页。

[4] 参见侯利阳、李剑："免费模式下的互联网产业相关产品市场界定"，载《现代法学》2014年第6期。

价形式发生了深刻转变,在此场景中,买家用户是否向平台经营者支付金钱已不影响共享消费行为的成立。

2. 共享消费者之"牟利"消极要件

《消费者权益保护法》第2条关于"为生活消费需要"的表述,形成了消费者身份界定须以生活消费为前提的通说。[1]这种通说实际上反映出了传统民法"消费观"的一种僵化认知,即消费与生产经营活动总能够通过商家与客户的关系区分开来。这种通说在产消一体、自产自销的互联网共享商业模式下往往会变得不堪一驳。例如,某些进驻共享平台的小卖家,完全可能通过共享交易购买部分所需经营资料,如果在适用消费者权益保护法保护前,还必须对所有互联网购买目的进行追根溯源审查,则《消费者权益保护法》在互联网领域根本无法适用。

与"生活消费"另一相关的认识是,消费者身份的主观前提须为非牟利性。应当指出的是,此处所谓"牟利"与"营利"不可等同。依《民法典》第76条之规定,"营利"的含义是"取得利润并分配给股东等出资人",解释上侧重于"作为营业"的持续性。[2]在实务中,"牟利目的"通常只被理解为"获取一定的经济利益",并未限定利益获取的频率和时间条件。不论学理和实践,皆有不少因购买者具有牟利目的而排除消费者认定的观点,如消费者"知假买假"。[3]

若将以上争议放置在共享消费关系中,"牟利目的"这一消极要件是不能够成立的。在共享消费中,自产自销或以物易物的双边用户都不能说没有任何"经济利益"追求;社交属性较强的大V、意见领袖等关键用户,能够潜在性地获取较大的分享经济收益,他们面对平台经营者时若一概不能寻求《消费者权益保护法》保护,则明显存在问题;许多互联网消费模式,往往均带有资金池或资金返利的金融属性,用户以追求金融回报为主要或附属目的,此类用户的消费者保护不但不能弱化,还应当进一步强化其消费知情权、公

---

〔1〕 参见周渝舜、杨惠嘉、李浩然:"消费者概念的民法解读与架构",载《行政与法》2018年第10期。

〔2〕 蒋大兴:"商人,抑或企业?——制定《商法通则》的前提性疑问",载《清华法学》2008年第4期。

〔3〕 如江苏省徐州市中级人民法院在一则判例中,即判定以牟利为目的的知假买假者不属于消费者。参见江苏省徐州市中级人民法院〔2018〕苏03民终659号民事判决书。

平交易权。

二、共享法律关系微观构造之二：三大新型客体

任何法律关系都有具体的指向对象，供权利义务指向的标的要素即为法律关系客体。法律关系客体不同于标的物，后者只是对人类和法律主体具有价值的有体物。有体物作为标的物，通常存在于支配性法律关系中，其本身也可以作为法律关系的客体，如物权之客体。但并非所有客体都属有体物，大量法律关系的客体为给付行为、人身要素和智力成果等非物化内容。共享经济所谓"所有权与使用权分离"的特征，看似是将共享关系客体重心放置在物权领域，实际上是人们对共享法律关系的误解。共享法律关系是网络化的聚合性关系，其中不乏服务合同、买卖合同、租赁合同等传统关系客体，但最具新颖性的客体不应被忽视。共享平台有核心商业价值的资产包括交易治理规则、算法、用户（数据流量）以及交易新型合约。这些不同标的类型代表了共享法律关系区别于传统关系的新型客体。

（一）共享平台提供的第三方治理服务

《电子商务法》中的平台经营者服务内容有网络经营场所、交易撮合和信息发布三类。按照一般的理解，网络交易平台所对应的法律关系客体是多元化的，但主要有两类：一是网络空间虚拟财产，其所有权人是网络交易平台提供者；二是网络服务合同的给付行为，包括提供交易平台、指定交易规则、信息管理、储存和查询等。[1]从广义的网络交易来看，这种理解大体上是正确的。但就共享交易（特别是狭义共享）而言，法律关系的重点在后一类客体。更准确地说，支撑共享经济产生、运行和发展的平台第三方治理内容是共享契约较传统债权、物权关系更具创新优势的权利义务客体。它们具体包括以下内容：

1. 产权重新界定

作为共享经济的"中央处理器"，共享平台的首要任务是吸引用户注册，随着买方和卖方的不断加入，共享资源和需求不断向共享平台集中。共享平台为了发挥网络规模效应，并应对激烈的平台竞争，不但要求平台经营者秉承"用户之上"的理念，以差异化手段满足用户需求，并且要合理制定用户

---

[1] 参见杨立新：《网络交易民法规制》，法律出版社2018年版，第83~97页。

规则，公平分配用户责任风险并调适用户利益冲突，完善技术手段和信息披露，保障共享资源的有序、高效配置。故而，平台所制定的内部规则对于用户的权利关系是至关重要的，其构成平台创新的重要内容。

2. 算法定价机制

共享平台需要依靠用户的有偿购买服务或支付其他对价才能生存下去。从经济学上看，在网络边际效益小于边际供给（生产）成本的扩张阶段，平台通常会使用补贴手段增加用户的收益，以吸引用户的加入，助推边际生产成本曲线向零点移动。只有在平台发展的不同阶段，分别准确预测用户需求，制定合理的定价策略，才可能聚合更多的共享资源，令其在与传统行业和其他平台的双线竞争中脱颖而出。共享平台定价所依赖的不是网络基础设施，而是建立在其上的大数据分析等算法技术，后者是共享平台降低交易成本、优化资源配置的核心竞争力。[1]关于算法资产的高附加值，我们能够在TikTok与美国外资投资委员会强制出售纠纷中一览无余。[2]

3. 信用评价创新

与商事登记类似，在陌生人的交易环境中，信用评价被认为是典型的公共产品。主流的官方个人信用评价系统是中国人民银行征信系统。但这一套征信系统的内容相对稀少，只涵盖银行、法院和部分生活缴费记录等信息，一般企业亦难以获取，作为互联网信用评价的基础数据，其数据分析意义有限。为此，利用互联网大数据从事个人征信评价的专业机构应运而生，许多共享平台也乐于选择与这些信用评价机构合作。有的共享平台自行致力于"网络熟人社会"的构建，试图通过网络社区的大数据分析，获取用户的行为特征，并利用"用户黏性"来增加用户违约的信用成本。[3]

4. 居中裁决与惩罚

任何交易系统与经济体系中均会存在不遵守游戏规则的破坏者，在政府

---

〔1〕参见齐爱民、张哲："共享经济发展中的法律问题研究"，载《求是学刊》2018年第2期。

〔2〕根据商务部、科技部调整发布的《中国禁止出口限制出口技术目录》（商务部 科技部公告2020年第38号），基于数据分析的个性化信息推送服务被列入"限制出口"名单。该项服务即指向TikTok的核心算法。

〔3〕所谓的"用户黏性"，是指用户对某一网络平台的依赖度、使用度和忠诚度。当"黏性"超过一定的程度，且交易金额并不大时（如几十、几百的小额交易），信用成本就会大于违约收益，从而起到威慑作用。

监管之外（前）建立一套纠纷裁决、惩罚与救济机制，是维持共享交易秩序的必要条件。共享平台提供的纠纷预防规则依赖于买卖双方的双向评价机制。在这套体系中，买方可以对卖方的服务质量、态度等进行评价并发表意见，卖方也可以对买方的付款及时性等消费习惯进行反向评价。为了避免评价的相互影响，有时会采取匿名形式，并双向同时发布评价结果。许多平台规则中还包含了争议解决的条款和程序，一旦出现纠纷，由平台直接承担违法和不良信息提供、纠纷调解与信用惩罚等职责。

（二）数据财产

如前文所分析指出的，若类推物权法律关系，网络交易场所、网络店铺或域名等无形财产标的也可以类物"客体"看待。但实际上，共享交易的主要价值并非是虚拟交易"场所"及其"域名"，这并不是说前者没有经济价值，而是说决定共享平台商业价值高低的真正标志是平台拥有的用户数量（流量）以及反映用户行为特征的数据流。不论是用户流量还是用户行为特征数据流，其本质都是数据财产权。

1. 数据的财产权属性

《民法典》第127条对数据的保护作了原则性规定："法律对数据、网络虚拟财产的保护有规定的，依照其规定。"这说明，《民法典》一方面承认数据的财产权地位，另一方面其权属内容又留待其他法律明确。在学界，基于对数据客体特征及其与个人信息保护关系的不同理解，数据的财产权属性并非没有争议。

一种观点认为，数据在许多场合下，无法为民事主体所独占和控制，不具有物权客体的传统排他性。故数据本身虽有经济价值，但本质上只是一种合同权利义务。[1]还有一种观点认为，数据的本质是个人信息，它可以被社会所共享，但个人信息仍然归个人信息权利人所有。[2]当然，亦有许多观点支持数据本身即作为财产权客体。[3]

依笔者所见，数据作为财产权客体，不但有来自《民法典》的基本法依

---

[1] 参见梅夏英："数据的法律属性及其民法定位"，载《中国社会科学》2016年第9期。

[2] 参见王利明："数据共享与个人信息保护"，载《现代法学》2019年第1期。

[3] 参见龙卫球："数据新型财产权构建及其体系研究"，载《政法论坛》2017年第4期；李爱君："数据权利属性与法律特征"，载《东方法学》2018年第3期。

据,在法理上也有成立的正当理由。首先,数据虽然不能完全以物权逻辑进行排他支配,但依赖平台规则和一定的储存、脱敏技术,个人信息能够在一定时间和范围内被特定主体单独或授权使用与受益。其次,数据可来源于个人信息,是个人信息的技术化呈现,但又不同于个人信息本身。单纯的个人信息几乎没有经济价值,只有在累积众多个人信息并进行加工处理后,其才能质变为有经济价值的数据。[1]最后,信息持有人可以利用一定的信息脱敏技术,使这些数据不可被还原为可识别的个人信息,由此这些信息数据便脱离了个人信息的保护范畴。[2]

2. 数据财产客体对共享平台的特殊意义

数据无疑属于财产权客体,而数据财产又是共享法律关系的重要客体,对共享交易有着举足轻重的现实和法律意义。用户流量已成为包括共享平台在内的互联网平台拼杀的关键阵地,特别是用户流量反映了活跃的用户数量,比单纯的用户数量(未剔除僵尸用户因素)更能反映平台的商业价值。在我国的司法实践中,已有判例确认了用户流量对于平台的财产价值。北京市互联网法院在"常某某与许某、第三人马某某网络服务合同纠纷案"的判决中指出:

> 流量逐步成为衡量网络产品市场反应程度的一项可量化的指标,成为判断该产品的市场价值、市场影响力乃至市场潜能等的重要因素。从这个意义上说,流量往往附随着经济价值,甚至在一定层面上被认为是一种虚拟财产,成为网络产品财产价值的重要数据依据。[3]

数据财产之所以是共享法律关系的重要客体,是与平台的算法机制有关的。平台进行算法定价和用户精准推送,正是建立在用户行为特征数据采集基础上。腾讯社区广告开发者文档介绍:目前,腾讯社区已经可以向广告主提供超过 200 种的用户特征和行为标签,来实现对目标用户的精准刻画和锁

---

[1] 参见郭兵等:"个人数据银行——一种基于银行架构的个人大数据资产管理与增值服务的新模式",载《计算机学报》2017年第1期。

[2] 根据全国人大2020年10月22日公布的《中华人民共和国个人信息保护法(草案)》第4条的界定,个人信息不包括匿名化处理后的信息。其附则第69条又规定:匿名化,是指个人信息经过处理无法识别特定自然人且不能复原的过程。

[3] 参见北京互联网法院[2019]京0491民初2547号民事判决书。

定；P2P金融利用AI对用户的不同行为进行数据分析，并依据一定的数学公式，计算出用户对"短期借贷"的需求参数。[1]互联网平台对用户行为特征的数据搜集和分析如此广泛表明，在某种意义上，没有大数据分析，就没有互联网商业模式，平台的竞争力强弱取决于其数据处理能力及数据质量的高低。

（三）智能合约

智能合约与区块链技术是互补和共生的关系，前者是一段储存在区块链上的代码，由区块链交易触发，并且该代码在区块链中被写入和读取。[2]简单地说，智能合约就是一种借助区块链技术自动执行的智能电子合同，其在原理上相当于一种条件的验证和执行，即某些程序条件被触发时，才会执行对应的"合同条款"，[3]故其主要特点是当事人的约定代码化，资产可编程控制、智能化。[4]智能合约中包含了代码化的权利义务内容，代码本身也是权利义务关系的指向。智能合约和区块链技术都是新生事物，它们与共享经济具有天然契合性，三者的交叉演化可能会给共享契约的治理带来新的挑战。

1. 兼具客体性与内容性的智能合约

智能合约的应用场景从最早的数字货币领域开始，目前已经逐渐扩展到了股票金融交易、网络消费、智能房屋租赁、智能驾驶支付等多种应用场景和领域。[5]世界上第一个区块链系统是被称为点对点式电子现金系统的比特币。比特币之后，又有不少新区块链系统出现，如由虚拟的区块链公司所出售的以太币，其是通过一个完全由自我执行的软件（即智能合约）组成的线上众筹系统。[6]类似的区块链系统，实际上就是共享经济在货币市场的应用。当前，在智能驾驶领域，"区块链+共享出行"已经得到探索性应用，其中一个案例是纷享车链（AutoChain）。据其官网介绍，纷享车链基于"可信凭证+可信契约+可信设备+可信数据=信任互联网"的理论模型，旨在打造一个具

---

[1] 参见钟凯、刘章荣："共享金融视角下的数据利用及其规制——以数据权利为中心"，载《证券法律评论》2019年第0期。

[2] 参见王延川："智能合约的构造与风险防治"，载《法学杂志》2019年第2期。

[3] 参见王延川："智能合约的构造与风险防治"，载《法学杂志》2019年第2期。

[4] 参见郭少飞："区块链智能合约的合同法分析"，载《东方法学》2019年第3期。

[5] 参见袁勇、王飞跃："区块链技术发展现状与展望"，载《自动化学报》2016年第4期。

[6] 参见[美]凯文·沃巴赫："信任，但需要验证：论区块链为何需要法律"，林少伟译，载《东方法学》2018年第4期。

有广泛信任共识的汽车出行行业开放式数据应用平台。[1]纷享车链论其商业模式,就是一个由区块链和智能合约技术加持的去中心化 P2P 共享平台。

根据第二章第二节的讨论,区块链的去中心化与信息分布使得每个节点都具有独立性,智能合约的自我执行机制解决了中心化平台规则与信用评价中的信任"盲点",不需要政府和企业充当信息传达和共享契约履行保障的第三方,故区块链促使共享平台演变为了一个更加纯粹的 P2P 平台,这说明区块链、智能合约与共享经济在本质上相互契合。在智能合约的应用场景下,区块链作为底层支撑技术,智能代码层承担合约条款的生成、反馈和执行,而文本层则以自然语言呈现,可为当事人了解。[2]然而,双方一旦通过合约达成协议,合约就直接扮演了仲裁者的角色,自动推动交易的完成。在这个过程中,法律被排除在外,不再是合法/非法,而是合约代码本身成为元代码。[3]从这个角度讲,智能合约承载着用户的权利义务内容,该代码又是体现共享用户意思表示一致指向的对象,在这样的共享法律关系中,智能合约兼具内容和客体的角色。

2. 智能合约成为客体引发的法律问题

智能合约成为法律关系的客体,所呈现的不仅是客体本身的变化,它还深具改变法律关系主体和内容实际配置的巨大潜力。在智能合约应用的广阔前景中,我们不仅能看到货币、网络土地所有权等互联网虚拟财产的海量迅捷交易,同时还实现了人与机器、法律与算法的深度交互和融合;人们可能需要向智能机器人交付车费,而忽略智能汽车的真正所有权人是何人。

另一方面,当事人有时会有智能合约条款解释与修订的困惑,缔约主体必须充分理解合约设计的程序原理乃至代码识别才能准确地理清其中的工作原理;[4]用户也会受到合同履行不可逆、不可撤销的困扰,一旦进行到智能合约的履行阶段,缔约人将无法撤销反悔,或者撤销反悔是极其困难乃至近

---

[1] 详见纷享车链官网:http://www.autochainglobal.com,最后访问时间:2020 年 12 月 28 日。

[2] 参见郭少飞:"区块链智能合约的合同法分析",载《东方法学》2019 年第 3 期。

[3] 参见余成峰:"法律的'死亡':人工智能时代的法律功能危机",载《华东政法大学学报》2018 年第 2 期。

[4] 参见王璞巍等:"面向合同的智能合约的形式化定义及参考实现",载《软件学报》2019 年第 9 期。

乎无法达成的;[1]区块链和智能合约排除了人为干预,是一种高安全技术,但依然不代表技术的绝对安全,理论上和实践中都具有被攻击乃至被破解的可能,[2]因此用户仍会面临个人信息和虚拟财产保护的安全问题。

对于我国《电子商务法》第48条所规定的电子商务合同的特殊订约和履约方式即"自动信息系统",是否包含本节讨论的智能合约,学界存在不同观点,考虑到人工智能和区块链技术已进入实际应用阶段且发展迅猛,解释上采肯定说为宜。[3]关于智能合约系统环境下的共享契约意思表示解释,笔者将在下一节进行论述。

三、共享法律关系微观构造之三:四种特殊权利

权利在私法体系中的地位举足轻重,且其概念背后综合了不同学说。不论何种学说,权利均具备定分止争机能,即于一定的法律要件下,具有合理的正当理由,赋予个人某种力量,以享受其利益。[4]故权利之叙事线索的另一面必然对应着另一主体的被动义务,共同构筑私法关系的不同界面。共享经济驱动各参与方所创设的共享契约,是关于互联网产权关系界定的最新进展,其对传统法律关系的权利结构冲击较大,既有对传统物权支配力观念的潜在影响,也包括前文提及的数据等新型财产权,甚而涉及某些服务合同的权利义务重塑。若论其中尤当关注者,莫过于平台自我管理、用户公平交易、用户人身安全以及用户个人信息四种特殊权利关系。民法、公司法和消费者权益保护法所设计的既有法律框架,难以完全适用于此类关系调整。

(一)平台自治管理权

平台规则是共享契约自治的主要形式,公开、公平、公正地制定平台服务规则的义务是共享法律关系重要的内容,有关平台治理服务也是共享关系

---

[1] 参见倪蕴帷:"区块链技术下智能合约的民法分析、应用与启示",载《重庆大学学报(社会科学版)》2019年第3期。

[2] 参见任航、谢昭宇:"区块链2.0时代智能合约的犯罪风险及其应对——以The DAO黑客事件为例",载《犯罪与改造研究》2020年第3期。

[3]《联合国国际合同使用电子通信公约》在其释义中表明,电子商务合同中的自动信息系统不涉及人工智能问题。参见薛虹:"论电子商务合同自动信息系统的法律效力",载《苏州大学学报(哲学社会科学版)》2019年第1期。

[4] 参见王泽鉴:《民法总则》(增订版),中国政法大学出版社2001年版,第84~85页。

的主要客体之一。作为一种第三方治理机制，相比于企业内部管理和一般合同自治，平台的自治管理权既保留了平等协商的一面，也有某些特殊的"管理"属性。其具体性质、特征和效力如下：

1. 平台管理权的基本性质

基于共享关系客体的讨论可知，共享契约主要是由平台制定的交易规则所构建。根据原《国家工商管理总局网络商品交易及有关服务行为管理暂行办法》第22条的规定，平台规则具体包括交易规则、安全保障、消费者保护、不良信息处理等内容。虽然该规定主要针对网络平台经营者的管理义务，但认可其作为"管理规章制度"的地位，体现了国家行政机关对平台管理规则制定的某种赋权。[1]诚然，国家"赋权"说在一定程度上是成立的，部分平台条文甚至最终上升为了立法，如"七天无理由退货"规则，最初即源自平台自治规则。[2]但是，平台的自治管理权明显先于国家赋权，且有不断演变和突破既有权利结构的趋势，将平台自治管理权视为源自国家赋权，恐背离其私权本质和私法先行的理念。

2. 平台管理权的成立体现了各方意志

之所以说平台规则本质上是私权，原因在于规则的成立以用户注册时与平台经营者达成合意为条件。平台规则是用户与平台订立网络服务合同的组成部分，离开用户方的授权，平台单方面制定的规则不得生效，针对用户个人信息的数据采集、使用和处理不具备起码的合法前提。不仅用户注册时需要各方达成合意，用户退出、平台规则的修订、纠纷投诉的处理也体现了不同用户的意志参与，是平台和用户的意志互动和协同反馈的结果。例如，平台对一方用户进行信用惩戒，一般以另一方用户申请的意思以及众多用户的评价为依据。

3. 平台管理权突出私权"管理性"

平台管理过程中，交易各方无疑具有一定的实质不平等性，凸显平台一方的强势地位。例如，平台制定的算法，通常并不向用户公示；个人信息的

---

[1] 参见洪海："关于网络交易平台规则制定权的思考"，载《中国工商管理研究》2013年第4期。

[2] 参见孟凡新："共享经济模式下的网络交易市场治理：淘宝平台例证"，载《改革》2015年第12期。

储存和利用，未必完全能按用户要求基于"被遗忘权"规则彻底删除;[1]平台对违反用户守则的行为进行处罚，具有明显的单方意志性，不以用户的个人意志为转移。平台管理的这种特性可能会带来两方面的误解：一些意见认为，管理权是依据网络服务合同产生的，故谈不上单方性；另一些意见认为，基于双方的管理与被管理关系，这种管理权不能被简单地理解为传统的私权利或商行为。[2]这些看法都有正确的成分，但其忽略了这类契约的"默示授权"特征，即并非所有情形都被清晰地记载于用户条款，对于用户行为的管理更多系基于一种模糊的授权。实际上，这种传统合同法无法解释起源于平等授权但执行过程需要一方作出牺牲的管理性契约在传统私法领域大量存在。[3]故而，平台管理的单方性及国家对平台关系的正当干预皆不能否定这一管理权的私权属性。

4. 平台管理权具有共同性和涉他性

分析单个法律关系，我们可看到买家和卖家分别与平台订立网络服务合同，从而加入平台规则关系。整体观察共享法律关系的各网络环节，我们又可以看到平台管理权表现出以下特征：

(1) 交易方有共同的目标。平台管理权的存在是为了发挥其第三方治理功能，从而提升用户交易的公信力和平台的声誉。

(2) 权利义务指向的涉他性。平台管理权指向被管理对象，既要承担某种被管理义务，同时也是其他被管理对象的权利。例如，用户接受其他用户评价既是其对平台所负的合同义务，也是其他用户的评价权利。此外，根据《电子商务法》第39条第2款的规定，评价管理同时也是平台对用户的一项法定义务，不得删除评价记录。

(3) 效力的涉他性。平台管理权的行使效果不但影响被管理对象及其交易对手，同时还可能影响不特定用户的平台利益。例如某一用户被"销户"，被"销户"方对其他用户做过的评价、所积累的虚拟财富都随之清零，从而

---

[1] 参见丁宇翔："被遗忘权的中国情境及司法展开——从国内首例'被遗忘权案'切入"，载《法治研究》2018年第4期。

[2] 参见刘权："网络平台的公共性及其实现——以电商平台的法律规制为视角"，载《法学研究》2020年第2期。

[3] 参见罗培新等：《公司法的法律经济学研究》，北京大学出版社2008年版，第37页。

对整个网络社区生态造成间接影响。

(二) 用户的公平交易权

消费者保护性立法具有个人主义、家长主义和实质公平主义等不同理论基础，有关倾斜保护政策的立法技术是类似的，都是将法律上绝对平等的"自然人"演变为弱者"消费者"和强者"经营者"。[1]这一框架对互联网消费者而言并无实质不同。在共享交易背景下，共享消费者的保护另有其特殊性。一则，除租赁型共享平台，大多数平台都不提供用户消费内容，而只是在"第三方治理"的意义上承担消费者保护的义务。二则，平台的主要优势在于交易治理权，该治理权既是为了更好地保障消费者权益，同时也可能反过来对用户的消费权益造成威胁，应为消费用户设置更高水平的公平交易权利保障。为此，加强用户公平交易权保护主要考虑以下几方面：

1. 算法歧视的公平异议权

与共享消费用户公平交易权相关的一个问题，即前文所提及的算法歧视。平台的算法运用主要在商品和服务推荐以及交易信息的推送上，算法自动化决策本身具有不易控制的产生歧视结果的较高风险。[2]算法歧视带来的最大风险不是差异化定价，而是平台对消费者实施数据压榨和技术欺凌，进而造成算法运用的系统性价值扭曲。[3]除采用事前的算法伦理规制，保障用户公平交易权的一个重要私法手段即赋予用户提出异议的权利。当用户对算法结果不满，按照一定的程序提出质疑后，平台有义务结合知情权的要求对此作出解释。而且，需要指出，此种解释的义务不是一次性的，算法提供者和平台有义务构建出一套具有交互诊断分析能力的系统，以回应质疑。[4]

2. "大数据杀熟"的公平性禁止

不论是学界还是社会舆论，均普遍存在对"大数据杀熟"现象的焦虑。

---

[1] 参见朱岩："社会基础变迁与民法双重体系建构"，载《中国社会科学》2010年第6期。

[2] 参见丁宇翔："跨越责任鸿沟——共享经营模式下平台侵权责任的体系化展开"，载《清华法学》2019年第4期。

[3] 参见中国消费者协会："加强网络消费领域算法规制 保障消费者知情权、选择权和公平交易权"，载深圳互联网学会：https://www.isz.org.cn/news/7/3/11378.html，最后访问时间：2021年1月18日。

[4] 参见许可："人工智能的算法黑箱与数据正义"，载《中国社会科学报》2018年3月29日。

从社会学上分析，这种焦虑来源于"被欺骗、受愚弄"的公平感受损。[1]但是，公平感不等于法律中的公平本身。正如前文分析指出的，公平合理的平台交易规则应当同时考虑两方面因素：一是平台的算法评价结果是否披露完整，如果平台刻意隐瞒了大数据分析的不同价格和用途（如忠诚度更高的用户反而会支付更高费用），这种情形与违法删除"差评"记录等欺诈行为并无二致。二是有关消费用户的主客观因素，如用户群体的消费习惯和消费领域的不同。利用弱势群体更依赖于基本生活消费品的特征对其实施定向"高价"推送违反了实质公平理念。

对此，私法可以通过两种方式回应以上公平性质疑。一种方式是强制平台提供非个性化推送结果，以保障用户的知情权和自主决定权，目前这一点已为《电子商务法》所采用。另一种方式是设定个性化推送或自动化决策公平性禁止义务，具体又包括两方面的内容：其一，禁止平台向某些弱势群体和特定消费领域进行个性化推送，并在有关执法和诉讼中承担有关特征排除的举证和合理说明义务。其二，禁止平台就所有群体的部分敏感信息（如种族、宗教信仰、健康、政治取向、性取向）进行算法自动化决策及推送，《欧盟统一数据保护条例》即作出了这一立法选择。[2]

3. 禁止不合理限制义务

所谓禁止不合理限制义务，是指共享平台在指定服务协议、交易规则时，不得对用户交易及其交易价格施加不合理的限制或条件。《电子商务法》第35条规定了电子商务平台经营者负有相同义务，这一规定是基于保障交易公平的考量，突破了契约自治原则对平台的自治管理权及其交易规则作出的法定限制。[3]违反此项义务的交易合同可以被依据《民法典》第153条之规定宣告合同无效。但需要指出的是，《电子商务法》的此项规定主要针对的是平台内经营者和其他经营者，适用范围有限，在共享平台经营者之场合，应当扩张解释及于非商用户的交易。

---

[1] 参见刘学："从抖音与腾讯的纠纷看互联网平台的权力边界"，载网易：https://www.163.com/dy/article/G2Q9DSCR0516D6NK.html，最后访问时间：2021年2月14日。

[2] 参见许可："人工智能的算法黑箱与数据正义"，载《社会科学报》2018年3月29日。

[3] 参见赵旭东主编：《中华人民共和国电子商务法释义与原理》，中国法制出版社2018年版，第216页。

在网络交易实践中，比较常见的违反不合理限制义务的例子是平台强制用户"二选一"。考察强制用户"二选一"能否构成交易的不合理限制，除了分析平台的市场地位，关键还要看用户的平台切换成本大小。倘若具有一定市场影响力的平台，利用互联网用户的忠诚度和"锁定效应"限制用户的选择权和意思自治，则该行为构成违法。

（三）用户的人身安全权

用户的人身安全权源于民法上的人格权，但在共享法律关系中有特定的含义。网络交易普遍采取线上活动，一般不发生与人身安全相关的物理接触。网络空间特别强调消费者人身安全问题，主要是因为平台经营活动线上线下已出现高度融合，法律适用仍然截然区分线上与线下，不仅不符合实际情况，还会造成法律评价失衡。[1]科以共享平台用户人身安全保障的法定义务，不等于仿照线下责任模型要求平台承担责任。例如，倘若要求所有网约车平台都依无过错原则承担承运人责任，便会激励平台采取一体化控制来分散风险（如同企业组织所做的那样），而一体化管理的成本（如人员固定薪酬和购买社保）传导到服务价格上，可能对网约车用户规模效应和商业模式多样化造成负面影响。平台究竟对用户的人身安全保障负有何种义务，要结合共享网络交易的具体特点，不能完全按线下模式设置。

1. 强制责任保险

从公平原则和诚信原则等基本价值观出发，应当在共享平台和不同用户之间合理分配潜在的赔偿责任。大多数的用户共享交易规模均较小，其自身地位亦决定其不具有承担各种责任的完备能力，故主要由平台负有责任风险分担义务。一种常见的风险分担机制是要求平台承担强制性保险购买义务，这在人身风险性较高的网约车领域当然是有必要的。但并非所有领域都能够通过强制保险经济地分摊责任风险，且强制险所能覆盖的责任范围也是有限的。因此，在事关用户人身安全的共享交易中，对当事人进行责任分配时直接科以共享平台人身安全保障义务显得同样必要。

2. 平台信息审核与安全保障义务

在学界，把物理空间管理者的安全保障义务引入网络空间的观点一直存

---

[1] 参见薛军："论《民法典》中网络平台安全保障义务的核心问题"，载《中国信息安全》2020年第10期。

在。一般认为，网络空间安全保障义务的内容是危险防范、排查、排除或警示。[1]在"滴滴顺风车司机杀害女乘客"等案件引起热烈讨论后，不少观点都主张仿造原《侵权责任法》第37条关于经营场所、公共场所管理者安全保障义务之规定，科以网络平台安全保障义务。[2]《电子商务法》第38条正式规定了电子商务平台经营者的安全保障义务。本规定包含两款：第1款涉及的是平台"明知或应知"情形下的共同侵权，第2款才是基于传统民法的安全保障义务理论所作的规定。[3]第2款规定也包含了两项义务。一是对平台内经营者的信息审核义务，属平台违反风险防范的法定义务和疏于管控的不作为义务；二是对消费者的安全保障义务，属积极防止损害发生的法定作为义务。[4]就此而言，立法者似乎有意把平台安全保障义务一分为二，但考虑到本款义务都以"关系消费者生命健康"作为限定，可将两项义务统合理解为安全保障义务。

值得注意的是，《电子商务法》第38条与《民法典》第1198条所使用的"安全保障义务"用语相同，但在责任规定方面却具有较大不同。前者用了"相应责任"的表述，后者则是由组织者和管理者承担单独责任，涉及第三人时承担补充责任。至此似当认为，两种保障义务的法理具有一定的同源性，但内容和水平皆存在不同。相较于传统物理场所的安全保障义务，网络平台安全保障义务制度中网络运营者的注意程度应得到降低。[5]在"微博、快手发布危险视频"人身损害赔偿纠纷一案中，[6]法院也表达了类似的立场，并指出网络安全保障义务应当结合其网络公共空间的特点、提供服务的内容、因此获得的收益、所具有的技术能力等进行具体分析。

---

[1] 参见齐爱民、陈琛："论网络交易平台提供商之交易安全保障义务"，载《法律科学（西北政法大学学报）》2011年第5期。

[2] 参见张新宝："顺风车网络平台的安全保障义务与侵权责任"，载《法律适用（司法案例）》2018年第12期。

[3] 参见周樨平："电子商务平台的安全保障义务及其法律责任"，载《学术研究》2019年第6期。

[4] 参见王道发："电子商务平台经营者安保责任研究"，载《中国法学》2019年第6期。

[5] 参见王思源："论网络运营者的安全保障义务"，载《当代法学》2017年第1期。

[6] 参见北京互联网法院："微博、快手发布危险性视频被诉网络侵权 因平台已尽到安全保障义务被驳回"，载知乎专栏：https://zhuanlan.zhihu.com/p/90847277，最后访问时间：2021年1月20日。

(四) 用户的个人信息信托权

共享平台的个人信息信义理论源于对普通法信托关系的类推导入。将传统信托关系中的忠实义务和勤勉义务扩及于个人信息管理,国内外理论界已展开过一些论证。尽管这一理论进路存在一些争议,但在人格权、合同法等传统保护之外增加用户信息信托权保护路径的理论观点值得认真对待。

1. 信息受信义务的理论依据

之所以将在线网络服务商当作信息信托义务的受信人,主要理由是个人信息的处理过程与财产信托在许多方面有本质相通性。首先,平台与用户的契约关系有很多重大的漏洞,存在"模糊承诺"的法律调控空间。其次,用户高度依赖平台对个人信息的运用结果,希望平台在不要滥用优势地位的前提下为自己提供服务。最后,平台与用户之间就个人信息存在利益冲突,个人信息极易被滥用,即使平台将所有技术细节公开,用户和公众对此也不易理解,何况算法代码基于安全和竞争等理由一般不对公众公开。[1]

仅明确个人信息信托与财产信托的相似性,还不足以建立信息信托义务,其他调整方法也有自己的价值。正如学者指出,合同规则下面临无隐私协议则无保障的困境,或者出现平台滥用格式条款、用户忽视隐私政策等问题。[2]在一个用户个人信息运用如此广泛的社会,个人控制手段在大数据技术面前已经出现异化,单个个人信息的民事侵权已被量化的数据库侵权所吞没,事后的侵权救济难以解决个人信息利用的社会信任问题。[3]

尽管个人信息信托理论不是一个关于用户信息保护的万能解决方案,且可能带来一些争议,如平台信息受信与平台公司内部信义义务之间的冲突、信息受信义务的执行问题,[4]但我们应认识到,互联网平台完全有动力、有能力在"用户自愿"的名义下搜集个人信息,突破人格权、合同等体系的保

---

[1] See Jack M. Balkin, "Information Fiduciaries and the First Amendment", *U. C. Davis Law Review*, vol. 49, 2016, pp. 1222~1223.

[2] 参见王利明:"数据共享与个人信息保护",载《现代法学》2019年第1期。

[3] 参见王秀哲:"大数据时代个人信息法律保护制度之重构",载《法学论坛》2018年第6期。

[4] 参见[美]莉娜·坎、大卫·博森:"信息信义义务理论之批判",林少伟、林斯韦译,载《交大法学》2021年第1期。

护屏障,使消费者被掌握人工智能和算法技术的企业"牵着鼻子走"。[1]故而,私法上考虑科以平台一定信息受信义务,从用户受托权的角度约束平台的信息滥用,特别是可为公法协同规制提供伦理支撑,在理论上具有正当性和必要性。

2. 信息受信义务的主要内容

根据有关讨论,通过构建平台信息信义规则来保护用户的个人信息权益,平台所负受信义务范围主要包含以下内容:

(1) 个人信息禁止滥用义务。此义务源于信义义务中的忠实义务,故义务内容与之相仿。它是指平台应本着善意和诚实,以符合信息主体的明示授权或合理预期的方式使用个人信息,并且不得为了自己的短期利益而牺牲信息主体对个人信息享有的利益。[2]平台所负这一义务水平,仅限于不违背用户对个人信息利益的"合理期待",而不是要求平台像公司高管对待股东那样,优先考虑用户的利益。如果平台的义务水平达到传统忠实义务程度,就会抑制平台公司通过大数据分析营利,这无异于颠覆了共享契约的基本要义。

(2) 个人信息照顾保护义务。类似于信义义务中的勤勉义务,个人信息信托理论要求平台善意地向用户承担一定的个人信息照顾和保护义务。据此,平台有义务对接触用户信息的第三方进行审查,并不得鼓动用户沉迷网络。[3]同样,此照顾义务不等于传统受信人的勤勉义务。平台不同于医生、律师等专业人士,他们不必对终端用户进行全面的照顾,而应当将平台提供的不同服务类型与这种照顾义务联系起来,平台的义务水平取决于服务类型和特定信息利用目的,即用户合理期待其个人信息不会被滥用或平台不会违反信托义务。[4]

(3) 信息受信义务与安全保障义务的关系。两者都要求平台采取一定措

---

[1] 参见胡元聪、张馨予:"政府干预视域下人工智能时代的个人信息保护",载《征信》2019年第11期。

[2] 参见吴泓:"信赖理念下的个人信息使用与保护",载《华东政法大学学报》2018年第1期。

[3] 参见[美]莉娜·坎、大卫·博森:"信息信义义务理论之批判",林少伟、林斯韦译,载《交大法学》2021年第1期。

[4] See Jack M. Balkin, "Information Fiduciaries and the First Amendment", *U. C. Davis Law Review*, Vol. 49, 2016, pp. 1228~1229.

施保障消费者权益,但义务客体和保护对象皆有区别。安全保障义务的保护客体是生命健康权,信息受信义务保护的是信息权,后者为兼具财产权、人格权和国家主权的不同法益综合体。[1]平台安全保障义务要求指向平台通过技术手段,对他人信息的识别、记录和追溯,有效降低行为人遭受他人侵害的风险。[2]信息受信义务指向用户自身的个人信息保护,如不得滥用个人信息、泄露个人信息、违法进行大数据画像和个性化信息推送。

第三节 共享契约的私法行为构造

在私法视野下,法律关系无不以私主体为中心,在此基础上构造出包括自然人、法人等在内的全部的私法社会关系图。若举贯穿法律关系形成、变动和终止过程的私法工具,当属法律行为这一核心概念。正是通过对各种自治行为的概念抽象,民法中的各种行为才能得到体系上的整合,从而实现私法自治理念的技术化。[3]但是,正如本书导论所提示的,与私法有关的各种"契约"概念并不能被统统归入法律行为这一概念,包括共享契约本身。这并不意味着共享行为界分在私法研究中没有任何价值。相反,法律行为及其意思表示之概念具有抽象性,在刻画私法关系特别是不断进化的新型法律关系时,难免会存在若干灰色地带乃至留白。欲进一步丰富和填补共享法律关系的规范场景,就需要继续考察私法行为传统界分及其相邻概念,共享契约行为特征可在与有关行为概念的比较中得到理解。

一、共享契约与私法行为界分

共享契约是私法自治的创新形式,凡建基于市场且允许意思自由之领域,必有法律行为概念的成立空间。总体观之,当代共享经济的发展动力源于市场主体,平台这一组织形式无非是商事企业创新产物。但传统商法的商行为

---

[1] 参见肖建华、柴芳墨:"论数据权利与交易规制",载《中国高校社会科学》2019年第1期。

[2] 参见薛军:"论《民法典》中网络平台安全保障义务的核心问题",载《中国信息安全》2020年第10期。

[3] 参见朱庆育:《民法总论》(第2版),北京大学出版社2013年版,第75页。

概念于体系层面的地位衰落,并不意味着对制度层面的功能否定,[1]故以传统商行为为此提供行为界分镜照,亦无不可。另一方面,共享契约呈现网络化的关系结构,其组织性与交易性并存,商事化与个人化交织,中心化与去中心化相互切换,人之意志与科技驱动交互,必会产生迥异于传统经济的私法行为特征。

(一) 共享契约构造中的法律行为

潘德克顿法学围绕法律行为这一基础概念,发展出了许多子概念,如商行为、组织合同,以及一系列与之相关的行为概念,如准法律行为、事实行为、情谊行为等。它们大多都可参与对共享契约行为之特征把握。

1. 归于民事法律行为的共享行为

依照不同的学理分类标准,不同法律行为的特征区别相当明显。双方法律行为主要是指合同,包括债法合同、物权合同和亲属合同,具有错综合意之特征。亦有多方主体共同参与成立的法律行为,对那些具有相同内容的多方平行合意,学理上可划为共同法律行为或协定行为。[2]发生在组织内部的决议也是一种多方法律行为,其突出特征是具有表意吸收的社团法特征。[3]

然而,一般只有具有债法意义的合同才被习惯称为"契约"。依其狭义理解,这类契约是私法自治下当事人创造的规范,只在当事人之间适用,其效力不及于其他人。[4]共享平台与用户签订的网络服务协议,以及部分用户之间订立的服务、买卖合同都可以被认定为这一层面的合同,适用《民法典》"合同编"之规定。但显然,并非共享契约中的所有关系和行为都能以民法合同解释。

民法上的合同与其他法律行为有共同点,即它们都反映了民事主体不同形式的"合意"。于是,有学者把公司设立、股东出资、公司章程等组织法上具有一定涉他效力的法律行为统称为组织性契约,与合同法上的交易性契约相

---

[1] 参见夏小雄:"商行为的体系定位和结构转换——历史维度的再考察",载《环球法律评论》2017年第1期。

[2] 参见龙卫球:《民法总论》(第2版),中国法制出版社2002年版,第435~436页。

[3] 参见[德]卡尔·拉伦茨:《德国民法通论》(下册),王晓晔等译,法律出版社2004年版,第433页。

[4] 参见苏永钦:《私法自治中的经济理性》,中国人民大学出版社2004年版,第14页。

区别。[1]用户向平台申请投诉的行为即包含了受平台规则约束的意思表示，被投诉方基于投诉程序启动的声明、反投诉、接受调解、裁决等系列行为，其意思表示皆共同指向平台，故符合带有组织性的共同法律行为之特征。[2]各方纠纷处理依据的平台规则虽具有一定的组织管理性，然其在等级协调方面又显著区别于章程、决议行为。

2. 可解释为商行为的共享行为

商行为是传统商法的基础概念，属法律行为的子概念，一般通过考察商人身份、主观营利目的和客观营业行为来确定其内涵。我国商事立法尚未对商事法律关系中的主体和行为依类型化方法设计一整套制度安排，[3]《民法典》又采民商合一体例，故商行为之定义目前只是一种学理探讨，并无明确内涵。正因如此，有学者提出放弃商行为之抽象化构造，转而采取类型化方法确定其内涵。[4]然而，只有类型而无价值和抽象特征提炼，方法论上似显不足。

也有学者试图以两大功能界定商事契约特征：一为"老练的经济人"之间所订定的市场风险分担契约；二为可供一方以一定组织方式"监督"交易相对方的治理契约。[5]如此，共同法律行为、决议以及平台规则可被归入第二类范畴，但非商用户之交易以及以社交和互助为目的的共享行为则被排除在外。这与商行为定义通说所要求的"持续性营利"要件的覆盖范围之限是相似的。

通过对民事和商事契约的分类，我们不难发现两者在被纳入共享契约的诸多行为上皆存不足。有学者将这种现象归因于立法体例，指出民商合一体制既无法有效弥合民法的人本主义要求和商法的物本主义要求之间的矛盾，也无法解决法律的稳定性和自由市场经济高速变动性之间的脱节问题。[6] "民

---

[1] 参见蒋大兴："'合同法'的局限：资本认缴制下的责任约束——股东私人出资承诺之公开履行"，载《现代法学》2015年第5期。

[2] 有关共同法律行为的特征，参见韩长印："共同法律行为理论的初步构建——以公司设立为分析对象"，载《中国法学》2009年第3期。

[3] 参见范健："民法典编纂背景下商事立法体系与商法通则立法研究"，载《中国法律评论》2017年第1期。

[4] 参见程淑娟：《商行为制度研究——类型化方法及展开》，法律出版社2019年版，第87页。

[5] 参见王文宇："商事契约的解释 模拟推理与经济分析"，载《中外法学》2014年第5期。

[6] 参见赵万一："民商合一体制之困境思考"，载《法学杂志》2020年第10期。

商合一"与"民商分立"这一议题不是本书讨论的重点。依笔者管见,传统民法和商法皆成熟于近代工业社会,其立法土壤与当代信息工业革命和互联网3.0背景下的新经济交易现实颇有距离,故不论采用何种立法体例,都势必会面临既有法律框架及工具的适应和调整问题。

（二）共享事实行为与临界共享行为

法律行为是一种表示行为,以私主体追求发生一定私法效果表示其意思,不具有此等表示意思的私法行为被称为事实行为。[1]此外,还有徒具"契约"外形而无效果意思的情谊行为,具有表示意思而无效果意思的准法律行为,以及介于不同行为性质之间的临界行为等相邻概念。

1. 能够引起权利义务变动的共享事实行为

事实行为可以产生一定的私法效果,但该效果与行为人的意思表示无关。在民法体系中,建造房屋、善意取得、无因管理等皆属事实行为,其法律后果（如物权原始取得、引发债务）由法律直接规定。在商事法律中,也有大量辅助商行为实施的行为不包含意思表示内容,如部分内部组织管理行为（不包括组织契约这类法律行为）,事实上对营业起到辅助和支撑作用。[2]

共享契约结构中,平台搭建技术平台（网站、APP）和软件开发,就是这类事实行为。离开算法代码的编制,数据的搜集、加工和分析,平台规则就无法制定,共享契约和相关经营活动也无法开展和维持。搭建交易基础设施的私法行为固然不属于法律行为（与第三方的委托技术开发合同除外）,但考虑到算法运行的可能后果,这类行为仍然应当受到私法和公法的共同调整。

用户相互评价和点评也属于共享事实行为。许多共享平台乃至其他网络交易平台的交易规则均允许用户就交易活动发布文字、图片、视频并进行点评。它们通常是基于用户服务协议约定的行权事实行为,依托于平台自治管理权的私法效力,能够产生私法认可的法律后果,如用户星级、荣誉、虚拟财富等私权地位的改变。

2. 共享互助之情谊属性

并非所有形式的表示行为都具有私法效果,有些行为具有契约的形式,

---

[1] 参见王泽鉴:《民法总则》（增订版）,中国政法大学出版社2001年版,第255~256页。
[2] 参见程淑娟:《商行为制度研究——类型化方法及展开》,法律出版社2019年版,第264页。

但其主要功能是承担社会交往角色,行为人内心并无追求法效果的意思,民法称此类行为为情谊行为。由于当事人的情谊行为缺乏受到私法约束的效果意思,不存在法律行为上的义务,因此当事人在一般情况下不可能达成某种法律行为上的协议,仅在侵权法上作为一种法定的责任减轻事由。[1]

有部分共享契约活动无疑具有情谊属性,特别是在那种非营利平台中纯粹参与社交分享的用户活动,用户之间仅追求社交情感或网络社区互助,我们可就此理解为网络版的"情谊行为"。

3. 混合性的共享临界行为

在私法行为的工具箱中,并非所有归类都是清晰无疑的,总有模棱两可的例子。单纯的情谊行为一般不会进入法律评价领域,但一些混合关系和临界行为可能反映了行为主体的某种受约束意思,或者至少须遵守有法律拘束力之注意义务,如分摊交通费之情谊搭乘。[2]

顺风车、拼车即有此临界属性。尤其是当各方用户需要遵守平台规则,按照一定规则进行车费分摊时,其受私法约束之意思应当是成立的。即使是无偿的共享活动,只要用户追求一定的平台规则利益,并希望平台和对手用户予以认可(如用户积分、回答采纳),便不能认为该共享行为只是一种非约束性的单纯情谊活动。

临界行为的另一个例子是关于用户个人信息(隐私政策)条款的同意规则。如果平台采取概括性授权的"一揽子协议",在用户注册服务协议时即要求用户选择是否同意提供个人信息,则该授权"同意"实际上便是服务协议的组成内容。但如果平台基于特定目的就个人信息逐项采取"用户触发"策略,关于该授权"同意"的性质就会存在一定的争议。若类比医疗同意规则,此等同意一般不认为是法律行为,而仅仅是一项准法律行为,即允许他人在自身权利范围内从事某项事实行为。[3]也有观点认为,"同意"在法律性质上属于意思表示,对同意规则的规范构造可以从意思表示的方

---

[1] 参见 [德] 迪特尔·梅迪库斯:《德国民法总论》,邵建东译,法律出版社2000年版,第149~151页。

[2] 参见朱庆育:《民法总论》(第2版),北京大学出版社2013年版,第81~83页。

[3] 参见 [德] 迪特尔·梅迪库斯:《德国民法总论》,邵建东译,法律出版社2000年版,第162页。

法加以展开。[1]

依以上初步分析，共享契约大体上可以适用传统私法行为框架，且大部分归于其核心概念，即法律行为范畴。基于共享契约构造的某些特殊性，部分行为定位尚存疑问，或有难以周延解释之处，需要进一步调整其解释方向。

二、共享契约行为之特殊构造

以平台为核心，共享契约链接买家用户、卖家用户及第三方主体的诸多行为构造，形成管理性、平权性、商业性和个人性等诸多法律关系。在推动系列关系形成和变动的行为中，意思表示是最为核心的概念。大多数学者考察网络交易活动，几乎都能看到平台企业与用户（个人）的服务合同，但容易忽略隐藏在背后的组织结构属性。有学者在考察网约车商业模式时，准确指出了网络平台的组织属性：网约车服务不是凭空产生的，而是依赖于强大的网络技术基础匹配供需用户，已经构成了一场异常复杂的"组织行动"。[2]遗憾的是，这样的分析止于平台"群众性活动"的组织者身份，而没有深入到背后的行为特征及意思表示构造。下文讨论将指出，传统组织的意思表示构造（如公司组织），不能被直接套用在共享契约组织关系上。为此，有必要结合共享法律关系的宏观和微观构造，建立一个相对简明的行为构造模型，阐明共享契约这一复杂行为结构的私法意义。

（一）共享契约行为构造特征

若要理解共享契约意思表示的特殊构造，前提是对契约行为自身特征另做一番考察。共享契约不是单一种类的民事法律行为，而是多种行为（包括事实行为和临界行为）共同推动形成的不同关系束的集合，解析共享契约行为的构造特征，就又要回到共享法律关系的宏观和微观结构那里去。据此，共享契约行为的特征大体如下：

1. 不同行为的叠加性

前揭内容介绍了共享法律关系的网络性和结构性特征，但未涉及此等关

---

[1] 参见陆青："个人信息保护中'同意'规则的规范构造"，载《武汉大学学报（哲学社会科学版）》2019年第5期。

[2] 参见张新宝："顺风车网络平台的安全保障义务与侵权责任"，载《法律适用（司法案例）》2018年第12期。

系具体如何建立的规范细节。实际上，将共享契约各类行为整体纳入共享法律关系的规范视角观察，我们便能从中发现一种颇为独特的行为特征。

以中介网络型共享契约为例，表面上看，平台与用户的服务协议以及用户层的交易都是独立的法律行为，但实际上这些行为是相互交织和纠缠的。在此场景中，平台服务协议中的交易规则及其提供的电子自动交易系统共同赋予和厘定了用户法律行为的意思表示内容，倘若用户的行为偏离了事先设定的表意轨道，平台通过服务协议赋予的管理权能够监控和协调彼此的行为航向，使之最终回归到事先设定的表意方向。另一方面，用户层所成立的法律行为，从平台层观察不过是用户服务协议的履行行为（事实行为）。同时，用户之间的许多合同法律行为，亦属于平台服务协议的履行行为（如用户交易等个人信息搜集）。

当然，还有更重要的一点是：当我们把用户和平台所有的行为聚集在一起时，交易行为的整体性质将截然不同于所有单独行为之属性。例如，在众筹交易中，平台与用户之间只存在一种网络服务协议，领投人和目标实体成立股权投资行为，领投用户与跟投用户订立理财信托合同；而考虑一系列行为的整体性质，根据筹资数额的大小，存在成为合法的小额股权众筹或演变为非法的证券发行之不同定性。[1]

基于平台"企业"和"市场"的二重性，[2]有学者将网络平台交易特征比喻为"波粒二象性"。[3]其实，如果全面考察共享关系的结构性特征，对这种行为更准确的比喻应该是行为的"叠加"性。[4]后者借鉴于量子物理学概念，它契合共享契约不同行为属性（实际不限于波和粒两种性质）及其叠加状态，而且还展现出了这种奇特状态的可调控性（如平台的管理调控功能）。

---

〔1〕参见杨东："互联网金融风险规制路径"，载《中国法学》2015年第3期。
〔2〕参见刘颖："我国电子商务法调整的社会关系范围"，载《中国法学》2018年第4期。
〔3〕波粒二象性这一物理学概念经常被扩充内涵，作为讨论人文社会学科议题一个形象的、便于理解的参照概念。关于网络平台波粒二象性的比喻，引用自熊丙万在上海金融与法律研究院"互联网环境下的消费者权益保护——以'网络交易平台的角色担当'为视角"研讨会所作的发言。参见上海金融与法律研究院官网：http://www.sifl.org.cn/show.asp?id=3994，最后访问时间：2021年1月15日。
〔4〕验证量子光学可调控叠加状态的物理学试验突破，参见环球科学网：https://huanqiukexue.com/a/qianyan/tianwen__wuli/2019/0905/28753.html，最后访问时间：2020年1月19日。

2. 兼具组织性与协议性

许多共享契约均具有明显的行为组织特征，如中介网络型、组织协同型和社群互助型平台，它们都具有双层结构的组织属性。平台层的组织行为由平台实施，具体组织手段包括算法、智能合约和大数据分析等技术载体，以及信用评价、惩罚机制和纠纷调解等平台交易规则。关于平台组织管理权的行为特征，前文已有分析，此处不再赘述。

用户层的自组织行为有两种不同情形。一种是与平台建立长期和稳定关系的用户，自发成立了某种商业联盟组织，并在线上线下建立相对完备的决议机制，其行为特征类似于传统的商会、协会等社团组织。另一种情形是成立某种"短期联盟"，达成某些对抗平台或社交合作的目标。前文论述的用户层中的"小型套利联盟"就属于这一例子。临时性组织行为的最大特征是技术组织性，即用户通过借助互联网的技术特性，获得了一定的"赋权"，[1] 用户之间没有固定的组织等级分层和管理协调。"短期联盟"成员具有一定的身份性（网络社群）和共同经济社会目标，由此区别于对物管理契约，后者仅仅是基于对共有物的共同利用目的。[2] 另一方面，该行为协同是临时、非固定的，利益相关者的加入或退出完全开放。此外，用户自组织行为可以包含某种意思表示，如规避平台规则的通谋虚伪表示，也可以是自发分享共同话题的网络社群情谊行为。

与纯粹的组织契约不同，共享契约在许多方面兼具协议性，体现由多个平等主体参与的缔约过程，如买家用户与卖家用户的服务合同、平台与用户的服务协议，均可处于民法和合同法的适用界面。在这一点上，共享契约与合伙契约有类似之处，后者由合伙协议与合伙组织两部分组成；不同之处在于合伙组织遵循传统组织内外区分的法律构造。[3]

3. 行为涉他性

平台管理权的目标共同性和效力涉他性决定了有关行为同样具有涉他性指向。此种涉他性有两个基本指向：一是平台与买家用户协议、平台与卖家

---

[1] 参见孟凡新：" 共享经济模式下的网络交易市场治理：淘宝平台例证"，载《改革》2015 年 12 期。

[2] 参见苏永钦：《走入新世纪的私法自治》，中国政法大学出版社 2002 年版，第 283 页。

[3] 关于合伙兼具协议性和组织性的不同关系定位，参见王利明：《民法总则研究》（第 2 版），中国人民大学出版社 2012 年版，第 330~337 页。

用户协议的互涉性，即共同指向彼此的权利义务关系。例如，平台与用户的服务协议，包含部分针对其他用户和第三方保护的义务条款。二是用户之间的全部或部分行为内容共同指向平台。例如，用户对交易对手的投诉，其行为指向平台；用户评价的行为所指，既包括交易对手，又包括平台自身。

共享契约的行为涉他性还体现在表示行为的代理性上，即用户的表示行为在一定程度上依赖于第三方的辅助和解释。共享用户之间的缔约经常依赖于平台提供的自动信息系统，特别是在智能合约场景中，智能代码所承载的电子化意思表示相当于交易当事方的"电子代理人"。在非自动信息交易场合，用户之间的契约漏洞及其表示内涵确定，有时也以平台的解释和裁决为准。

（二）共享契约意思表示特殊构造

如同法律行为在私法自治中的地位，意思表示在法律行为的构成要素中占据核心地位，甚至有意思表示即法律行为之说。就成立和生效的先后顺序和条件而言，二者在技术上或存细微差异，但在贯彻私法自治方面，二者扮演着几乎相同的角色。[1]观察各种私法自治场景可知，基于不同的主体性质和行为特征，自然人与法人的意思表示构造及其实现机制迥异。相比之下，共享契约结构中的多元主体意思表示构造如何体现其"异质性"团体关系之特点，还需要进一步探究。

1. 私法主体两种不同的意思表示构造

罗马法以自然人为规范中心，只有自然人和个体才拥有法定权利，而即使在德国民法典已明确采纳团体人格的近代，个人主义和个人自由仍然构成权利能力制度的基础。[2]根据法人制度的法社会学分析，团体人格实体化观念大行其道，主要是受到历史上共同体的观念、公司等营利组织的强盛和非营利组织的兴起的影响。[3]在法人组织实体化机制下，法人意思表示形成了

---

[1] 有关意思表示与法律行为的关系，民法学界素有要素说和工具说两种观察视角，前者谓意思表示为法律行为全部或核心要素，后者谓意思表示乃创设法律行为之工具。参见朱庆育：《民法总论》（第2版），北京大学出版社2013年版，第188~189页。

[2] 参见马俊驹："法人制度的基本理论和立法问题之探讨（上）"，载《法学评论》2004年第4期。

[3] 参见谢鸿飞："论民法典法人性质的定位 法律历史社会学与法教义学分析"，载《中外法学》2015年第6期。

一种源于自然人又超越自然人的特殊构造，即在自然人的推动下，呈现内部意思表示和外部意思表示"划界而治"的局面。[1]

就法人组织的内部意思而言，其与自然人的意思表示的构造差别是显著的。首先，个人意思表示是一种单数的表意，组织的意思表示形成过程一般为复数，唯有一人公司之"股东决定"的形式为罕见例外。其次，个人意思形成过程一般不可探知，为保障个人自治的意思自由计，个人动机属私法的禁忌，[2]除非涉及某些重大动机的意思错误。组织内部意思表示具有程序性和要式性，以决议、章程等书面形式表现其内容，可为外界所探知。最后，组织意思表示具有双重结构，体现意思形成与意思表示之分离，且二者皆属效力评价对象，与个人意思形成过程无效力评价必要，截然不同。[3]

2. "平台—用户"的意思表示构造

平台经营者本身也是一个企业组织，但其在共享契约中不再是一个简单的企业，而是承担着契约治理和平台管理的特殊角色。从新型法律关系来看，平台规则也不是简单的合同规则，而是一种具有自治管理功能的内部组织契约。截取共享契约关系中最为重要的"平台—用户"意思表示关系网，由此可看到这段结构与自然人和传统组织既有相同之处又有差异之处。

（1）意思表示的多维网络构造。自然人之意思表示构造，为意思和表示协力之单层结构，意思和表示构成功能性的一体性，而不能在表示之外获得法律承认。[4]平台关系意思表示则有多个构造，主体上和表意数量为复数，各个意思表示皆具独立和关联性，互为表意内容。平台规则内容全面植入用户缔约、履约和权利处分各表意环节，构成用户表意的组成部分，反映了用户自愿受约束的效果意思；用户发出的交易指令、交易履行和投诉申请，又反过来向平台发出表意，平台依服务协议享有管理权并负有管理义务。平台网络意思表示构造明显区别于传统组织的内外分离性。

（2）意思表示的电子化构造。在互联网背景下，意思表示的电子化在一定程度上重塑了网络交易的意思表示构造。传统合同意思表示通过"要约—

---

[1] 参见蒋大兴："公司组织意思表示之特殊构造"，载《比较法研究》2020年第3期。

[2] 参见[德]迪特尔·梅迪库斯：《德国民法总论》，邵建东译，法律出版社2000年版，第8页。

[3] 参见蒋大兴："公司组织意思表示之特殊构造——不完全代表/代理与公司内部决议之外部效力"，载《比较法研究》，2020年第3期。

[4] 参见王泽鉴：《民法总则》（增订版），中国政法大学出版社2001年版，第354页。

承诺"这一机制,以意思表示错综合致的方式达成合意。但电子化意思表示的特殊性,重点不是电子要约和电子承诺何时以数据电文形式到达的问题,[1]而是在智能合约特殊交易场景中,意思表示本身的编程化、智能化所导致的表意识别问题。[2]意思表示的电子化与多维网络构造是完全匹配的,这给共享契约意思表示构造带来了某些独特性:一是意思表示成立取决于当事人的概括认知,而非意思表示内容绝对一致,当事人点击"同意"合同即告成立,该意思和表示高度合一、同步;[3]二是智能意思表示运行机理难为一般人所理解,该意思表示只能推定而通常难以探及,这在一定程度上回归了自然人意思表示认定的思路;三是为配合电子意思表示的推定,表意过程要求遵循一定的程序性,目的在于保障意思表示的识别和解释,与传统组织保证团体长期续存之目的及"程序可能决定实体"的程序要求[4]不可同日而语。

三、共享契约的意思表示解释

当意思表示内容存在不清晰、漏洞乃至错误时,如何确定意思表示的具体含义属于意思表示的解释问题。意思表示解释本质上是对意思表示意义的规范评价,不同于确定意思表示存在,后者属于事实证明问题。意思解释之目的,在于明确一般人可认为其表示行为所内含的表意人之合理的意思。[5]其背后的不同选择实际上反映了解释者对意思表示性质的价值评判,这种判断对当事人权利义务的风险分配、采用的解释方法以及应当考虑的解释因素都有重要影响。下面,笔者将从解释目的和解释方法两个方面,就如何具体解释共享契约意思表示、合理确定交易各方的权利义务内容提出以下思考。

(一) 共享契约意思表示解释目的之确定

意思表示解释目的的古典理论认为,基于法律个人主义的意思自治原则,

---

〔1〕 关于数据电文等电子化意思表示到达及其对话机制,的确是一些电子商务交易场合需要关注的问题。有关分析参见周洪政:"网络时代电子要约和承诺的特殊法律问题研究",载《清华法学》2012年第4期。

〔2〕 参见陈逸宁:"区块链技术下智能合约意思表示的认定",载《海南金融》,2018年第5期。

〔3〕 参见郭少飞:"区块链智能合约的合同法分析——不完全代表/代理与公司内部决议之外部效力",载《东方法学》2019年第3期。

〔4〕 参见蒋大兴:"公司组织意思表示之特殊构造——不完全代表/代理与公司内部决议之外部效力",载《比较法研究》2020年第3期。

〔5〕 史尚宽:《民法总论》,中国政法大学出版社2000年版,第459页。

只有当事人的"真实意思"才是契约法上的权利义务的源泉，故有关解释的唯一目的就是尽量探求当事人双方的真意。然而，当事人的真意往往属于内在意思，只有当其被确定以一种认识可能的方式被表示出来时，才具备法律上的意思地位。进一步推演，意思表示的解释更主要的目的不是表意人的意思，而是探寻表示之客观的规范意义。[1]整体上归类，这体现了意思表示解释目的的意思主义和表示主义的立场分野。依《民法典》第142条之规定，意思表示解释分为有相对人和无相对人两种情形。无相对人时，意思表示解释之目的在于探寻"真意"；有相对人时，"应当按照所使用的词句，结合相关条款、行为的性质和目的、习惯以及诚信原则"确定其含义。可见，无相对人之解释采真意主义，有相对人则侧重表示主义。但不论是对"真意"的解释，还是对表示行为的解释，二者均涉及对意思表示在私法自治中地位和作用的理解，反映了衡平思想和诚信原则在意思表示解释中的价值导入，实质上为探寻"规范性的意思"。[2]

基于以上认识，共享契约之意思表示解释同样须结合其行为性质和基本价值功能进行。

首先，共享经济体现了市场经济的深化发展，是对市场交易治理秩序的创新。为提升共享交易商业价值，发挥网络规模效应的正面价值，促进社会合作和资源优化配置，对共享契约意思表示的解释，原则上当以社会福利和交易效率为价值导向。此价值立场可被用于支持平台规则的解释功能。平台规则是各方参与共享交易的自治前提，故解释重点在于考察平台是否以合理方式提示注册用户，所探求者在于规则的客观词义，或有关电子化意思表示之社会典型理解，而无需过多顾及用户对规则条文的主观认识。

其次，共享契约的具体解释应当考虑共享诚信原则的不同层次价值。许多网络纠纷争议不仅涉及消费者利益和平台经营者利益冲突的衡量，也涉及用户个人权利与更宽泛意义的互联网合作秩序的平衡。这就要求解决争议不能只考虑平台的经营诉求，弱势消费者的一些基本权利仍然需要采取倾斜性

---

〔1〕 参见顾祝轩：《合同本体解释论：认知科学视野下的私法类型思维》，法律出版社2008年版，第20、39~40页。

〔2〕 参见[德]迪特尔·梅迪库斯：《德国民法总论》，邵建东译，法律出版社2000年版，第238页。

保护的解释立场。另一方面，不能在所有场合不加区分地以消费者的主观意思为准，而是要基于诚信原则和理性考量，区分不同消费用户利益（如生存利益和其他利益），以及平台的风险调控能力、消费领域和网络交易参与者的数量等因素，合理兼顾平台企业、平台内商家、消费者、非商个人用户的交易风险。

最后，共享契约的意思表示确定还要尊重社会秩序与伦理法益。为此，对于许多共享行为性质和意思内容，不能仅根据单个交易的利益关系和交易内容去判断，也不能单纯考量交易表意人的利益状态，而是要综合考量这一行为的交易目的、政府监管水平以及该商业模式是否会给社会稳定、金融安全、社会伦理道德带来重大风险，善于通过不同法益权衡来辨别有关行为的性质。

总而言之，共享契约的意思表示解释关涉不同主体的利益，无论是传统意思主义还是表示主义的解释目的，都未必能够支撑这一复杂关系的所有行为解释，因而需要针对不同交易场合、案型，在利益衡量及综合价值判断的基础上进行取舍。

（二）几种特殊解释方法

意思表示解释虽取决于价值判断，具有一定主观性，但亦非完全无章可循。总体上而言，共享契约领域的意思表示通常可依赖私法解释的一般方法加以明确。而根据《民法典》前述之规定，结合共享契约的价值导向和行为特征，共享契约的意思表示解释步骤有以下几种特殊方法：

1. 平台规则优先性解释

共享契约的组织、交易执行、市场管理之重要角色，皆由平台担纲。依私法先行之基本理念，在某种意义上，尊重平台自治管理权，实质上就是赋予平台（就契约意思表示）一定的内部解释权。在此交易场合，意思表示解释的出发点应是平台规则之基本词义。又考虑到此类交易行为的互涉性，在涉及规则解释时应以明示的方法解释。只要平台规则不与法律强行性规则发生冲突，此解释方法就优先于其他解释的考虑因素。

平台内部解释方法还涉及交涉性动态解释，即涉及用户规则的模糊之处时，交易各方对规则的理解出现分歧，便可能触发平台意思表示解释的"自由裁量权"。此动态解释权为平台管理权效力的当然延伸，即使平台的解释与用户的内心意思或社会的一般理解相悖，用户仍需在一定范围内接受此等解释方法产生的风险分配。前文所举滴滴司机、乘客与社会舆论对"矿泉水规则"的理解分歧即为一例。

此外，理解平台规则解释方法，还要与交易习惯的认定相结合。依《民法典》第10条的规定，当无法律规范且不违反公序良俗时，交易习惯具有法源地位。平台规则属于自治规范，随着互联网市场知识边界的扩张，类似的平台规则条款可能成为行业反复使用的通用版本。如果平台规则符合以上认定的交易习惯，不但可作为意思表示解释依据，甚至可以直接成为网络交易纠纷的裁判规范。[1]

2. 结构性解释方法

对应共享关系的结构性和行为叠加性特征，对有关意思表示的解释亦当充分考虑此项行为因素。所谓结构性解释，是指对某项行为的意思表示认定，不唯以该行为自身性质为基准，尚需结合其叠加的不同行为所呈现的性质，依价值权衡之需要分别解释其内容。面对越来越多复杂的交易行为叠加，传统商法概念覆盖面的确正在缩小。为突破持续性营利的商事关系调整限制，有商法学者将民事主体偶尔从事的营利性行为也扩张界定为商事关系。[2]又如，为避免非营利组织被遗漏在经营活动调整之外，商法学者亦不得不主张非营利组织只要从事有营利性的经营行为，便可以在特定关系成为经营者。[3]此类界说并非全无道理，但似以牺牲概念体系周延为代价。若调整思路，如共享契约那样依循结构性之解释，传统概念的价值功能仍然能够发挥作用。

以共享网贷涉及非法集资之合同解释为例，倘若按一般解释方法，涉及非法集资之合同只要违反公共利益，即可认定参与其中的意思表示皆为无效。而依结构性解释方法，单一用户合同性质仅为普通民间借款，唯因其众多行为叠加达到违法之状态时，方认定有关意思表示具有损害公共利益的内容，

---

[1] 参见杨立新：《网络交易民法规制》，法律出版社2018年版，第164页。
[2] 参见蒋大兴："商事关系法律调整之研究——类型化路径与法体系分工"，载《中国法学》2005年第3期。
[3] 参见王建文："我国商法引入经营者概念的理论构造"，载《法学家》2014年第3期。

单一合同并不当然因非法集资的整体定性而否定其效力。[1]意思表示解释上，应当考虑表意人的行为目的、利率回报等因素，以确定其意思表示是否叠加涉及整体非法目的。如用户未追求显著不正常的高利率回报，依表示主义解释立场，应认定该用户作为表意人或受领人之行为，为合法的民间借款合同。

3. 表示错误的诚信解释方法

对于表示错误，当代私法一般采用表示主义的客观解释立场。依此，如果平台或用户发布了错误的交易信息，即便交易价格、数量的意思内容与表示行为不一致，亦不得以其真意对抗意思受领用户。在大多数网络交易场合，这一解释立场符合共享诚信原则的要求。但在另一些场合，这种解释可能会造成不合理的风险分配。例如，在受领用户明知存在表示错误的情况下，仍然发起大量刷单获利（俗称"薅羊毛"），此情形与诚信原则相悖，不宜彻底遵循表示主义。[2]又如，在价差过大、用户参与度极高的情形下，若贯彻表示主义，海量订单的成立将令表意人承担过重的风险，以致威胁其生存。

笔者主张，以上两例皆可以不同立场调和，而非简单舍其一端。如欲平衡商家虚假宣传与用户恶意"薅羊毛"之弊，可结合表意人地位、交易金额和用户参与数量综合权衡，如解释合同成立不至于影响其生存，原则上以表示主义为准。倘若受领表意之用户确有反复"刷单"的恶意行为，可令其首单交易按表示主义认定成立，后续其余各单认定为不成立。如此，可较好地平衡交易安全、公平和诚信等不同价值。

4. "关系的合意"解释方法

"关系的合意"解释方法主要应用于电子化意思表示的解释。需要说明，这里所称的电子化意思表示，是前文特指智能合约场景中的自动信息交易系统，不同于传统民法的自动化意思表示。后者是指前互联网或早期互联网时代的电子数据交换、电子邮件、电报等数据电文系统，仍应理解为执行表意人的指令，属表示方式范畴。[3]

---

〔1〕参见钟凯、郑泰安："刑民交叉规范本质的立法论与解释论考察——以涉刑私募基金为对象"，载《社会科学研究》2020年第6期。

〔2〕参见闫效祖："网店'刷单'遇到买家'薅羊毛'"，载中国法院网：https://www.chinacourt.org/index.php/article/detail/2020/01/id/4778840.shtml，最后访问时间：2020年5月20日。

〔3〕参见龙卫球：《民法总论》（第2版），中国法制出版社2002年版，第452~453页。

第三章 共享契约的私法构造

与传统合同乃至一般意义的数据电文系统相比，智能合约在某种程度上是以一种"电子代理人"的方式代替表意人的合意。由于当事人只能就代码的文本层做一大致的了解，而很难全面理解代码程序的运行机理和结果，也无法掌控代码正确性，故对"电子代理人"进行意思表示解释的真正目的是探求当事人的意思是否一致。[1]

电子化意思表示所造成的解释问题需要通过"关系合意"的解释方法应对。它具体是指，如果电子化意思表示当事人对是否存在合意产生怀疑，其解释目的便不是去探求当事人在合意之际不可能意识到的事，而是要根据合意背后的相互"关系了解"，给"电子合意"内容注入具体的意思。[2]这样就可以将解释对象的参照系转至"关系的合意"（即当事人的交易背景），结合一般的解释方法（如当事人的交易目的、交易习惯、交易先例和一般社会观念等因素），共同确定电子化意思表示是否代表当事人的合意。

---

〔1〕参见郭少飞："区块链智能合约的合同法分析"，载《东方法学》2019年第3期。
〔2〕关于"关系合意"理论，可参见顾祝轩：《合同本体解释论：认知科学视野下的私法类型思维》，法律出版社2008年版，第259~262页。

第四章
共享平台私法责任体系化考察

依民法权利法之私法定位,与私权相关的一项重要制度是权利救济。在当代,法律实施几乎均要依靠国家,除个别情形允许私人自我救济(如正当防卫、紧急避险),权利救济最深入人心的方式乃国家机构所提供的公力救济。私法对民事责任的规定,即为向私法主体提供公力救济之实体法保护。如民法学者所言,民事立法的进步与完善,其重点不在于规定多少民事权利,而是在于制定完善的民事责任制度。[1]私法中的商事活动大体上亦适用民事责任的一般规定,唯其存在某些具体考量,而由商事特别法或综合性立法予以特别调整。故而,研究共享经济私法责任时,亦需关注这一领域私法责任的机能、特性及责任形态等基本理论问题。

共享契约以平台关系为核心构造,自当以平台经营主体为中心,研究共享经济的私法责任。结合前文的讨论,体系化考察共享平台私法责任,考量政策无非有三:一为考察私法责任的规范功能和责任分类,以确定共享经济私法责任的定位、特征及其与公法责任的关系。二为针对共享契约的不同类型,按照平台和用户的不同地位及其特定权利义务关系,分别施以不同责任要求。三为结合共享契约构造特征,对私法责任进行体系化展开,对其中较为新型的法律客体,另需匹配责任扩张再造。

---

[1] 参见梁慧星:《民法学说判例与立法研究》,中国政法大学出版社1993年版,第255页。

第一节 私法视野中的责任规范构造

调整共享经济的许多私法责任规范都来源于比较成熟的民法和商事特别法。2019年实施的《电子商务法》和2021年实施的《民法典》都可以被适用于共享经济的不同交易场景。但是,《民法典》"总则编"和"侵权责任编"的许多责任规定比较原则,民事责任如何适用于不同共享契约类型,尚待进一步解释。特别是许多责任请求权规范结构较为分散,例如,《电子商务法》以不完全法条居多,这给共享交易的权利救济和法律适用带来了许多困惑和障碍。而且,共享经济的私法研究目前还较为薄弱,对相关案件的实务经验总结也有待加强。下面涉及的问题是:在民事责任概念之外,商事责任或私法责任是否另有规范功能?共享经济私法责任是否具有独特性?如何与公法责任规范协同?这些问题都需要在理论上给予关注。

一、私法责任的规范功能及分类

学理上,所谓民事责任,是指违反私法之义务,侵害或损害他人之权利或法益,因致必须承担私法关系不利益之效果,其规范功能在于本权蜕变而来的救济权。[1]此定义包含三层含义:第一,民事责任以违反私法义务为前提;第二,民事责任以侵害权益为实质要件;第三,责任的私法效果是以行为人承受不利后果,实现受害人之私法救济。我国《民法典》第176条所统摄的民事责任,亦以违反法律义务和约定义务为前提,"侵权责任编"第1165条规定则明确侵权责任以损害他人权益为要件。从解释上看,除《民法典》分编所规定的责任,我国主要还是以特别法(包括商事特别法)确定民事责任的请求权基础。存疑的地方另有几点:第一,所谓违反法定义务,是特指私法义务,还是包括公法义务?第二,所谓不利后果,是否特指国家强制力所产生的效果?第三,私法学研究和民事立法很少使用商事责任或私法责任这一称谓,似乎民事责任即私法责任,后两者是否有必要单独提及?就各种私法责任的规范特征及分类问题,下文将作一简要比较和讨论。

---

[1] 参见曾世雄:《损害赔偿法原理》,中国政法大学出版社2001年版,第3~4页。

(一) 是否存在商事责任这一类型？

从大多数主张商法独立性的研究文献来看，学者很少将商事责任作为一个单独范畴来研究。有少部分文献对商事责任作了明确定义，但从内容来看，关于商事责任的界定都包含了违反商事规范的义务、承担不利后果等要素，这与民事责任的定义无实质区别，几乎就是民事责任的另一种说法。[1]

1. 商事责任的主要规范特征

有学者从商行为特征的角度，对商事责任的分类依据进行了总结。根据该学者的分析，商事责任区别于一般民事责任的地方主要表现出以下特征[2]：

（1）责任之加重性。它是指商事责任呈现连带性和严格性的特点。责任的依据可能不是自己行为的后果，而是他人行为的后果；归责上一般不探求责任主体的过错；举证责任一般归于行为人。

（2）责任之外观主义。此意义上的特殊效果实际上指的是行为效力的外观主义，即以行为人的行为外观事实作为推定意思表示和行为效力的依据。

（3）责任之社会性。社会性责任规制的主要特点是判令当事人承担有利于保护他人利益和实现社会公共利益的责任形式。

（4）责任之营利性保护。其表现为违约金调整遵循意思自治，可体现一定的惩罚性。

2. 商事责任的价值区分功能

考察以上商法学者的观点，笔者的基本结论是：商事责任在规范结构和请求权基础方面与民事责任并无二致，它们和大多数民法上的责任一样，需要结合民事一般法和特别法的规定进行法律适用。如果说商事责任有什么特殊性的话，主要是其具有商事价值区分功能。商事责任理念与商法的主体法定性和行为营利性匹配，旨在对特定主体科以更严格的义务。这种责任的严格性并非指归责原则或者责任形态上的连带性，而是指商事主体比民事主体

---

[1] 有关商事责任的定义，可参见吕来明、刘丹：《商事法律责任》，人民法院出版社1999年版，第3页；樊涛、王延川：《商事责任与追诉机制研究——以商法的独立性为考察基础》，法律出版社2008年版，第78页；余志勤、王华寿：《商法·商事责任论》，西北大学出版社2006年版，第29页。

[2] 参见李春：《商事责任研究》，中国法制出版社2013年版，第250~326页。

负有更重的法定义务。[1]

部分观点对民法和商法规范的法律定位存在一定的误解。例如,保护他人利益和实现社会公共利益的责任条款,在传统民法中大量存在,侵权法上即有违反保护他人之独立侵权行为类型。[2]而所谓外观责任,为效力归属规范,并不以违反法定义务为前提,故本质上并非民事责任。

(二) 私法责任的兜底性解释功能

商事责任既然可以在民事责任范畴内讨论,是否另有不同于民事责任的私法责任形式呢?从学界讨论来看,有部分观点就惩罚性赔偿主张成立特定法域扩张的责任类型:其一,部分私法责任扩及公共性私法关系,具有责任规模性和加重性特征,实以私法机制实施惩罚和威慑之公共目的;[3]其二,传统消费者私权扩张至社会法域,其惩罚性赔偿之目的为恢复社会集体利益;[4]其三,公法从有成本比较优势的私域退缩,更多地利用私人之间的监控和惩罚,甚至干脆留下一个法律空白,以将之完全归入私人控制领域。[5]这些观点表明,在民事责任一般情形之外,需重视私法责任的兜底解释功能。

1. 非国家强制实施的私人惩罚

民事责任的私法效果一般被界定为某种不利后果,然此种不利后果是否包括非国家强制力实施的私人惩罚,有关论述多语焉不详。从我国《民法典》第179条规定的责任承担方式来看,其责任本质是国家强制履行,而非国家公权力不干预的民事关系。[6]然而,从商法发展历史来看,早期的商法即主要是由商人自我完成的,他们组建商事法院处理纠纷,其规则以民间法形式存在,而未被纳入国家法律体系。[7]互联网时代的平台自治规则亦为类似例

---

[1] 参见喻胜云:"商事严格责任的阐释",载《西部法学评论》2009年第1期。
[2] 参见王泽鉴:《侵权行为法》(第1册),中国政法大学出版社2001年版,第300~301页。
[3] 参见蒋大兴:"论私法的公共性维度——'公共性私法行为'的四维体系",载《政法论坛》2016年第6期。
[4] 参见赵红梅:"私法与社会法语境中的惩罚性赔偿责任——主要以消费者保护法为素材",载《中国政法大学民商经济法学院2009秋季论坛论文集》2009年11月1日。
[5] 参见桑本谦:"公共惩罚与私人惩罚的互动——一个解读法律制度的新视角",载《法制与社会发展》2005年第5期。
[6] 参见陈甦主编:《民法总则评注》(下册),法律出版社2017年版,第1259页。
[7] 参见张诗伟:"论商法的独立性——以商事主体(商人)为中心",载陈洁编:《商法界论集(第4卷):资本市场法制的新发展》,法律出版社2019年版。

子,具体参阅本章第三节的讨论。总之,此类民间自治机制不应被断然排除在私法责任范畴之外。

2. 多元化价值的兜底解释

依民事赔偿之通说,民事责任以复原功能为主,仅个别规则具有惩罚色彩,如危险责任、惩罚违约金,其惩罚功能并不彰显。[1]而前述惩罚性赔偿之定位往往伴有多元价值目标,集补偿、惩罚、遏制功能于一身。[2]正因为一些临界领域的惩罚性赔偿规则,其价值功能多元化、私法关系与其他法域存在交叉或扩张,但凡涉及惩罚性赔偿法律适用,学者对其定位往往争执不下,[3]时有要件模糊、价值冲突乃至脱域之倾向。另一方面,这类责任的赔偿范围和行为要件虽存在特殊性,但有相当部分要件(如欺诈的认定)仍适用民法一般规定。就此而言,不如将惩罚性赔偿整体归入私法责任的兜底解释范畴,以私法价值的包容性整合其法律定位,并借此协调不同法域关系,以免因价值争议而损及赔偿要件清晰度,徒增法律适用之麻烦。

(三) 私法责任与公法责任的规范协力

为了理解不同法域的责任规范协同,我们必须回到第二章第二节关于公法和私法的法域价值协同的讨论。根据这些讨论,我们不能只在一个学科上解决跨域规范问题。在许多情况下,公法和私法都会针对同一行为实施交错乃至共同调整,这既涉及更高价值层次的法益衡量,又对不同法域的责任构造提出了规范协力的要求。

1. 共享经济公法责任的规范考量

对共享经济的公共规制,最终要落实到公法责任的追究上。基于对法律文本和研究文献的整理,共享经济公法责任的类型主要包括行政责任和刑事责任两种。而考量公法责任设置及具体规则适用,仍需要结合共享经济的自身特点。

(1) 基于不同平台类型的监管框架及责任。对于共享平台的行政监管,主要任务之一在于确定将之纳入何种监管框架。以网约车为例,考虑到其服

---

[1] 参见曾世雄:《损害赔偿法原理》,中国政法大学出版社2001年版,第8页。

[2] 参见王胜明主编:《中华人民共和国侵权责任法释义》(第2版),法律出版社2013年版,第268页。

[3] 例如,对合同违约金的惩罚性功能,民法学者和商法学者的认识迥异;对消费者保护领域的欺诈惩罚性赔偿、牟利性的职业打假人能否被纳入其规,理论与实务亦莫衷一是。

务"直接关系到每一个乘客的生命健康安全,需要相关的驾乘人员和车辆达到更高的客运标准",〔1〕在没有其他更好的治理手段的前提下,对网约车部分适用传统框架是合理的选择。〔2〕因此,共享平台的行政责任基本被纳入了传统公法责任体系。这样一来,违反规定的共享平台就应按已有规定承担"罚款、整顿、责令停止营业、吊销营业执照"等行政责任。

当然,监管部门也意识到并非所有类型的平台交易都需要如此严苛的管制,例如兼职网约车和拼车,虽然形式上符合"客运"的定义并事关"乘客人身安全",但监管机构更关注的并非是车辆和车主资格的实质准入,而是平台是否"牢牢坚守安全发展的底线"。〔3〕为此,一般可采取的行政手段包括:要求平台建立网络安全信息管理机制,对共享物押金进行合理的监管,涉及交易规则的修订时要求平台提前公示并征求用户意见,要求平台建立有关主体的异议投诉、纠纷解决和协商规则,对高风险活动强制平台购买商业保险,等等。其中,相当部分的规制内容已于《电子商务法》《网络安全法》等法律集中体现,并且,上述法律在"法律责任"一章均设置了"限期改正、停业整顿、处以罚款、信用公示"等行政责任。

(2) 平台管理义务视角下的刑事责任。许多超级平台承担了大量经济社会功能,其活动对不同种类的法益均产生直接影响。这表明,作为法律规制兜底的刑罚手段同样需要被运用在互联网领域。共享经济活动中,固有的刑事违法风险普遍存在,如网络诈骗、集资诈骗等。基于网络交易特点的犯罪活动正逐步被纳入刑法范畴,如《刑法修正案(九)》第28条和第29条明确规定了网络服务提供者在互联网服务中涉及的信息犯罪。其中,引起较大争议的问题是如何界定平台管理行为的刑事违法性。

一些观点认为,平台管理义务视角下的刑事责任着眼于两种犯罪形态,

---

〔1〕 参见彭岳:"共享经济的法律规制问题——以互联网专车为例",载《行政法学研究》2016年第1期。

〔2〕 严格许可管理维持的是传统出租行业的垄断结构,价格管制针对的是共享平台的市场化补贴手段,建立劳动关系、车辆营运化管理甚至要求统一安装计价器和车辆定位系统,这些管制措施已经使网约车在一定程度上蜕变为网络版的传统出租车。有关规定参见《网络预约出租汽车经营服务管理暂行办法》第2条、第10条、第12条、第16条、第18条和第19条。

〔3〕 "交通运输部回应货拉拉事件:应当牢牢坚守安全发展的底线",载澎湃新闻:http://m.thepaper.cn/rss_ newsDetail_ 11458087,最后访问时间:2021年2月25日。

即基于违反该等刑法义务,平台具备成立不作为犯(不履行管理义务)和帮助犯(明知或应知存在违法犯罪信息)的主客观要件。[1]另有学者认为,刑事违法认定要考量平台对交易的介入程度,介入程度较低的中立帮助行为仅成立不作为犯罪;若介入较多,则以明知和应知违法信息而直接认定为违法传播的正犯。[2]有关讨论又回到了对平台交易类型的分析,进而才能明确平台是否违反管理义务,及其行为对罪名认定的影响。这背后实际上还忽略了一个问题,即平台私法义务对犯罪认定有无影响?这需要转至后文讨论。

2. 不同责任的规范协力:以"快播案"为例

我们已认识到了公法和私法价值协同的必要性,具体到责任规则如何规范协力则需要进一步分析。在"快播案"中,对快播公司及王欣等人的行为定性反映了此类问题,即刑法上的平台管理义务与民法和其他公法规定如何协调。本案中,法院最终认定快播因缓存技术规则而实质介入了淫秽视频的传播,被告具备管理的可能性而不予管理。[3]但是,在私法中,管理的可能性只是平台管理义务的考虑因素之一,法院并没有论证管理义务来自何种规定,以及在该项规定下管理义务的具体内容和免责抗辩。

正如不同观点所指出的,越过互联网立法对互联网服务者相关义务内容的规定径行认定快播公司构成犯罪,会令网络服务者遭受不公正的待遇。[4]这里并不是否定本案法院的最终认定,[5]而是提出需关注的问题:对不作为犯罪的论证,应当以平台是否完整履行网络安全管理义务为前提。对于管理义务水平和内容的评价,不应脱离《民法典》《网络安全法》《电子商务法》等规定,只有当这些规定与刑法保护的特定法益发生冲突时,才需作出法益衡量的取舍。囿于篇幅,对此问题的讨论可参阅笔者的另一篇论文。[6]总之,共享平台的刑法责任、行政责任和私法责任都不是截然分离的规范体系,需

---

[1] 参见皮勇:"论网络服务提供者的管理义务及刑事责任",载《法商研究》2017年第5期。

[2] 参见杨彩霞:"网络服务提供者刑事责任的类型化思考",载《法学》2018年第4期。

[3] 参见张明楷:"快播案定罪量刑的简要分析",载《人民法院报》2016年9月14日。

[4] 参见孙禹:"论网络服务提供者的保护规则——以刑事责任的限制为视角",载《北方法学》2019年第2期。

[5] 从认定快播公司直接构成传播正犯(既不是不作为犯罪,也不是帮助犯罪)这个结论来看,法院的论证思路其实和平台违反管理义务没有必然关联。

[6] 参见钟凯、郑泰安:"刑民交叉规范本质的立法论与解释论考察——以涉刑私募基金为考察对象",载《社会科学研究》2020年第6期。

相互进行价值调适并受到各自规范结构的限制。

二、共享经济私法责任的基本特征

共享经济涉及众多主体的利益调整，其共享法律关系权利义务关系多元而复杂，有关主体之私法责任的划分问题势必踵至，其责任特性，需结合共享法律关系和行为构造特征，从主体风险、契约类型、价值目标等方面加以考察。具体而言，共享法律关系主体承担的私法责任适用《民法典》的一般规定，但依其自身责任性质，可呈现责任性质多元、技术性和动态性、背信责任的多重性、请求权构造的交错性等特征。

（一）有关私法责任的主要考量因素

不可否认，共享法律关系主体的利益关系是较为特殊的，其不仅主体多元、客体新颖、技术性强，更重要的是共享经济为涉众性的交易活动，风险和收益都有一定的溢出效应，涉及人民群众的人身财产安全，故公共属性较为突出。不论是立法还是司法，在有关主体的法律义务确定和价值衡量上均需充分考量这些因素。

1. 契约类型

责任主体承担责任的具体形式、违反法定义务的认定标准以及归责原则，首先应考虑共享契约的类型及其服务内容。如果是营利性平台，平台经营者自然应当承担更为严格的经营者责任，经营性用户、职业用户与非商用户，原则上也有法律义务的区分。此外，自营平台和中介型平台，对于交易内容的控制力度不同，有关"明知或应知""用户审核与安全保障义务"的认定，不宜一概而论。总而言之，基于平台法律地位和平台关系的性质差别，要按照不同的类别组合，为有关法律主体设定不同的责任规则。[1]

2. 风险分摊

对法律关系主体的责任风险，我们应当一分为二地看待。基于互联网的规模效应，传统线下交易的许多风险会被互联网不成比例地放大。例如，对用户所共享上传的危险劝诱视频，可能会在瞬间传遍全网，这将增加其他用户效仿的概率。另一方面，平台经营者的义务和责任并非越重越好。即便是

---

〔1〕 这一认识与我国《关于促进分享经济发展的指导性意见》第6条的要求一致，即"根据分享经济的不同形态和特点，科学合理界定平台企业、资源提供者和消费者的权利、责任及义务"。

在严格控制之下，风险和不幸依然会发生（如平台资金暴雷、网约车血案）。因此，共享经济的健康发展需要相对均衡的制度安排，在许多情况下，责任分摊可能比严苛责任更好，不真正连带责任可能比严格的连带责任更好。

3. 价值考量

针对共享契约的多种关系和行为，私法调整的价值目标设定有所不同。于社会整体而言，法律寄望于共享经济能增加就业、促进经济发展、提升社会福利水平，故共享经济有效率考察维度，责任设定不宜一概强调实质公平。然在消费用户一端，需注重对消费者、个人信息等私人权利的倾斜性保护；于平台经营者而言，责任有所加重，应无异议。共享法律关系中亦包含用户之间的平等契约自治，当以交换正义确保合同正常履行，并依诚信对其他用户负有一定的保护义务。如此多重价值目标，责任规则设定和法律适用均需作出平衡。

（二）共享经济私法责任的基本特征

目前，学界对共享经济的研究仍限于特征、概念、分类和侵权责任形态等方面，尚未对私法责任展开全面、系统的分析。从整体上看，共享经济的私法责任适用于民法一般性规定，自不待言。共享平台和契约构造的不同定位可能会影响规则解释和适用的精确性，并导致原有构成要件难以涵盖一些新的关系和行为。在具体展开责任规范分析之前，围绕平台主体产生的私法责任建立一个体系化的考察框架是必要的。除了责任规范功能与定位，相关私法责任特征总结也是其中的一个重要方面。

1. 责任性质的多元性

以平台关系为考察切入点，不同主体和关系的责任性质分野是必然的。有关主体可能因违反不同的法定义务和约定义务而承担各种私法责任。在这些因违反义务而导致的责任中，有的违反的是疏于管控的不作为义务，有的是积极干预的作为义务。从学者所关注和研究的平台责任来看，其散见于不同权利类型，如在平台内发生版权侵权、[1]个人信息侵权和人格权侵权、[2]

---

[1] 参见陈明涛、汪涌："论网络交易平台服务提供商的版权责任"，载《知识产权》2010年第4期。

[2] 参见邱炜鹏、倪玮苗、张丙宣："大数据时代平台企业数据责任的异化与治理机制"，载《中共杭州市委党校学报》2020年第4期。

平台与用户之间的违约、保险等责任承担问题。[1]此外，因共享法律关系涉及新型法律客体，传统民事责任和特别法责任未必能涵盖完整。

由于平台的不同类型及不同性质责任，共享平台的责任形态同样具有多元性。例如，由于平台管控能力方面的差异，共享平台经营者既可能承担直接侵权责任，也可能承担因用户行为而导致的间接侵权责任。[2]又如，对于平台究竟承担何种形态的安全保障责任，《电子商务法》第38条使用了"相应责任"这一模糊化表述。实际上，从《电子商务法》的立法过程来看，针对平台安全保障责任的形态划分也是争论不断，数易其稿，草案三审稿确定为平台的"连带责任"，草案四审稿确定为平台的"补充责任"，最终确定为"相应责任"，足见平台责任形态确定之不易。[3]即使在解释层面，学者也多主张采取弹性化理解，就此囊括了连带责任、补充责任、按份责任等几乎可能的各种形态侵权责任。[4]

2. 义务甄别的技术性和动态性

共享经济私法责任关系的主要承担者为构建共享契约关系之平台经营者，其行为特征和竞争优势高度依赖互联网信息技术，故不论成立何种责任构造，于责任要件分解中皆需考虑交易行为背后的技术特点，以确定平台的义务水平，既不能超越其技术能力，又应科以合理的注意义务。与此相关的是，对共享平台经营者技术能力和特点的甄别，往往是一个动态的发展过程，而不是一个静态的、固定的状态，如旅客运送、短租等近距离的、会带来人身接触的交往模式，涉及大量资金安全的交易模式，都需要依具体情况分析。[5]倘若将来进一步将人工智能引入共享出行，许多以人类驾驶员为中心的交通

---

[1] 参见刘文静："平台企业：零工经济中的法律关系与责任分担"，载《探索与争鸣》2020年第7期。

[2] 参见丁宇翔："跨越责任鸿沟——共享经营模式下平台侵权责任的体系化展开"，载《清华法学》2019年第4期。

[3] 参见曾娜："从'连带责任'到'相应责任'——《电子商务法》第38条第2款评析"，载《重庆理工大学学报（社会科学）》2019年第5期。

[4] 参见赵旭东主编：《中华人民共和国电子商务法释义与原理》，中国法制出版社2018年版，第239~240页。

[5] 参见薛军："论《民法典》中网络平台安全保障义务的核心问题"，载《中国信息安全》2020年第10期。

侵权责任规则便无法适用,[1]这可能导致平台责任的更新与扩张。

3. 违反平台合作关系的责任多重性

基于此前所描述的共享契约行为特征,交易各方在任一界面的行为违反了平台规则项下的合作义务,都可能引起其他界面的多重法律责任。共享用户在用户层交易中违反平台规则,直接损害的是交易对手用户的权益,因此有关违反合作义务的基础法律后果就是需要向交易对方承担相应责任。这种后果本身又分两个层次:第一个层次是基于平台规则的平台内责任,如接受平台处罚;第二个层次是基于民法所承担的民事责任。

除了基础法律后果,某些违反平台规则的行为还会损害其他用户乃至社会不特定公众的利益,引起特殊的法律后果。用户和社会公众有权依照平台规则和法律规定,要求平台承担一定的义务和责任。例如,《电子商务法》第42条和第43条规定了知识产权权利人针对侵权行为向平台发出权利通知、提供初步证据,平台应当及时采取必要措施,以及对涉嫌侵权用户提出反通知,并根据权利人是否起诉,决定平台措施是否终止的一系列义务和责任承担规则。

4. 请求权基础构造的交错性

共享私法责任属于私法范畴,整体可适用民法规定。而共享交易又归属于《电子商务法》规定的特别法律关系,共享法律关系的请求权构造尚需结合特别法之规定。更为特殊者,在于共享私法关系还与诸多公法关系具有牵连性,这不等于两者在价值或规范构造上的混同,却意味着对国家强制力介入私人社会生活的适当认可。[2]故而,共享经济之私法责任请求权基础可能比一般民事责任更为复杂,构造特征别具一格。以后文所示之个人信息侵权责任为例,该责任请求权的基础不是单一法条构造,而是呈现总则与分则、一般法与特别法、公法与私法交错性规范构造。有关请求权构造之复杂交错性,虽在一定程度上是基于个人信息保护立法之系统性不足,但其与共享经济之私人关系和公共关系相互交织的特点也有莫大的关联。

---

[1]参见郑志峰:"自动驾驶汽车的交通事故侵权责任",载《法学》2018年第4期。
[2]参见熊丙万:"私法的基础:从个人主义走向合作主义",载《中国法学》2014年第3期。

第二节　共享平台私法责任体系化展开

本章内容所提及的"平台责任",有时容易给人造成误导。这一约定俗成的提法,其实是在说平台关系中不同主体的责任,而不是指"平台"自身有什么权利义务,正如我们讲合伙的法律责任,并不是指"合伙协议"责任一样。共享平台通常由平台经营者建立,平台经营者在私法体系中分别归属于法人、非法人组织,以及特别法中的公司、企业、经营者等法定主体。以责任依据的不同考察平台主体私法责任,可包括合同责任和法定责任两种分类。其中,法定责任可被分为具有填补功能的侵权责任和具有惩罚功能的赔偿责任。从一般法和特别法的角度看,平台责任适用于大多数现行民法规定,如违约责任、网络平台侵权责任、产品质量责任、道路交通侵权责任等;把这些责任与共享契约特殊构造进行嫁接,可继续划分为违反平台合作义务的背信责任和违反法定义务的特殊侵权责任。

需要说明的是,在共享法律关系中,除了平台经营者需要承担的责任,还有用户、生产者、仓储、物流、金融结算等第三方主体的责任,当有关主体行为被卷入平台内关系时,可能会因此发生责任竞合,如生产者的产品缺陷责任与平台主体侵权责任的竞合。若考虑到共享法律关系的特殊性,对共享经济私法责任的体系化考察将以平台经营者为中心展开,且有关讨论样本的选取,主要为契合共享法律关系特点之典型责任类型。

一、违反共享服务合作义务的背信责任

"背信"一词的字面含义是违背信任关系,其通常在刑法和商法研究中被使用。但无论是商事特别法还是刑法,都没有直接对"背信"一词进行过明确定义。按照一般理解,背信之概念与信义义务和民法之诚信原则内涵具有共通性,均属上升为法益的道德准则。[1]结合前文对共享契约的价值提炼和关系分析,所谓共享背信责任,是指平台自身违反平台规则、服务协议约定的义务或者违反诚信原则,依照有关规则、协议以及法律规定承担的民事责

---

〔1〕参见郑泰安等:《证券投资基金法律制度:立法前沿与理论争议》,社会科学文献出版社2019年版,第388~389页。

任。由于不同共享平台提供的服务内容不尽相同，故相互之间涉及或侧重的平台合作义务也有所差异，从而由平台经营者承担不同的背信责任。

(一) 平台对买家用户的服务瑕疵责任

不论哪一类共享契约关系，共享平台主体向用户提供的共享服务都包含一定的给付内容，大部分均具有无形性、不可复原性，且需要用户给予协作，否则便无法实现服务义务的履行。[1]由此，平台与用户可成立基本的服务合同关系，违反有关合同义务，可适用民法、消费者权益保护法、产品质量法中所规定的诸多民事责任。理论上讲，服务瑕疵可被分为一般瑕疵和服务缺陷，一般瑕疵中的服务提供方一般仅负有更换、补救和继续履行的义务，服务缺陷则是指存在危及服务接受方人身和财产等固有利益的情形。[2]共享服务合同的履行包含了以上两种情况。实践中关注较多、具有典型意义的三种瑕疵责任分别是物的瑕疵担保责任、信用欺诈责任和押金返还责任。

1. 物的瑕疵担保责任

共享契约涉及的主要是特殊的第三方共享治理服务，很少涉及物的给付或由平台直接向消费用户承担此项责任。例如，《消费者权益保护法》第44条规定，消费者通过网络交易平台购买商品或者接受服务受到损害的，应当向销售者或者服务者要求赔偿，只有当平台未履行一定信息提供义务时，才能向平台要求赔偿。通过此规定可以看出，中介型共享平台并不是瑕疵担保责任主体。但是，分时租赁平台则属于另一种情形，这种广义共享交易之法律客体包含给付共享租赁物，故有适用瑕疵担保责任的余地。

传统民法中，瑕疵担保责任有法定责任说、债的不履行说和违约说三种不同定性。[3]而按照原《合同法》和《民法典》的规定，瑕疵担保责任在我国已被统合进合同违约责任，属于合同未履行约定的一种情形。租赁型平台因提供质量不符合约定的共享物，或者未按约定履行共享物维修义务，导致用户人身财产损害的，应当向用户承担违约责任。

以共享单车为例，自消费者通过手机 APP 注册为用户后，双方即成立租

---

〔1〕有关服务合同的基本特征，可参见周江洪：《服务合同研究》，法律出版社2010年版，第16页以下。

〔2〕例如，《消费者权益保护法》第48条第1项规定的民事责任，即特指"商品或服务缺陷"。

〔3〕参见崔建远："物的瑕疵担保责任的定性与定位"，载《中国法学》2006年第6期。

赁合同关系。用户通过扫码打开车锁之时,共享平台即完成了租赁物的交付。用户使用单车过程中,因标的物的缺陷导致用户人身和财产损害的,用户消费者既可以根据《民法典》要求平台承担违约责任,也可以根据《产品质量法》或《消费者权益保护法》第48条第1款等规定,要求平台承担加害给付、服务缺陷等责任。所谓标的物缺陷,不仅是指其质量本身存在缺陷,还包括标的物存在不合理的危险性。后一种情形主要是指共享物未及时维修、回收,或者未对故障标的物采取合理的限制使用措施,导致用户使用了具有危险性的共享物而造成损害。

2. 网络信用欺诈

根据《电子商务法》第17条的规定,所谓网络信用欺诈,是指电子商务经营者以虚构交易、编造用户评价等方式进行虚假宣传,欺诈和误导消费者的行为。在实践中,网络信用欺诈的具体表现为刷单炒信,它是指在网络交易平台上,通过刷单、刷量、刷钻等方式炒作商家信用的行为。[1]刷单炒信背信行为,既可能是平台内经营者单独所为,也可能由平台经营者单独或与前者共同实施。从治理路径上看,私法对网络信用欺诈的治理工具主要有三种:其一,由受到损害的经营用户依据《反不正当竞争法》的要求从事炒信行为的经营者承担赔偿责任;其二,依据《民法典》"侵权责任编"的要求行为人承担侵权赔偿责任;[2]其三,依据《消费者权益保护法》第55条要求欺诈行为人承担惩罚性赔偿责任。

从理论上看,炒信刷单部分符合传统民法对欺诈的定义,即有违反法律和诚信的欺诈行为、欺诈故意、受欺诈人因欺诈而限于错误认识。[3]但适用惩罚性赔偿规则需要解决两个问题:首先,需要确定哪些消费者可以主张惩罚性赔偿。对平台而言,许多共享平台为增加用户使用频次、培养用户消费习惯,会经常推出单次或多次免费使用的优惠活动。基于前文的分析,"免费消费者"的身份虽然成立,但并没有支付价款,无法计算据以"惩罚"的基数。其次,炒信是否满足传统民法认定欺诈的"因果关系"要件,即认定用户支付价款与虚假信用之间是否有明确的因果关联存在操作困难。如果不对

---

〔1〕 参见叶良芳:"刷单炒信行为的规范分析及其治理路径",载《法学》2018年第3期。
〔2〕 参见杨立新:《网络交易民法规制》,法律出版社2018年版,第504~506页。
〔3〕 参见崔建远:《合同法学》,法律出版社2015年版,第74页。

惩罚性赔偿规则做一定的扩张，这一治理路径的价值就会大打折扣。关于互联网惩罚性规则的扩张，笔者在下文中将继续讨论。

3. 押金返还责任

通过向用户收取押金获得资金的金融投资或沉淀利益，是共享单车、共享汽车、货拉拉等共享平台的盈利模式之一。应当看到，共享消费用户是公众性群体，契约关系又具有结构性，这对传统一对一的合同押金退还规则造成了一定的冲击，需要澄清一些新的问题。而且，平台的押金退还规则并不总是清晰、明确的，并且出于种种原因，平台无力或不愿退还押金的情况在实践中较为常见。为此，《电子商务法》第 21 条明确规定了电子商务经营者的押金退还义务，并要求平台不得对押金退还设置不合理条件。

押金返还的具体规则还面临一个敏感问题，即押金的返还范围是否包括资金"利息"。这涉及共享物押金的法律性质的不同认识。一种观点采货币所有权说，主张押金归共享平台所有，用户仅有债权返还请求权；另一种观点主张金钱质押说，认为押金是用于担保共享物归还的特定化的质押担保物，所有权仍归用户所有。[1] 两种不同认识会在两个方面影响平台与用户的权利义务配置，即押金所产生的孳息归谁所有，以及共享平台面临破产或财产被执行时，用户是否具有取回权或者破除强制执行的实体权利。归根结底，这种分歧反映了到底是保护平台商业惯例，还是更多地保护用户押金权利的不同价值立场。笔者对此的意见是，与共享经济带来的公共便利相比，用户小额押金安全不应优先于平台规则和商业惯例。只要平台规则和服务协议有明确约定，平台的押金返还责任范围以本金为限，便不宜认定押金具有金钱质押性质。

（二）平台对卖家用户的"网约工"责任

依不同平台服务协议关系内容，平台经营者与卖家用户的基础合作关系应当按照不同情形认定，由此可划分为传统劳动关系、互联网雇工关系和合作劳务关系三种情况。与租赁型平台对应的传统劳动关系不在此处讨论，下文仅就互联网雇工和合作劳务关系，以及两类基础关系中的背信责任展开讨论。

---

[1] 参见刘明："关于解决共享单车押金安全问题的建议"，文章来源：微信公众号"腾讯研究院"。

1. 互联网雇工责任

根据前文讨论可知，以所谓"零工经济"为由否认部分职业用户与共享平台的雇佣关系，或者以社会公平为由要求所有平台承担雇佣责任，都与实际情况不符。在具有"非独立自我雇佣"特征的平台关系中，平台通常会强调与用户"合作"的概念，以示双方不具有任何从属性，因而不构成劳动关系。[1]但是，这并不意味"网约工"没有在"受拘束下给付劳务",[2]也不等于这种灵活的用工不需要任何劳动保障。为此，我国应当尽快建立互联网雇工的概念框架，将此类新型雇佣从服从指挥管理、固定支付劳动报酬、购买社会保险等传统标准中适当区别出来，并重新确立以下认定标准：一则，用户相对固定地通过平台提供劳务给付；二则，用户日常的主要工作均与该劳务给付有关；三则，用户主要的工作收入来自有关劳务给付；四则，用户基于平台授权在劳务给付中使用统一的对外标识。在此基础上，平台按照以下规则向互联网雇工履行义务和承担责任：

（1）平台应当对互联网雇工进行一定的职业知识培训，并提供符合其工作需要的条件保障。

（2）平台应当为互联网雇工自愿购买商业性养老、医疗和意外保险提供必要支持，如信息咨询、发起购买计划、适当补贴等。

（3）平台应当就互联网雇工在执行工作任务过程中受到的伤害，参照民事雇佣承担赔偿责任。

（4）平台应当就互联网雇工执行工作任务过程中给其他用户或第三人造成的损害承担《民法典》第1191条规定的用人单位责任，并有权向具有故意或重大过错的雇工追偿。

（5）违反前用工保障给互联网雇工造成损害（包括因第三人侵权造成的损害）的，互联网雇工有权向平台要求损害赔偿。

2. 合作劳务责任

在众多互联网用工关系中，如何以从属性为基点准确识别劳动关系和其

---

[1] 2016年北京朝阳区法院审理的7名厨师起诉"好厨师"APP一案，平台在其出示的合同文本中均包含了类似内容。参见靖力："新型劳动关系，不仅是道是非题"，载《检察日报》2018年8月22日。

[2] 参见王天玉："基于互联网平台提供劳务的劳动关系认定——以'e代驾'在京、沪、穗三地法院的判决为切入点"，载《法学》2016年第6期。

他关系，同时避免随意扩大劳动法的适用范围，是平衡好平台和卖方用户权利义务、协调经济发展与社会公平的重要尺度。与组织协同型平台关系的强协调性不同，在网络中介型平台关系中，大量兼职用户属于真正的"零工经济"，几乎很少受到平台的协调，因此其与平台之间的责任并不能依照劳动关系来处理。

另外，把平台和兼职用户认定为劳务关系的观点也不十分妥帖。理由在于，依照《民法典》第1192条的规定，劳务过错赔偿责任的基础关系是个人之间的劳务给付，真正发生劳务给付的是买方用户和卖方用户。在实践中，货拉拉等平台甚至不直接派单给司机，而是采取"队长负责制"，由平台派单给队长，再由队长协调团队、司机的时间，最后进行服务。[1]

考虑到共享法律关系的结构性，如果非要参照劳务模板来分析平台和卖方用户的关系，我们只能将之界定为合作劳务关系。合作劳务关系是一种整体的关系，不是指卖方用户作为劳务给付方与平台建立了劳务关系。在这种情况下，在由用户个人劳务给付引发的损害赔偿中，很难要求平台向买方用户承担劳务过错赔偿责任，一般应由从事劳务给付和接受劳务的用户依照前一规定执行，即用户双方根据过错分摊责任。若事故损害对象为卖方用户，其与平台之间的责任分担主要依照服务协议以及平台规则来处理。但是，这一责任分摊规则并不影响平台因违反安全保障等法定义务向各方用户承担侵权赔偿责任。

二、共享平台违反法定义务的侵权责任类型

在各种平台关系中，除了合作服务协议关系，平台与用户之间的法律关系更多的是法定性的，公法和私法都针对平台经营者设定了大量的法定义务。违反这些法定义务，就会依法产生相应的民事赔偿责任。其中，大部分法定义务都是基于用户（尤其是消费用户）这一特殊身份设置的。故共享平台对用户的法定赔偿责任，主要集中在对消费者的赔偿责任。从《民法典》《电子商务法》《消费者权益保护法》等对网络平台侵权责任规定较为系统的民事和商事立法来看，平台对用户承担的侵权责任形态、请求权基础构造都相对复

---

[1] 参见孙宇："货拉拉司机口述：正规操作肯定不赚钱，装摄像头就没法干了"，载腾讯新闻：https://xw.qq.com/partner/vivoscreen/20210225A01RHL00，最后访问时间：2021年2月25日。

杂，且不同立法对同一问题的规定也不尽一致，这在一定程度上加大了法律适用的难度。

（一）共同侵权、连带责任与不真正连带责任

早期《消费者权益保护法》《侵权责任法》对网络平台的侵权责任规定都较为谨慎地为平台设置了连带责任。平台承担连带责任的情形，基本按照传统侵权行为法的原则设置，仿照有意思联络的共同侵权加以规定。《民法典》《电子商务法》等晚近立法更是兼顾了不同平台的服务类型特点，因而总体上平台承担连带责任的规定较为少见，哪怕在社会十分关注的安全保障问题上，亦不过采用"相应责任"等模糊表示，原因即在于考究平台资格审核义务和安全保障义具体情况较为复杂。[1]

1. 平台承担连带责任的法律依据

根据《民法典》第178条第3款关于连带责任的规定，民事主体承担此项责任必须有明确的法律依据或合同依据。目前来看，网络平台承担连带责任的情形依据主要有《民法典》"侵权责任编"和《电子商务法》的规定：

（1）《电子商务法》规定的三类情形。三种情形都与平台知道或应当知道的主观要件有关，客观行为要件都表现为未及时采取必要措施制止侵权。第一种情形由第38条第1款规定，平台因此与平台内经营者承担连带责任。第二、三种情形由第42条第2款和第45条规定，平台因此与知识产权侵权人承担连带责任。

（2）《民法典》规定的两种情形。《民法典》第1195条和第1197条规定的两种情形与《电子商务法》的前三条规定具有类似性，即平台明知或应当知道侵权行为而没有按规定制止。区别在于，《民法典》的规定未限于知识产权等特定侵权行为。

此外，《消费者权益保护法》第44条第2款规定的连带责任，与前述规定之要件和内容也大同小异。

2. 有关连带责任的性质及认定标准

基于以上规定可以看出，共享平台的连带责任的直接规定皆自成一格，

---

〔1〕参见"全国人民代表大会宪法和法律委员会关于《中华人民共和国电子商务法（草案四次审议稿）》修改意见的报告（2018年8月31日）"，载中国人大网：http://www.npc.gov.cn/npc/c30834/201808/7f0f4cae66b54578976c6d910b0848e9.shtml，最后访问时间：2020年1月20日。

几乎都在强调平台"明知"和"应知"的主观心态，本质上指向平台与侵权行为人存在的意思联络，即传统民法所关注的共同侵权问题。而在成立意思联络的具体情形中，《民法典》和《电子商务法》都不约而同地采用了"通知—删除"规则，解释上似可理解为，经过权利人通知且提供了初步证据后，如果平台没有采取措施，即属"明知"的一种类型。[1]

关于"应知"，立法未作任何类型化努力，完全采取抽象化表述。依照《民法典》实施后修订的《最高人民法院关于审理利用信息网络侵害人身权益民事纠纷案件适用法律若干问题的规定》第6条之规定，实务中认定"应知"，主要结合信息处理方式、服务的性质、平台管理能力和技术能力、有关信息导致侵权的可能性以及权利人的影响程度等因素来综合考察平台的注意义务水平。

3. 平台附条件不真正连带责任

较早对网络平台进行法定责任规范的是《消费者权益保护法》，2013年修订后的法律文本第44条第1款就是其中的一个特殊规定。根据该款规定，平台不对用户承担直接的赔偿责任，只是在某种条件下承担替代责任。该款规定的具体责任规则如下：

（1）消费者因商品和服务受到损害的，承担直接责任的主体是提供商品和服务的商家。由此规定可以看出，其所涉及的网络平台是特定的、狭义的主体，即"网络交易平台提供者"，体系上解释主要是指交易撮合和提供网络交易场所的平台经营者，不包括直接提供经营内容的平台类型。对应共享契约的分类，这一规定直接排除了租赁型共享平台的适用。

（2）平台向消费承担赔偿责任的条件是"不能提供销售者或者服务者的真实名称、地址和有效联系方式"，这表明平台承担这一责任是附条件的，并非指平台单纯违反信息审核和信息存留等法定义务。这是因为，从立法用语看，"不能提供"是一种客观事实，对平台的主观归责并未作出要求，只要客观上产生"不能提供"的结果，不论基于何种原因，皆满足责任成立条件。因或然性的客观事实产生的法律后果，符合民法"附条件"的基本定义。

（3）平台向消费者承担赔偿的责任形态是不真正连带责任。连带责任的

---

[1] 也有意见认为，如果权利人向平台提供了证据，此时构成"应知"，理由是平台据此可以产生合理推断。参见杨立新：《网络交易民法规制》，法律出版社2018年版，第211页。

依据是法定或明确约定,责任人之间具有潜在的按份追偿关系。[1]而本项责任并未使用"连带"责任之表述,而是规定消费者"可以"向直接责任人要求承担责任,也"可以"向平台要求承担责任。即基于不同的法定义务,消费者具有两个可选择的请求权;后半句规定直接责任人为终局责任承担者,平台之追偿非按份承担,而是"全部追偿",故不符合连带责任的特征,属不真正连带责任范畴。[2]

需要注意的是,平台的这一法定义务并不排除其他责任类型,平台可能因违反合作约定而与本款规定产生责任竞合,也可能因存在"明知"或"应知"的情形或违反安全保障义务而直接适用其他法定责任规定。

(二) 共享平台安全保障义务与"相应责任"

对特定公共空间和公共活动中负有安全保障义务的私法主体,《民法典》《消费者权益保护法》都作出了直接规定。但是,安全保障义务的内容抽象,除法律明确规定外,必须在个案中依据诸多因素作出认定。[3]而且,这些规定一般针对线下公共活动或经营活动的组织者、管理者,对于网络空间中平台安全保障义务的具体认定,尤其是如何理解《电子商务法》第38条第2款的"相应责任",无疑是立法过程中各方面关注的焦点,也是将来实务的争议所在。从体系上解释,平台违反安全保障义务相应责任的认定,包含了对不同法律适用关系的各项把握。

1. "相应责任"解释论

相应责任的义务来源为民法上的安全保障义务理论已成通说。依此理论,但凡开启社会活动对他人产生一定危险者,对该危险都应当有合理注意义务,采取必要措施防止危险发生,一旦发生还应当采取适当的救助措施,以避免损失扩大。[4]可以看出,安全保障责任是一种违反注意义务的过错责任,而

---

[1] 《民法典》第178条规定,连带责任连带责任人的责任份额根据各自责任大小确定;难以确定责任大小的,平均承担责任。实际承担责任超过自己责任份额的连带责任人,有权向其他连带责任人追偿。

[2] 参见杨立新、韩煦:"网络交易平台提供者的法律地位与民事责任",载《江汉论坛》2014年第5期。

[3] 参见谢鸿飞:"违反安保义务侵权补充责任的理论冲突与立法选择",载《法学》2019年第2期。

[4] 参见王利明:《民法总论》(第2版),中国人民大学出版社2015年版,第126页。

非无过错责任。《电子商务法》第 38 条第 2 款的前半段内容直接规定了平台经营者的审核义务及安全保障义务，构成平台经营者承担"相应的责任"的义务来源。[1]

对后半段规定的所谓"相应责任"，大多数意见都认为，"相应责任"是聚合了不同责任形态的包容性规定。另有一种意见认为，"相应责任"本身属于责任要件，可以作为适用依据，分别根据不同情形解释为不同责任形态。[2]

依笔者所见，"相应责任"在体系上不能归于任何一种责任形态，也不属于责任构成要件，本款规定在本质上为引用性不完全法条，需要引用其他法律条文方可展现完整责任构成要件。[3]如果"相应责任"被单独解释为责任要件，则会导致与《民法典》第 1198 条规定发生适用争议，即出现《立法法》第 94 条意义上的"不一致"情形，产生一般法与特别法、新法与旧法的适用困惑。[4]将"相应责任"解释为引用性规定，使之与诸法体系衔接，尤其是得以将日臻完善的民事一般法和内容丰富的特别法悉数导入，符合立法体系性目的。

2. 平台安全保障义务责任类型展开

平台安全保障义务的原型虽取自民法安保义务理论，但不等于二者责任要件相同。特别是在"相应责任"的引用性法条结构下，对于平台安全保障义务的请求权基础需要区分不同交易类型，并结合诸法规定探究。具体来看，涉及以下三类重点情形：

（1）平台的连带责任。《民法典》第 1197 条和《电子商务法》第 38 条第 1 款为平台承担连带责任的法律依据。例如，共享用户自生成信息中包含劝诱他人从事危险行为的内容，如果平台明知或应知该风险内容传播而不及

---

[1] 参见孙晋、袁野："论平台经营者的民事法律责任——《电子商务法》第 38 条第 2 款的解释论"，载《财经法学》2020 年第 1 期。

[2] 参见丁宇翔："跨越责任鸿沟——共享经营模式下平台侵权责任的体系化展开"，载《清华法学》2019 年第 4 期。

[3] 不完全法条类型中，包括在其构成要件或法律效果规定中，引用其他的法条之情形，称为引用性法条。参见黄茂荣：《法学方法与现代民法》，中国政法大学出版社 2001 年版，第 137~138 页。

[4] 《立法法》第 94 条第 1 款规定："法律之间对同一事项的新的一般规定与旧的特别规定不一致，不能确定如何适用时，由全国人民代表大会常务委员会裁决。"

时删除和屏蔽,就构成对网络空间安全保障义务的违反。由于对"相应责任"进行引用性法条解释,此处不构成两项责任的竞合,而是直接将"相应责任"视为请求权基础之一部分,与《电子商务法》第38条第2款共同适用。

(2)平台的单独责任。对于由租赁型共享平台提供的汽车、单车等交通工具损坏引起的安全隐患,平台本应通过网络技术手段查知而未发现并及时采取措施,造成消费者损害的,构成加害给付和安全保障责任的请求权竞合。依据《消费者权益保护法》第48条第2款之规定,消费者有权要求平台经营者单独承担安全保障侵权责任。中介网络型平台也可适用本条规定承担单独侵权责任。例如,在顺风车平台没有尽到审查义务的情况下,本不应具有车主资格的用户获得了开展顺风车业务的资格,结果造成接受服务的用户受伤。〔1〕需要注意,某些非营利互助型平台主体不一定符合经营者身份,但仍可能满足《民法典》第1198条第1款定义的"群众性活动的组织者"特征,〔2〕可适用本条规定项下的单独侵权责任赔偿。

(3)平台的补充责任。如果将安全保障责任的单独责任理解为自己责任,那么在《民法典》第1198条第2款规定的第三人行为造成损害的情况下,安全保障义务人承担的补充责任就是替代责任,第三人赔偿能力的有无和大小将成为决定性因素。〔3〕在中介型共享平台关系中,提供服务的用户是否属于"第三人"存有一定争议。对此,宜按行为的整体关系解释,平台内关系中提供服务的用户显然不在此列。例如,网约车导航发生偏航,而平台未能及时警示用户并监督司机导致伤害的,应按前述第一款规定承担自己责任;如果偏航期间发生第三人介入因素,则由第三方承担直接责任,平台只承担相应的补充责任。另一个涉及的争议问题是在安全保障侵权责任与第三人侵权结合的情况下,是否适用《民法典》第1172条规定的无意思联络共同侵权,即

---

〔1〕 参见张新宝:"顺风车网络平台的安全保障义务与侵权责任",载《法律适用(司法案例)》2018年第12期。

〔2〕 尽管共享组织行为与一般民法不同,但大多数情况下,仍可以理解为广义的"组织者"。

〔3〕 参见谢鸿飞:"违反安保义务侵权补充责任的理论冲突与立法选择",载《法学》2019年第2期。

平台到底承担补充责任还是按份责任？[1]依笔者之见，《民法典》所规定的安全保障侵权补充责任，实乃平衡安全保障义务人、一般义务人与社会公众合理安全期待的特别设计，应按特别规则优先适用。网络空间的安全保障侵权责任，亦同此理。

（三）共享平台侵害个人信息的法定责任

个人信息依法受保护，如今既是社会共识，也为立法所明示。2012年，《全国人民代表大会常务委员会关于加强网络信息保护的决定》（以下简称《决定》）第1条规定了网络信息保护的客体为电子信息，包括公民个人身份和个人隐私，开保护个人信息之立法先河。2013年修订的《消费者权益保护法》分别用3个条文，在消费者保护领域首次确立了个人信息保护的法定赔偿责任。《电子商务法》第23条提出了网络平台依法保护个人信息的要求。《民法典》第111条进一步将个人信息与隐私权区分保护，并在"人格权编"予以细化落实，至此形成了相对完整的个人信息保护体系。

1. 个人信息保护的权利基础

个人信息权又被称为信息自决权，是指个人依照法律控制自己的信息并决定被搜集利用的权利。[2]学界对个人信息权的法律性质有不同认识，主要有隐私权说、[3]数据财产权说[4]和新型人格权说[5]等不同认识。在民法学界，新型人格权说为当前的通说。根据《民法典》第1034条的规定，个人信息权为独立的人格权，强调对自然人的识别性，涵盖了能够反映和识别自然人身份或活动的各种信息，仅在私密信息与隐私权方面存在交叉，可以适用隐私权的保护规定。

在国外，个人信息保护及其衍生而来的数据可携权（data portability）、被

---

〔1〕有意见认为平台按其过错与第三人共担按份责任，更合公平。参见丁宇翔："跨越责任鸿沟——共享经营模式下平台侵权责任的体系化展开"，载《清华法学》2019年第4期。

〔2〕王利明："论个人信息权在人格权法中的地位"，载《苏州大学学报（哲学社会科学版）》2012年第6期。

〔3〕See Daniel J. Solove and Paul M. Schwartz, *Information Privacy Law*, 3rd ed, Wolters Kluwer, 2009, p.2.

〔4〕参见吴晓灵："大数据应用：不能以牺牲个人数据财产权为代价"，载《清华金融评论》2016年第10期。

〔5〕参见王利明："论个人信息权的法律保护——以个人信息权与隐私权的界分为中心"，载《现代法学》2013年第4期。

遗忘权（to be forgotten）、拒绝自动画像权（automated processing）等新兴权利内容，目前已被《欧盟一般数据保护条例》（GDPR）所确认。[1]在我国，有关个人信息的保护规则散见于各法律规定，总体而言具有以下权利内容：

（1）信息自治权。这一权利内容被分别规定于《决定》第2条、《网络安全法》第41条和《民法典》第1035条。依照有关规则，收集和使用个人信息须经权利主体同意，或由法律明文规定，并公示其收集和使用目的以及具体规则。收集和使用行为除遵循合法性、正当性、公示性外，还不得超出目的范围且符合比例原则。

（2）个人信息安全合理期待权。这一信息保护的内容源于《民法典》第1038条和《网络安全法》第42条。依此规定，网络平台等信息处理者不得泄露、篡改、损毁个人信息，且应有能力采用技术手段和管理措施保护其收集的个人信息，发生危及个人信息安全的事由时，网络平台还负有技术补救和向主管部门报告的义务。

（3）个人信息查阅、复制、更正、异议和删除权。依照《民法典》第1037条的规定，自然人有权向信息处理者查阅或者复制其个人信息，个人信息有误或失去使用正当理由时，经权利人要求信息处理者应及时删除或更正相关信息。依照《网络安全法》第43条和《电子商务法》第24条也规定了平台关于用户个人信息的查阅、复制、删除和更正义务。

2. 用户个人信息请求权基础构造示例

应当指出，目前我国关于个人信息保护的规定多为不完全法条，个人信息保护特别是网络平台侵害个人信息的侵权责任完整规范构造有赖于不同立法规定的配套适用。下面，笔者将以个人信息、更正和删除的有关权利内容、权利行使规则和损害赔偿等不同规定为示例，展示个人信息保护请求权基础的基本构造：

（1）个人信息的异议、更正和删除权作为一项人格权内容的权利基础，主要被规定于《民法典》第1037条。

（2）前述之规定并没有包含完整的行为要件，在"个人信息保护法"出台以前，与该项用户权利行使相关的特别法义务只有《电子商务法》第24条

---

[1] 参见欧盟2016年颁布的《一般数据保护条例》（General Data Protection Regulation）第17条（被遗忘权）、第18条（数据可携权）、第20条（拒绝自动画像权）等规定。

的规定。

（3）《电子商务法》第 24 条规定的平台经营者"信息更正、删除"之义务，亦未规定违反该义务的私法效果，反而是《电子商务法》第 76 条第 3 项规定了处罚要件，表明该义务属于公法义务。《网络安全法》第 43 条也属于类似情况。

（4）依《民法典》第 176 条之规定，违反法律规定义务而承担民事责任者，未限定于私法义务，故解释上亦包含违反公法保护社会公众的法定义务。

（5）依《民法典》第 1165 条之规定，因过错侵犯他人权益，应当承担侵权责任，故违反公法条款设定法定义务，可推定其存在过错，除非行为人确实尽到了合理注意义务。[1]

3. 用户个人信息侵害救济的具体方法

从私法责任的角度看，依据《民法典》第 179 条之规定，为用户个人信息提供救济的主要方法有三种：一是人格请求权保护方法，二是侵权损害赔偿方法，三是惩罚性赔偿方法。

在传统民法中，人格权为支配权，权利人可以基于该绝对性的支配权，请求侵害人停止侵害、排除妨碍和消除影响。个人信息权的权利基础为人格权，因此通过类似人格权请求权获得救济，具有法律可行性。而且，人格请求权具有支配性，不受诉讼时效的影响、不以实际损害为责任成立条件，有时甚至可以衍生到合同层面的保护。例如，服务协议内容中涉及损害个人信息人格权的内容违反公序良俗，应当被宣告无效。[2]因而，个人信息人格请求权的救济方法不能被侵权损害赔偿方法完全代替。

侵害个人信息人格权，权利人同时还可以依照《民法典》"侵权责任编"的有关规定，请求侵害人承担侵权损害赔偿责任。但问题在于，如前文指出的，单个个人信息并没有太大的经济价值，且侵害对象较为分散，大多数侵权行为对个人信息的影响和情节都较轻微，也不会给个人造成直接的物质损失，很难适用侵权损害赔偿救济。因此，加大对网络个人信息的保护力度，还要建立新的理论依据（如信息受托义务），扩张惩罚性赔偿的适用范围和救济规则。对此，笔者将转至下一节予以分析。

---

[1] 参见陈甦主编：《民法总则评注》（下册），法律出版社 2017 年版，第 1262 页。
[2] 参见王利明："再论人格权的独立成编"，载《法商研究》2012 年第 1 期。

第三节　新型共享权益侵害及责任扩张

微观层面，共享法律关系不仅能带来客体的创新性重组，同时也有不少权利内容的新合成。放眼宏观，共享经济所生社会关系既公且私，价值目标多元，法域互动频繁，私法调整机制及其责任规则很难不为所动。如此一来，私法制度纵有开放包容的解释品格，传统民事责任是否能有效因应，殊成疑问。回顾前文责任体系考察未及解决问题，主要涉及两大基本领域，一为新兴权利客体，如就平台管理权、个人信息保护可否运用惩罚性赔偿规则，二为新型关系客体，如智能科技下的给付和行为，责任规则如何设计。前者疑惑在于，惩罚性赔偿偏离其填补性功能，民法态度极为审慎和谦抑，且平台实施"私人惩罚"的正当性何在？后者带来的挑战是，传统民事责任如何合理分配人工智能引入新经济带来的不可控风险。

一、认真对待惩罚性赔偿

谈到惩罚，普通人脑海能联想到的是警察、法庭和监狱这些国家暴力机构。这不仅仅是老百姓的直观印象，惩罚的合法性主要来自法律制度，且以国家强制力为后盾，这同样是一些近代思想家所推崇的观念。在霍布斯看来，如果没有一个强大的国家权力去整合这些如原子般的个人，任何社会秩序和合作都将是空中楼阁，个人自由和契约也将沦为一纸空文，甚至连基本安全也无法保障。[1]历史经验表明，惩罚有时可以来自私人的自治，法律并非全部靠国家来执行。不论来自何者，某种形式的惩罚对于社会合作和信任的维系均必不可少。在某种意义上，信任的基础是对惩罚的确信，在惩罚不被确信的情况下，亲密的朋友也可能背叛；在惩罚确信的情况下，敌对的双方也可以建立某种信任。[2]然而，在传统民法理论中，民事责任旨在权利救济，弥补特定主体的财产损失，几无惩罚功能，亦区别于以处罚不法行为为目的的民事制裁。[3]私法中的民事责任似脱离了"惩罚"范畴，这究竟是出于私

---

〔1〕参见［英］霍布斯：《利维坦》，黎思复、黎廷弼译，商务印书馆1985年版，第93~97页。
〔2〕参见桑本谦："私人之间的监控与惩罚"，山东大学2005年博士学位论文。
〔3〕参见陈甦主编：《民法总则评注》（下册），法律出版社2017年版，第1275页。

法的特有定位，抑或是对私法功能的某种误读，需要认真思考。

（一）惩罚性赔偿基本法理

一般认为，惩罚性赔偿源于英美法，它是指一种赔偿数额超出实际损害数额的赔偿形式。[1]在我国，惩罚性赔偿最初《消费者权益保护法》引入，后逐步扩展至《商标法》《食品安全法》等领域，并最终在《民法典》中获得一般性承认，并扩充到知识产权、生态环境保护等领域。但总体来说，不论是立法还是学说，大陆法系私法对惩罚性赔偿的功能、定位和适用范围都存在争议和保留。

1. 惩罚性赔偿的功能和定位

大陆法系国家，大多主张严格遵循公私法分立，私法学说更强调主体平等，故民事责任以填补和救济为主。就惩罚性功能而言，各方见解不一。有的认为是对恶意行为施以报应以威慑和遏制违法行为，有的认为是对受害人施加物质激励以促其追究对方违法行为，等等[2]，不一而论。

不仅赔偿功能与民事责任迥异，惩罚性赔偿能否被定位于私法，观点亦不统一。由于涉及对平等主体的惩罚，其不属于私法目的，反体现公法的手段和职能。[3]也有观点认为，惩罚性赔偿本质上是一种民事制裁，是用私法手段来完成公法目的。[4]与惩罚性赔偿的公法目的说不同，有部分观点认为，惩罚性赔偿本质上是私人损害，目的在于填补精神损害和加重损害等无法以金钱方式计算的额外损失。[5]还有意见认为，惩罚性赔偿脱离了私法和公法的范畴，是一种基于社会法观念而构建的第三法域，[6]属兼具公法和私法属性的经济法。[7]

---

［1］ 参见杜称华：“惩罚性赔偿在法体系上定位问题之探讨”，载《甘肃政法学院学报》2012年第5期。

［2］ 参见肖爽：“论惩罚性赔偿在合同纠纷处理中的适用”，载《华东政法大学学报》2018年第4期。

［3］ 参见金福海：“论惩罚性赔偿责任的性质"，载《法学论坛》2004年第3期。

［4］ 参见杜称华：“惩罚性赔偿在法体系上定位问题之探讨”，载《甘肃政法学院学报》2012年第5期。

［5］ 参见陈聪富：《侵权归责原则与损害赔偿》，北京大学出版社2005年版，第203页。

［6］ 参见赵红梅：“私法与社会法语境中的惩罚性赔偿责任——主要以消费者保护法为素材”，载《中国政法大学民商经济法学院2009秋季论坛论文集》2009年11月1日。

［7］ 参见肖峰、陈科林：“我国食品安全惩罚性赔偿立法的反思与完善——以经济法义务民事化归责的制度困境为视角”，载《法律科学（西北政法大学学报）》2018年第2期。

惩罚性赔偿受制于公法和私法界分理解，其功能和定在私法体系中皆属异类。立法上虽承认但限制惩罚性赔偿适用，具体表现为惩罚性赔偿必须基于法律明确规定，严禁类推；责任成立门槛高，标准严格；对具体赔偿额进行控制，不得畸高。〔1〕下文将继续指出，学者对惩罚性赔偿的理解有时过于局限，陷入了对私法责任乃至法律责任规范功能的认知误区。

2. 被误读的"惩罚性"

经济学家眼里的惩罚有两种形式，一种是私人自发的秩序对违规者进行的惩罚。这种惩罚遇到的最大问题就是"搭便车"，在奥尔森的分析中，大规模的群体的合作成本是递增的，只有在小集团范围内施以惩罚，对违反规定的个人实施强制，私人合作才会被动员起来。〔2〕奥斯特罗姆关于公共社区治理的理论逻辑也与此类似。如果要执行更为庞大的集团行动，来自国家的另一种惩罚形式就有了介入的必要。这两种惩罚形式不仅共存于人类社会，有时还在公域和私域相互合作中彼此强化和支持。

在私法史上，商人自治发展而来的商法规则，以及独立于国家法律体系的裁判系统，就是私法责任中的一种"私人处罚权"。国家帮助私人行使权利的非强制手段，在当代也不少见。例如，国家公布违法品牌，表面上看，这是国家对商家的惩罚，但事实上，国家只是提供了信息上的帮助，真正惩罚商家的是消费者手中的"选择"。〔3〕这种非国家强制性的"私人惩罚"与共享平台通过技术手段实现用户信用评价并无实质区别。

国家借助私人机制扩展行政目标，行政法上的第三方义务即为一例。它是指，政府所指定的私法主体，通过参与行政过程的方式实施法律的执行任务，例如帮助政府发现和阻止违法行为，也就是说替政府履行执行的义务。科以私主体"看门人"的法定职责不同于赋予私人惩罚权，而是一种真正的公法规制。〔4〕网络平台的违法信息报告制度在某种意义上即属于此种义务范畴。

---

〔1〕参见朱晓峰："论《民法典》对惩罚性赔偿的适用控制"，载《暨南学报（哲学社会科学版）》2020 年第 11 期。

〔2〕参见 [美] 曼瑟尔·奥尔森：《集体行动的逻辑》，陈郁、郭宇峰、李崇新译，格致出版社、上海三联书店、上海人民出版社 2014 年版，第 32~35 页。

〔3〕参见桑本谦："私人之间的监控与惩罚"，山东大学 2005 年博士学位论文。

〔4〕参见高秦伟："论行政法上的第三方义务"，载《华东政法大学学报》2014 年第 1 期。

所谓的惩罚与震慑同私法与公法划分亦无必然关联。当法观念提出"震慑"一词时，不论承认与否，其背后都实际隐含着效益的算计。更准确地说，是来自对违法成本的算计。而且，重要的不是法律的严苛，而是"边际威慑"的效果。其中，需要考虑两大因素：一是受到的惩罚是概率性的，为阻吓和填补因此逃避的损害后果，应当适度提高赔偿额度；二是影响惩罚效果的另一变量是期限，实现惩罚越及时，说明赔偿的即时贴现数值越大，那么威慑效果就越强。[1]

关于惩罚性赔偿的功能和定位，完成以上简要重述，便可得出以下几点结论：①惩罚不是国家法律的"专利"，不论是在理论上还是在实践中，私人惩罚权都是私法责任的有机组成部分；②法律的惩罚性并非区分公法和私法的标志，本质上，法律责任可以被理解为一种法律的否定评价及惩罚，这种评价不是现实性的，即不是实际上已经受到惩罚。[2]任何法律都要考虑"边际威慑"，都可以对违法行为人施以某种特殊的震慑和惩罚；③公法和私法可以相互借助各自的实施机制，实现各自的目的。

（二）平台规则的私人惩罚责任

否定私人执法作为普遍的惩罚形式，主要考虑高额的信息费用和监控成本，及其可能导致的私人冲突的不可控。承认某种形式的私人惩罚机制或者私人执法机制，并非否定国家公共性惩罚的主导地位，或大范围恢复私人复仇，而是充分考虑国家和私人组织之间的比较优势。在互联网时代，由于监管水平、网络空间的匿名性以及人员和交易的分散等原因，数字经济领域的执法活动存在明显的监管困境，大量违法行为没办法违法必究。国家除了动用公法手段，要求网络平台承担一定的公共"看门人"职责，运用私法内部的自治机制也是重要选项。在国家的某种间接"赋权"下，平台自治惩罚权在一定程度上表现为私法责任意义上的不利后果。

1. 平台私人惩罚的私法后果

在实践中，共享平台往往依靠"协商—异议—惩罚"机制来调控平台关系中的违规和纠纷。对于这种惩罚机制具有哪些私法责任特征？它与民事责任和私主体的合同履行活动有什么区别？目前还没有系统分析见诸公开。下

---

〔1〕 参见桑本谦："私人之间的监控与惩罚"，山东大学2005年博士学位论文。
〔2〕 参见张恒山：《法理要论》，北京大学出版社2002年版，第456页。

面，笔者将尝试从私法责任构成、惩罚效力等方面总结平台惩罚权的私法责任特征：

（1）平台的处罚权基于用户违反服务协议和平台规则义务。该处罚权虽由平台单方行使，但根本上源于用户的授权或同意，是当事人意思自治的结果，本质上是私权。未经用户授权和同意，平台不得行使有关权利。而且，处罚权是用户违反合同义务和平台规则的不利后果，属于第二性义务。

（2）平台处罚权导致不利的私法后果。总结各类平台规则，平台处罚权可导致用户遭受某种财产上的不利益，主要有以下四种形式：财产性处罚、声誉性处罚、关涉行为能力的处罚以及开除资格的处罚。[1]财产性处罚即要求用户赔偿高于对方实际损失，如要求"假一罚十"、取消虚拟财产等。声誉性处罚建基于用户黏性所建立的网络社区声誉机制，包括警告、扣分和公示。行为能力处罚则涉及用户权限的使用，如用户降级导致无法使用部分平台服务功能。开除资格即所谓的"销户"，本质上为单方终止服务协议，禁止其登录平台。

（3）平台惩罚权具有间接反射的国家强制性。一般民事责任是国家对私人行为的否定性评价，并以国家强制力为保障。平台惩罚权虽然没有直接的国家强制力保障，但它不同于单纯的合同义务履行，平台私人处罚权在一定范围内可获得排除国家干涉的消极效力。例如，《最高人民法院关于审理利用信息网络侵害人身权益民事纠纷案件适用法律若干问题的规定》第5条规定，被采取删除、屏蔽、断开链接等措施的网络用户主张该措施侵权或违约的，平台可以有效通知作出免责抗辩。这一规定从反面支持了平台采用惩罚手段的合法性。

类似的例子还有，法院对平台惩罚性规则作出合法性评价。在"成都某贸易有限公司诉上海寻梦信息技术有限公司（"拼多多"平台）网络服务合同纠纷案"中，围绕"假一罚十"的平台规则是否构成违约金过高的争议，法院并没有因循传统民法的填补性原则，而是强调充分尊重平台自治管理权。[2]借助国家肯定性评价，平台处罚权可以获得间接反射的国家强制性，从而达

---

[1] 参见肖梦黎："平台型企业的权力生成与规制选择研究"，载《河北法学》2020年第10期。

[2] 参见"拼多多平台打假一罚十获法院支持"，载网经社：http://www.100ec.cn/detail--6438582.html，最后访问时间：2019年5月8日。

到私人处罚权的强制效果。

2. 平台惩罚权的限制

在杭州铁路运输法院审理的一起不正当竞争损害赔偿纠纷中，淘宝平台对被恶意投诉的用户一方处以降权处罚，用户以恶意投诉为由要求投诉的用户承担赔偿责任。[1]本案中，虽然法院最终判令恶意投诉方对被处罚用户承担责任，但未及解决一个问题：淘宝平台未能甄别恶意投诉即予以降权处理，如何对平台惩罚权的行使进行法律监督和限制？

一般认为，对平台惩罚机制的第一层约束是市场自身的约束。只有提供合理、公平的平台治理规则才能吸引更多的用户，否则，用户可以"用脚投票"。更重要的是，与所有私人活动一样，平台的自我管理并不是无限的。甚至可以说，基于对平台庞大资本和社会力量的国家忧惕，平台的管理权是受到严格限制的。大致而言，法律对平台惩罚权有判定失权、引入私的规制和公法规制几种限制方法。

（1）因违反公示义务而失权。平台惩罚权来自平台规则和服务约定，但是就该项规则的制定，平台负有法定公示义务。根据《电子商务法》第32至第34条和第36条等规定，平台制定和修订规则以及实施处罚措施，应当履行公示义务。虽然《电子商务法》没有就违反公示义务的私法后果作出明确规定，但依照诚信原则的解释功能，违反此项不真正义务，要承担失权的法律后果。[2]据此，如果共享平台依有公示履行瑕疵的规则对用户进行处罚，除非是应当履行的法定义务，否则用户有权予以拒绝。

（2）私的规制的引入。所谓私的规制，是指对某些违反公共目标和法定权利保护的行为，不以政府监管的方式介入，而是通过法院否定其可执行效力，以达到规制目标。[3]如果平台服务协议违反了公平制定规则的法定义务，或排除了消费者的主要权利，用户就可以依据《民法典》第153条之规定，

---

〔1〕参见余建华、吴巍："杭铁法院网上公开宣判首例恶意投诉案：判令被告赔偿原告经济损失210万元"，载中国法院网：https://www.chinacourt.org/article/detail/2019/01/id/3714541.shtml，最后访问时间：2020年3月20日。

〔2〕对不真正义务概念的介绍，参见崔建远主编：《合同法》（第3版），法律出版社2003年版，第274页。

〔3〕参见［英］安东尼·奥格斯：《规制：法律形式与经济学理论》，骆梅英译，苏苗罕核，中国人民大学出版社2008年版，第261页。

以平台规则违背公序良俗或违反强制性法律规定为由，请求法院宣告其处罚依据的协议和规则无效。

（3）公法规制的介入。平台的处罚权可能越界，正如国家干预可能构成对私权的不当侵犯一样。因而国家在认可和支持这一特殊私人惩罚权的同时，对于处罚权附带的公共职责也必然关注有加。问题在于，公法不能仅局限于"国家管平台、平台管用户"的规制架构，[1]也要直接针对平台对用户的管理行为进行必要的监督。平台规则和相应的处罚行为倘若明显侵犯社会公共利益，国家监管权便应当像监督私人合同一样，[2]对平台的处罚权进行监管和限制。根据《网络交易监督管理办法》第50条规定，平台经营者制定的处罚规则违反《电子商务法》第32条的规定，市场监督管理部门可以按该法第82条规定进行处罚。

（三）平台侵害个人信息惩罚性赔偿规则初探

对于惩罚性赔偿可否扩展至互联网，以及在哪一权利领域适用，目前还很少有研究关注。个别意见提出，可尝试在网络环境下的人格权侵权领域扩张适用惩罚性赔偿。[3]这一观点看到了互联网侵权责任的特殊性，但从私法对惩罚性赔偿的控制思路来看，较难在如此多的侵权纠纷中完全适用惩罚性规则。有限的立法规则资源分配应当留给最需调整的领域。在众多人格权保护中，与消费者身份相关又满足互联网特别调整需求的，非互联网个人信息保护莫属。

1. 个人信息惩罚性赔偿的理论依据

应当看到，在互联网个人信息侵权中适用惩罚性赔偿有着充足的理论和实践理由，甚至可以讲，它比目前既有领域的适用理由都更加充分。就立法论而言，我国应优先考虑网络平台适用惩罚性赔偿，以加强互联网个人信息保护。主要理由如下：

（1）网络平台个人信息惩罚性赔偿有个人信息信托理论作为支撑。个人

---

[1] 参见刘权："网络平台的公共性及其实现——以电商平台的法律规制为视角"，载《法学研究》2020年第2期。

[2] 《民法典》第534条规定："对当事人利用合同实施危害国家利益、社会公共利益行为的，市场监督管理和其他有关行政主管部门依照法律、行政法规的规定负责监督处理。"

[3] 参见陈年冰、李乾："论网络环境下人格权侵权的惩罚性赔偿"，载《深圳大学学报（人文社会科学版）》2013年第3期。

信息信托理论认为，网络平台是我们每个人的信息安全"看门人"，用户广泛让渡个人信息（包括某些敏感信息），正是基于对平台会善意处理个人信息的充分信任。而事实上，这种不对称的授权有极大的利益冲突风险。在英美法中，为强化信义义务的履行，对信义义务的赔偿通常有超出补偿限额的倾向，以震慑信托权利滥用。[1]要求平台承担惩罚性赔偿是信息信托理论的应有之义。

（2）以共享经济为代表的互联网消费者权益保护的需要。对于互联网消费领域的个人信息保护，《消费者权益保护法》惩罚性赔偿规则难以适用，因为个人信息不是消费的客体，消费者不能单独以个人信息作为索赔的内容和标的。事实上，由个人信息让渡聚合形成的数据财产权可以给共享平台带来巨大财富。这种交易和对价的非对称结构特征使得互联网消费者的权益难以获得相应的保护。

（3）平台对个人信息侵权的后果符合惩罚性赔偿制度的相当性。在目前已适用惩罚性赔偿的领域，大多具有实际损害难以确定、难以恢复、个人维权激励不足等特点。[2]平台侵害个人信息完全符合甚至超出了这些领域"可罚性"的对等程度。一方面，个人信息具有电子化、可复制性的特点，尤其是在互联网环境中，一旦被泄露不仅难以恢复原状，损害状态也会一直持续。另一方面，对个人信息的侵害几乎不会造成实际经济损失，大多数信息泄露的影响均十分有限，个人通过诉讼维护权益的动力可能低于普通消费和知识产权等领域。

2. 网络平台个人信息惩罚性赔偿规则续造

当前，立法者似乎已经意识到了个人信息保护的特殊性。全国人大常委会公布的《个人信息保护法（草案）》第65条对侵害个人信息的赔偿规则作出如下规定：按照实际损失或获利原则确定赔偿额，损失和获利均难以确定的，由法院裁量确定赔偿数额。据此解读，可析出一定的惩罚功能。因为个人信息为人格权客体，不能直接作为交易客体，个体的信息没有明显经济价值，信息处理人之获利既不对应个人应得利益损失，也不等同于机会丧失之

---

[1] See Ethan J. Leib, David L. Ponet and Michael Serota, "A Fiduciary Theory of Judging", *California Law Review*, 101, 2013, p.708.

[2] 参见王利明："论我国《民法典》中侵害知识产权惩罚性赔偿的规则"，载《政治与法律》2019年第8期。

预期利益，〔1〕故以此作为赔偿数额，实际上超出了损害赔偿的填补功能。纵然如此，这一规则在操作性和完整性方面仍有待商榷。笔者认为，建立网络平台个人信息惩罚性赔偿规则框架，可从以下几个方面着手：

（1）应当明确惩罚性赔偿的义务主体是网络平台，或者针对网络平台再以特别条款规定特别赔偿规则。这样规定的目的是回应平台在个人信息保护方面负有的特殊义务，解决现实中个人信息保护的重大难题。

（2）应当借鉴《消费者权益保护法》和《食品安全法》规定单次侵权行为的最低赔偿额，〔2〕以限制法官的自由裁量权，避免个人信息赔偿数额差异过大，或赔偿流于形式，难以达到遏制平台侵害个人信息的效果。

（3）可以参照知识产权的赔偿数额确定方式，结合网络平台侵犯个人信息的特点，明确以一定期间、一定范围所获得的收入作为赔偿基数，并视情节按一定比例或倍数上调赔偿数额。

（4）可以综合借鉴证券纠纷代表人诉讼和投保机构股东代表诉讼，〔3〕充分实现网络平台惩罚性赔偿的不同功能定位。具体而言，可仿照《证券法》设置非营利性的专门保护机构，明确规定惩罚性赔偿诉讼以保护机构提起代表诉讼为限。在具体方式上，既可由保护机构主动征集用户，也可以一定数量的用户共同委托保护机构提起；诉讼期间，经向法院登记加入诉讼的用户，可取得本诉讼的生效判决；判决赔偿利益的归属，部分归于登记诉讼的个人用户，部分由保护机构归入依法设立的个人信息保护公益基金。

如此考虑的理由在于：首先，平台信息信托义务与证券关系中控股股东、高管等人的信义义务具有一定的类似性，且都涉及众多分散的权利主体。其次，设立个人信息保护机构，可以提升个人信息保护的专业性，既解决了信义义务的执行问题，也能够限制因个人过分逐利而导致的诉讼爆炸。〔4〕最后，个人信息信托具有一定的公益属性，实现赔偿利益在保护机构和个人之间的

---

〔1〕 所谓机会丧失，是指依一定概率取得的预期法益，因侵害行为导致的预期性不利益。参见曾世雄：《损害赔偿法原理》，中国政法大学出版社2001年版，第51~52页。

〔2〕 参见杨立新：《网络交易民法规制》，法律出版社2018年版，第267~268页。

〔3〕 有关投保机构代表诉讼和代表人诉讼的规则介绍，可参见周友苏主编：《证券法新论》，法律出版社2020年版，第379~381页。

〔4〕 对个人信息信托义务执行问题的批评，可参见［美］莉娜·坎、大卫·博森："信息信义义务理论之批判"，林少伟、林斯韦译，载《交大法学》2021年第1期。

合理分配，可以避免惩罚性赔偿走向"职业打假人"的困境，减少社会的道德责难。[1]

二、人工智能侵权的共享平台责任再造

算法、大数据分析、区块链和人工智能等当代科学技术，在互联网和物联网的链接下，正在形成一个以算法为中心的智能社会法律秩序。[2]在此背景下，人工智能法学研究受到了学界的高度关注，众多论述集中在法伦理或人工智能是否具备法律主体资格等宏观议题。[3]对于人工智能如何影响具体法律制度，我国现有法律体系并没有给予足够关注，《民法典》对人工智能的规制条款多数集中在个人信息保护、互联网侵权责任等问题上。[4]事实上，算法和人工智能等新技术的兴起是与互联网的交互本质、数字化生成等多层次创新相关的，这本质上不是技术问题。从法律角度来看，这是如何分配人工智能带来的不可预测的行为责任问题。[5]具体研判共享平台正在或将要提供的智能算法服务或智能产品，可能会给用户造成哪一类侵害，算法责任是一个容易被忽视的领域。考虑到共享经济即将与智能驾驶结合，智能驾驶侵权责任势必会成为一个不容回避的法律问题。[6]

（一）平台算法责任的权利基础与归责

据前文介绍，与算法直接关联的问题是算法歧视以及对用户大数据画像的伦理规制。这一议题固然重要，因为无论是国家政府，还是平台企业，抑

---

[1] 参见赵红梅："私法与社会法语境中的惩罚性赔偿责任——主要以消费者保护法为素材"，载《中国政法大学民商经济法学院2009秋季论坛论文集》2009年11月1日。

[2] 参见张文显："构建智能社会的法律秩序"，载《东方法学》2020年第5期。

[3] 关于人工智能究竟是否具有独立主体地位，学界有三种观点，分别为肯定说、否定说、折中说。肯定说以人格拟制、电子人格赋予为主要观点，否定说以工具属性、特殊物为主要观点，折中说认为在某些情况下可以视人工智能具有人格。参见包成成："人工智能法律主体文献综述"，载上海市法学会编：《上海法学研究集刊》（2019年第19卷·总第19卷·上海市法学会农业农村法治研究会文集）。

[4] 参见朱体正："此中有真意，欲辨已忘言——《民法典》人工智能相关规定的意义与局限"，载《人工智能》2020年第4期。

[5] See Jack M. Balkin, "The Path of Robotics Law", *California Law Review Circuit*, Vol. 6, 2015, P. 54.

[6] 参见王利明、石冠彬："为民法典编纂建言献策——2018年民法学理论热点研究综述"，载《人民检察》2019年第3期。

或是其他普通企业和组织，越来越多的政策或决策都会建立在数据分析的结果之上。[1]但这不代表算法问题局限在对个人信息的利用方面[2]，算法侵害之于用户人格权是一种多型态的权益侵害，不能仅仅通过个人信息权予以周全保护，算法责任的归责原则亦有不同于传统风险责任的地方。

1. 平台算法责任的权利基础

算法是驱动新经济和互联网超级平台形成的关键因素，也是未来智能产品的核心和灵魂。在某种意义上，算法侵害的后果中包含了侵害个人信息权的类型。例如，用户对自动化决策结果的异议，即为基于个人信息保护的"自动画像"拒绝权。下文的分析表明，这仅仅是一种局部的内容交叉，平台算法责任的真正权利基础并不是个人信息，至少不完全是。

（1）算法的本质是一种代码编程。根据英国人工智能委员会的定义，算法是计算机用以执行计算或解决问题的一系列指令，它们构成计算机执行一切事物的基础，是所有人工智能系统的基本面。[3]算法给人类造成损害面临的根本问题是，当算法智能决策与人类决策发生冲突时，对人类造成侵害的风险分配和责任处理。例如，有人编写了这样一种代码：一辆车撞向满载儿童的公共汽车，智能系统代替人类作出转向决定，结果撞上了3名过马路的无辜老年人。[4]

（2）算法决策不完全依赖于个人信息数据。算法决策大量依赖个人信息处理形成的数据，但数据不等于个人信息。个人信息保护以"能够识别公民个人身份"为目的限制，至于来源于个人但去除了个人识别特征的数据，以及那些与个人身份信息识别目的无关的个人信息，[5]都不属于个人信息的保护范畴。部分企业信息、非人类生物信息也属于算法决策的数据，但与个人

---

[1] 参见方兴东、严峰："网络平台'超级权力'的形成与治理"，载《人民论坛·学术前沿》2019年第14期。

[2] 参见丁宇翔："跨越责任鸿沟——共享经营模式下平台侵权责任的体系化展开"，载《清华法学》2019年第4期。

[3] See Great Britain, *Select Committee Artificial Intelligence*, *AI in the UK, Ready? Willing or Able?*, London: The House of Lords, 2018, p. 14.

[4] See Warner, Richard and Robert H. Sloans, "The Ethics of the Algorithm: Autonomous Systems and the Wrapper of Human Control", *Cumberland Law Review*, Vol. 48, 2017, p. 40.

[5] 参见于志刚："'公民个人信息'的权利属性与刑法保护思路"，载《浙江社会科学》2017年第10期。

信息无关。因此,基于个人信息保护的异议权不同于算法公平异议权。

（3）算法运算结果对个人权益的侵害具有多样性。算法的运算结果可能会给个人带来"信息茧房"的风险,[1]由此侵害消费者知情权、个人信息被遗忘权等权益,也可能造成其他权益的损害。例如,前一例子即引发智能驾驶侵权责任。又如,算法基于对个人特征的识别而自动屏蔽某些就业信息搜索和推荐,对用户的就业平等权构成侵犯。

鉴于不当算法运算可能引发的损害后果的多样性,并没有统一的算法责任构造因应所有侵害类型,立法和实务需要依据不同情形,类型化分析智能算法的侵权责任问题。但笔者认为,在共享平台智能算法责任类型中,我们应重点关注平台算法对一般人格权的侵害。究其缘由可分三点言之：其一,一般人格权在人格权保护方面具有兜底性,其开放性表述可为各类型人格利益损害提供救济依据。[2]这种兜底性保护也能够把算法侵害涵盖在内。其二,算法责任产生的根本原因是数据采集和算法模型设计不合理,其具有高度隐蔽性,[3]依靠具体和单一的人格权难以对数据"底层"清洁提出全面要求。其三,算法歧视的副作用之一是涉及人的基本权利,可能给个人带来平等权和意志自由的损害,[4]一般人格权中的"人格尊严、人身自由和人格平等"等基本内容,正好契合算法运算带来的损害后果。

2. 平台算法侵害人格权的归责要件

一般认为,侵权归责原则是侵权责任的核心问题,旨在解决责任主体是否需要承担侵权责任、如何承担侵权责任以及承担多少侵权责任等一系列问题,是一种人为设定的价值尺度。侵权责任构成涉及的几乎所有主要问题都与归责原则存在关联性,甚至连不同方式的侵权责任（如赔偿损失、停止侵害、

---

[1] 参见匡文波:"智能算法推荐技术的逻辑理路、伦理问题及规制方略",载《深圳大学学报（人文社会科学版）》2021年第1期。

[2] 参见王利明:"人格权法制定中的几个问题",载《暨南学报（哲学社会科学版）》2012年第3期。

[3] 参见张恩典:"反算法歧视：理论反思与制度建构",载《华中科技大学学报（社会科学版）》2020年第5期。

[4] 参见[美]凯西·奥尼尔:《算法霸权：数学杀伤性武器的威胁》,马青玲译,中信出版社2018年版,第3~22页。

排除妨害、消除影响、赔礼道歉等），都因自身的差异性而适用不同的归责原则。[1]按照学界对侵权归责原则的通行分类，不论名称谓何，主要都是围绕过错责任以及无过错责任在分配，包括由此衍生出的其他归责原则。[2]

从某种角度讲，算法责任是一种风险责任。而互联网环境下的算法责任，则反映了互联网和技术风险的叠加和分配。但需要着重说明的是，算法责任的理论特征和传统工业革命背景下发展而来的"风险责任"理论存在较大的不同。传统风险责任的基本思想是对"不幸损害"的合理分配，乃基于分配正义的理念，建立在以下理由的基础上：行为人制造了危险来源，行为人在一定程度上可以控制这些危险，行为人获得利益，风险可通过市场和保险制度予以分散。[3]产品责任即属此种情形，其归责要件采取严格的无过错原则。就以上第一、三点而言，平台算法责任与危险责任法理吻合。我国有民法学者主张平台算法类似于平台提供的"产品"，故可按产品责任归责。[4]但是，考虑到算法责任的特殊性，严格归责未必完全满足风险分配法理，可能反而拖累数字经济和人工智能产业的发展。理由归纳三点：

（1）智能产品的特殊性决定了其技术"缺陷"的合理性不同于一般工业产品。这种特殊性主要体现在智能系统具备自主控制和深度学习能力，这就有可能超出设计者和制造商的控制范围。由于"智能"产品生产者对产品控制力的减弱，产品生产者由无过错责任转变为过错责任即存在现实的理由。[5]只有"技术可以犯错"得到立法一定程度的容忍，[6]才能促进人工智能技术的投资和大规模应用。

（2）智能算法不是一项独立的智能产品，它只是智能产品的智能系统核

---

[1] 参见魏振瀛："侵权责任方式与归责事由、归责原则的关系"，载《中国法学》2011年第2期。

[2] 参见王利明："我国《侵权责任法》归责原则体系的特色"，载《法学论坛》2010年第2期。

[3] 参见王泽鉴：《侵权行为法》（第1册），中国政法大学出版社2001年版，第16页。

[4] 参见丁宇翔："跨越责任鸿沟——共享经营模式下平台侵权责任的体系化展开"，载《清华法学》2019年第4期。

[5] 参见牛彬彬："我国高度自动驾驶汽车侵权责任体系之建构"，载《西北民族大学学报（哲学社会科学版）》2019年第3期。

[6] See Marchantge Lindor Ra, "The Coming Collision between Autonomous Vehicles and the Liability System", *Santa Clara Lawreview*, 52, 2012, pp. 1331~1337.

心代码。进一步分析,平台甚至未必是算法软件的上游设计者,后一项工作通常会被外包给专门从事算法设计的软件服务供应商进行。终端智能产品(如智能汽车)需动员不同的设计、生产和技术资源。要求制造商为不同资源提供者的错误买单,不区分事故发生原因而一概由产品制造商承担侵权责任,对制造商而言显失公允,过分加重了制造商的责任。[1]更不用说,平台并不是智能产品的制造商和算法的设计者,往往只是算法软件的采购方和使用者。

(3)智能算法的风险分散应有公共性考量。算法商业化应用的主要路径,即是与互联网和数字经济结合,这一产业发展的风险和收益具有明显外溢效应。公共产品的风险分散任务最好由公共政策而非私人主体来承担。国外有学者即主张,智能汽车等智能产品可采取建立政府或社会救济基金的方式,既充分缓解制造商或使用者的赔偿压力,又促进用户对新技术的推广使用。[2]

基于上述分析,笔者主张对于平台算法责任,应脱离传统意义的危险责任和产品责任来看待,前者是平台提供服务过程中,基于算法的运算而产生的一种新型侵害,以用户的人格权(通常是一般人格权)为侵权客体,归责宜采用过错推定原则,即由平台举证对算法设计和数据采集方式,已尽到必要的管理、反馈和注意义务。其中,管理义务,是指平台作为算法软件使用方在服务定制、设计和交付验收过程中,应当就算法的技术指标和使用需求向代码编写方进行充分的指示、阐释和说明,以排除潜在损害风险。反馈义务是在算法软件使用过程中的解释、说明和补救义务,包括接受用户提出异议和主动向算法设计者提出的双向反馈义务。

结合前文讨论,倘若用户就算法运算结果提出异议,平台违反公平告知、解释和反馈义务,可径直认定平台成立过错。此外,除了侵权责任,基于人格权的支配性和排除他性特征,[3]受到权利侵害的用户还可以采用人格请求权的保护方法,要求平台停止算法侵权,该请求权成立不以平台存在过错为

---

[1] See Nick Belay, "Robot Ethics and Self-Driving Cars: How Ethical Determinations in Software Will Require a New legal Framework", *The Journal of the Legal Profession*, 119, 2015, pp.122~127.

[2] See Caitlin Brock, "Where We're Going, We Don't Need Drivers: The Legal Issues and Liability Implications of Automated Vehicle Technology", *Umkc Law Review*, 2015, pp.782~787.

[3] 参见王利明:"论人格权的定义",载《华中科技大学学报(社会科学版)》2020年第1期。

前提。由此也可看出，在不同的保护方法下，对于算法侵权行为有较为妥当的保护方案，无需以传统"产品责任"作为算法责任的基础法律模板。

（二）智能驾驶侵权与共享平台责任问题[1]

智能驾驶侵权问题属民法学界讨论的热点。与智能算法责任一样，智能驾驶侵权责任涉及颇多新的法律现象，对既有法律体系（尤其是侵权责任法律制度）具有一定的冲击性，二者也都难以回避自身是否成立"高度危险责任"的判断。[2]然而，智能驾驶侵权责任不同于算法责任，算法只是智能车辆的核心代码系统，智能车辆才是完整意义的智能工业产品。更重要的是，智能驾驶与高速运输工具等传统事实高度混合，有关讨论中，智能驾驶侵权所类推的模板不只是产品责任，还包括了道路交通事故责任、雇主替代责任、动物侵权责任、电梯侵权责任等责任类型。[3]同时，智能驾驶的责任主体也不限于共享平台，还包括产品制造者、销售者、程序设计者、使用者、所有者等侵权责任主体。[4]目前来看，很少有研究结合共享出行和区块链技术等应用场景来探讨共享平台的智能侵权责任。下文中，笔者将先从智能驾驶责任的一般讨论出发，再转至对共享平台的智能驾驶责任问题的分析。

1. 智能驾驶不同发展阶段的责任问题

在讨论平台的智能驾驶责任前，可供讨论的一个变量是智能驾驶的发展阶段。根据中国工业汽车协会的界定，智能驾驶技术包括 L0~L5 六个级别，分别对应无智能驾驶、半智能驾驶、完全智能驾驶阶段。[5]在前两个阶段，正统侵权法研究通常认为，智能驾驶只是搭载了智能技术的智能化工具，仅具有工具属性。[6]但也有一些学者提出了电子法律人格的概念，通过将人工

---

[1] 四川省社会科学院 2017 级硕士研究生刘章荣对本部分内容亦有贡献。

[2] 有关"高度危险责任"的兜底判断，参见窦海阳："《侵权责任法》中'高度危险'的判断"，载《法学家》2015 年第 2 期。

[3] 参见郑志峰："自动驾驶汽车的交通事故侵权责任"，载《法学》2018 年第 4 期。

[4] 参见张继红、肖剑兰："自动驾驶汽车侵权责任问题研究"，载《上海大学学报（社会科学版）》2019 年第 1 期。

[5] 参见"中国汽车工业协会关于征求《智能网联汽车智能驾驶功能测试技术规范》十项团体标准意见的通知"，载中国汽车工业协会官网：http://www.caam.org.cn/chn/5/cate_68/con_5226657.html，最后访问时间：2020 年 4 月 20 日。

[6] 参见杨立新："论智能机器人的民法地位及其致人损害的民事责任"，载《人工智能法学研究》2018 年第 2 期。

智能人格化来解决智能驾驶侵权主体问题。[1]在电子人格化的概念框架下，人工智能可以在某些情况下被赋予主体资格，由人工智能设备自行对外承担侵权责任。欧盟采用了这一做法，并获得了一些学者的认可。[2]在外部责任承担上，虽然形式上和技术上可以将责任归结于智能汽车自身，但在责任的实质承担方面，很难要求没有自主意识、没有执行财产的智能工具向受害者作出诸如赔礼道歉、经济赔偿等举措，最终依然会由制造商、政府、第三方保险等代劳。因此，就当前而言，"电子人格"的象征意义大于实际意义。[3]

无智能驾驶和完全智能驾驶阶段，由于不涉及人类驾驶与系统驾驶对车辆控制权的竞合问题，因此这两个阶段侵权责任的解决是相对容易的。无智能驾驶即纯粹人工驾驶，和传统机动车驾驶侵权问题无异；完全智能驾驶即纯粹系统驾驶，也即产品侵权问题。[4]在人类驾驶与智能驾驶相互交替的L3~L4级别的半智能驾驶阶段，有关侵权规制问题的争议最大。按照国内外学者的讨论，智能驾驶的侵权类型、侵权主体和归责原则的配适组合，需结合以驾驶接管为界分的驾驶状态具体展开。

2. 智能系统与驾驶者的"接管"问题

智能驾驶的未来常态场景为半智能驾驶，其在行为上的最主要特征之一，就是存在人类驾驶员与智能驾驶系统对车辆的控制权发生竞合的情形。[5]对于这种竞合情况的处理，国内有学者主张，根据驾驶状态的不同，若事故发生处于人类驾驶状态，则按照交通事故责任处理；若事故发生处于智能驾驶状态，则按照产品责任处理。[6]国外有学者则引用了"系统过错"的概念，对"过失标准"模式采用了二分法，即根据使用者或智能驾驶系统过错程度

---

[1] 参见郭少飞："'电子人'法律主体论"，载《东方法学》2018年第3期。

[2] See Jessica Berg, "Of Elephants and Embryos: A Proposed Framework for Legal Personhood", *Hastings Law Journal*, 2008.

[3] 参见刘洪华："论人工智能的法律地位"，载《政治与法律》2019年第1期。

[4] 参见闫玺池、冀瑜："SAE分级标准视角下的自动驾驶汽车事故责任承担研究"，载《标准科学》2019年第12期。

[5] 参见冯珏："自动驾驶汽车致损的民事侵权责任"，载《中国法学》2018年第6期。

[6] 参见冯洁语："人工智能技术与责任法的变迁——以自动驾驶技术为考察"，载《比较法研究》2018年第2期。

的不同来确定不同的责任承担主体。[1]综合而言，解决"接管"问题需关注以下情形：

（1）使用者过错情形。智能驾驶侵权事故发生时，若处于人类接管员驾驶状态，人类接管员对事故的发生有过错的（例如接管者误判、醉酒驾驶等），则按照交通事故责任的处理方式，人类接管员作为驾驶员对侵权事故承担侵权责任。[2]考虑到使用者可能并不具备驾驶接管能力以及失误、误触等情形，亦可将使用者不同的过错形态纳入驾驶过错的认定情形。[3]对于使用者不为一人，以及使用者与所有者分离的情况，亦可以根据使用者过错程度的不同实现内部责任的二次分配。

（2）系统过错情形。智能驾驶侵权事故发生时，若处于系统驾驶状态，智能驾驶系统存在过错的（例如系统失控、零部件失灵等），则按照产品责任的处理方式，通常考量由制造商率先对外承担侵权责任。[4]考虑到事故发生的具体原因问题，制造商在承担完毕外部产品责任后，可以在内部责任二次分配上向有过错的零部件或技术供应商、服务商等进行责任追偿。这一做法实际上会产生两条责任处理路径，在事故发生后根据驾驶状态的不同，进行不同的责任类型划分，由此对应出不同的侵权责任承担主体和归责原则。

（3）驾驶状态的判断。考察不同的"过错"情形需要首先确定车辆处于何种"驾驶状态"，但确定驾驶状态并非易事，在实际操作中具有一定的难度。[5]当使用者在不具备自动驾驶条件的环境下将车辆切换为系统驾驶，或者在系统警示并请求接管车辆控制权时拒绝响应，并因此导致侵权事故发生时，对事故发生前的驾驶状态的判定容易产生争议。例如，在智能驾驶系统需要使用者接管时，系统并未向使用者发出接管警示而强行取消自动驾驶模式，那么单纯地依靠对驾驶状态的判断也可能会无端加重使用者的

---

[1] See Orly Ravid, "Don't Sue Me, I Was Just Lawfully Texting & Drunk When My Autonomous Car Crashing into You", *Southwestern Law Review*, 2014, pp. 201~203.

[2] See Ryan Abbott, "The Reasonable Computer：Disrupting the Paradigm of Tort Liability", *Social Science Electronic Publishing*, 2018, p. 5.

[3] 参见司晓、曹建峰："论人工智能的民事责任：以自动驾驶汽车和智能机器人为切入点"，载《法律科学（西北政法大学学报）》2017年第5期。

[4] 参见赵申豪："自动驾驶汽车侵权责任研究"，载《江西社会科学》2018年第7期。

[5] See B. Caitlin, "Where We're Going, We don't Need Drivers：The Legal Issues and Liability Implications of Automated Vehicle Technology", *UMKC Law Review*, 83, 2015, p. 769.

责任。[1]可见,驾驶状态不仅需要强调"谁在驾驶、怎样驾驶"等客观表现形态,还应当深入到对"谁让谁驾驶"等行为的过错判断上。在控制权客观移转的过程中,对具有权限接管或存在控制权转移过错的主体,同样可以认为其存在一定的驾驶过错。

在"系统过错+驾驶过错"的双重框架下,区分不同驾驶状态的过错类型图具体见下表:

驾驶状态			处理意见
系统驾驶时	情形一	系统请求人工接管被拒绝,致事故发生	视为用户过错
	情形二	人工请求人工接管被拒绝,致事故发生	视为系统过错
	情形三	人工对系统进行强行接管,致事故发生	视为用户过错
	情形四	系统强行切换为人工接管,致事故发生	视为系统过错
人工驾驶时	情形五	人工请求系统接管被拒绝,致事故发生	视为系统过错
	情形六	系统请求系统接管被拒绝,致事故发生	视为用户过错
	情形七	系统对人工进行强行接管,致事故发生	视为系统过错
	情形八	人工强行切换为系统接管,致事故发生	视为用户过错

需要说明的是,这里所谓的"系统过错",并非是指智能系统具有独立的过错归责主体地位,与前文提及的智能合约意思表示解释类似,这毋宁是将其视为一种虚拟的"电子代理人"。引入这种虚拟的"系统人格",只是为了正确区分人类驾驶员自身成立过错与否而采用的一种技术手段,故"电子代理人"本质上是法律拟制的"物"。

3. 智能驾驶情形下共享平台的责任问题

人工智能技术的具体适用场景,目前还处于行业分化和市场酝酿之中。讨论共享平台介入智能驾驶的责任分摊问题,更多的是反映一种前瞻性治理思维,而不是寻求一种确定性的结论。从发展趋势来看,界定共享平台智能驾驶侵权责任有以下几个变量需要考虑:

---

[1] See R. Adam, "Strict Liability: Imagining a Legal Frame Work for Autonomous Vehicles", *Tulane Journal of Technology and In-tellectual Property*, 20, 2017, p. 200.

(1) 共享平台在智能驾驶产业中的行业地位。当前，各国的智能驾驶产业发展都还处于路测阶段，由于技术门槛较高，行业入局者都是资金和技术实力较强的科技公司和互联网巨头，如谷歌、通用、阿里巴巴、华为等。这也预示着，在迈向智能化的过程中，汽车将不再是一个单独的产品，而是反映了跨界巨头拼生态的错综复杂的竞争与合作关系。[1]未来到底谁才是智能驾驶的一级供应商，以及共享平台在智能驾驶产业链中所处的位置，决定了平台可能承担的责任类型。例如，如果这些巨头公司本身即是智能产品的制造商，同时又是共享平台的构建者和服务终端，那么前文所梳理的智能驾驶侵权责任分析框架就可以适用于共享平台。

(2) 仅作为智能产品资源汇聚者的共享服务平台。从共享经济的本意来看，共享平台的主要使命是从供需两端汇聚闲散资源。按照真正的智能共享模式，共享平台并不是智能产品的一级制造商或销售商，而是智能产品的资源汇聚方。而且，未来人工智能产品服务也可能走向平台化和共享化，即由大型公司提供开源硬件、算法模块和大数据共享集成服务，在此基础上不同的智能车辆供应商、智能车辆个人所有者分散满足智能驾驶用户的需求。在此种情形下，共享平台不是智能产品的生产者和销售者，不能适用《产品质量法》的产品缺陷无过错赔偿责任和销售者的过错赔偿责任。平台的责任主要集中在三个方面：其一，对用户承担违反安全保障义务的赔偿责任，例如未尽用户的身份条件审核义务，造成人身损害；其二，违反智能车辆维修、维护的共享合作义务，造成人身损害所承担的赔偿责任；其三，作为智能算法服务者承担的算法过错责任。

(3) 半人工智能驾驶阶段的用户的"接管"过错。当共享平台提供 L3~L4 半智能阶段的自动驾驶服务时，还应当考虑用户自身的责任，即"接管"问题。如果共享用户在使用智能车辆过程中存在接管过错，则应当由用户根据过错承担自身损害以及对第三人损害的相应责任。如果是因"系统过错"导致损害，那么即又回到了前述共享平台的安全保障义务、共享合作义务和算法责任问题。同时，用户责任不成立，还可能意味着对智能汽车生产者、销售者等一系列主体的责任追溯。

---

[1] 参见"自动驾驶供应商之争：谁来主导智能汽车供应链?"，载21世纪经济报道：http://www.eepw.com.cn/article/201905/400158.htm，最后访问时间：2020年5月8日。

(4) 共享智能驾驶中的区块链技术应用。界分共享平台、用户和第三人的智能驾驶侵权责任，还应当注意区块链技术运用可能导致的责任要件调整。传统驾驶者的侵权责任采取过错原则，其过错责任实为过错推定。在人工智能驾驶场合，用户使用者的注意水平理当弱于传统驾驶模式，而系统发出警示、控制权转移等接管事实及其证明问题，则有望通过物联网和区块链技术解决，这必然使传统交通事故驾驶人的过错推定失去规范前提。[1]因此，只有在事故发生前智能系统发出警示或操控权已转移给驾驶员的情况下，才适宜对智能汽车使用用户采取过错推定归责。

(5) 关于独立电子人格的问题。在伦理层面设想未来全智能时代能否赋予智能汽车电子人格，这取决于智能汽车是否会成为类似于人类一样具有自主思考意识的"类人类"。[2]从长远来看，这一问题本身尚需要结合生理学、哲学等角度加以论证，[3]就现阶段而言，对智能驾驶汽车之人格有无作盖棺定论，似并无迫切需求。

总而言之，智能驾驶并非像一些民法学者所分析的那样，只是产品责任和交通事故责任的简单相加，[4]而是可能涉及包括共享平台在内的诸多主体责任分配。即使是适用交通事故责任，也需要对传统归责原则作出一定调整。在外部责任方面，生产端和使用端的类型化责任以及主体责任竞合，由此形成不真正连带责任；而在这些主体内部，则可通过合同或过错分摊相应责任。[5]另外，考虑到智能社会中产品形态的重大变化，《产品质量法》也需要作出相应的调整，以明确"智能产品"的定义，区分智能算法服务和智能产品导致的不同责任，以及制定智能产品缺陷责任中各方主体的责任分摊、归责原则、损害赔偿范围等不同于传统工业产品的一系列新的责任规则。

---

[1] 区块链技术所表现的法律意义，具有以数据为支撑，以算法为工具，去中心化、分式记账、不可篡改的特征。参见李伟民："《民法典》视域中区块链的法律性质与规制"，载《上海师范大学学报（哲学社会科学版）》2020年第5期。

[2] 参见袁曾："人工智能有限法律人格审视"，载《东方法学》2017年第5期。

[3] 参见许中缘："论智能机器人的工具性人格"，载《法学评论》2018年第5期。

[4] 参见杨立新："自动驾驶机动车交通事故责任的规则设计"，载《福建师范大学学报（哲学社会科学版）》2019年第3期。

[5] 参见张建文、贾章范："《侵权责任法》视野下无人驾驶汽车的法律挑战与规则完善"，载《南京邮电大学学报（社会科学版）》2018年第4期。

EPILOGUE　余 论

关于未来的两点追问

> 若与恶龙缠斗过久,自身亦变成恶龙;若凝视深渊过久,深渊也回以凝视。
>
> ——尼采

新一轮工业革命与新经济融合发展的浪潮已扑面而来,这使得我们的社会正处于深远历史性变革,即真正的信息社会到来的前夜。本书提供了一些潜在的变化细节,且交代了相关争议。是应当屈服于怀疑论,[1]还是积极地拥抱未来,恐怕是见仁见智。笔者自己坚持一种谨慎乐观的态度:共享经济是破坏式创新的必由之路,而非摧毁传统和未来的力量。共享经济离不开监管,在许多方面,政府的作用都应当继续加强。同时,法学研究还要提升对共享经济私法调整的关注力度。在本书行将结束之际,我想就使用的概念和研究对象的关联性再作出某种强化。这不是一种无意义的重复论证,毋宁是对全书行文逻辑的补充说明,又或者是对关于未来的某些开放性问题的追问。

一、共享契约:范式革命还是概念创新?

众所周知,在由互联网演化而来的各种数字经济领域,迄今尚未形成清晰而稳定的抽象概念,相对具体的类型研究也处于比较粗线条的阶段,遑论理论框架和价值凝练的成熟。前揭内容频繁使用的若干概念,内涵和外延都具有一定的不确定性。例如,"共享经济"和"共享契约"就是两个密切相关但又明显难以画等号的词域,类似的概念还有网络交易、共享交易、网络

---

[1] 本部分开篇中引用尼采"凝视深渊"的诗句,就是对这种怀疑论认知模式的著名隐喻。

平台、共享平台、电子商务平台等等。从这些概念中，我们能否观察到未来互联网法律制度理论体系的雏形？考虑到形形色色的网络平台已经成为互联网世界的支柱，并在我们现实生活中发挥越来越重要的作用，对网络平台的法律定位，可否作出一些创造性的体系构建工作？如同历史上公司逐步取代工厂和手工业者一样，平台最终也能成为新兴法律部门中的核心概念吗？[1] 在笔者看来，网络平台或共享平台都是约定俗成的说法，使其成为规范体系的概念基石是一项不太可能完成的任务。究其缘由，在于对互联网本质的理解。

互联网的本质不是技术问题，平台关系也不是技术与人的关系，实质上是在科技、法律、政府、个人和文化等变量的共同作用下，提供一个关于市场和组织演变的场域——这是笔者在书中反复强调的一个看法。互联网平台的背后，仍然是政府、企业、自然人这类传统主体，在这些主体之外，并没有创造出其他应当或可以赋予法律人格的坚实组织体和意识体，包括人工智能这种无意识的智能系统或机器。此外，互联网早期发展至今仍占据重要地位的网络零售电商（如京东平台），与将来通过区块链底层技术架构的去中心化的分布式共享平台，它们在参与主体、交易结构、法律关系方面的差异可能远大于公司和工厂的区别。

研究互联网平台所主导的各种交易活动，笔者更愿意使用共享契约或共享法律关系，而非共享经济、共享平台等词语，还有一个重要的因素：后者并不能简单地对应本书的主要研究对象。与这些活动相关联的市场主体、商业模式和平台服务，其实广泛分布在互联网世界的各个角落。大多数研究关注的是优步（Uber）、空中食宿（Airbnb）、滴滴等共享经济代表性平台，但国内百度、腾讯、阿里巴巴等主流平台推出的贴吧、腾讯社区、陌陌等社交服务，以及抖音、唱吧、快手等其他平台所构建的娱乐文化分享社区，谁又能否定这些混杂着商家和个人的社群，同样包含着共享契约的交易结构呢？这也是网络平台与共享平台、网络交易与共享交易等概念，有时会在书中交叉使用的原因。

当然，得承认一点，我们对互联网和新经济的认知，在很大程度上是建

---

[1] 关于建立网络平台法律体系可能性的学术探讨，参见薛军："理解平台责任的新思路"，载中国政法大学法治政府研究院官网：http://fzzfyjy.cupl.edu.cn/info/1223/5233.html，最后访问时间：2020年10月15日。

立在已有经验基础上的。本书许多议题的思维和概念起点，无疑都受到了所谓"前理解"的约束。对于私法制度而言，此种"前理解"更多地指向大陆法系民法的传统概念、分析方法和理论体系。这会与互联网的开放性和电子商务业态的高速变动性产生龃龉是完全可以预料的。故而，对共享契约这一概念的探索性运用，既是一种创新，又有一定的冒险性。

另一方面，在技术爆炸和市场加速创新的今天，试图创建一个取代潘德克顿体系的抽象概念框架需要冒更大的风险。如果非要对书中描述的各种概念、关系和行为的规范意义做一个妥当的补充说明，那就是共享契约只是一个解释性的概念框架，其存在是为了在现实交易和规范性概念之间建立一种桥梁关系，目的是为后者注入新的规范特征，以缓和市场创新与传统法律的紧张关系。由此，共享契约概念的提出并不会导致范式的更替，而是对法律行为、商行为等传统概念的丰富和完善。

基于以上说明，我对上述追问的一个判断是，未来不太可能形成严格意义的网络平台法律部门。参考商事组织法的历史发展脉络，在研究互联网和数字经济法律制度过程中，演化发展出某种学科意义上的数字经济法律部门是可以期待的。

二、算法革命：组织变迁将通向何处？

本书另一个使用得较多的词汇是"组织"。从宽泛意义上讲，政府、企业、平台乃至日常生活中看到的许多"协议"（如合伙）都是某种形式的"组织"。回应新科技给组织变迁带来的影响，是需要逻辑和理性的。预测未来，同时仰仗的还有想象力。其中，制度想象力非常重要，因为人类能够构想的社会交往和组织备选方案总比我们已经看到的要多。[1] 但更重要的不是对具体制度的构想，而是寻找看待事物的独特方法，让我们能够以不同的角度观察世界。

来自学者对共享经济未来的畅想，版本之所以如此不同，大概就在于观察视角存在差异。在悲观主义者眼里，互联网充满着风险和冰冷的算计；在充满

---

[1] 熊丙万：《私法的基础：从个人主义走向合作主义》，中国法制出版社2018年版，第18页。

乐观情绪的人看来，互联网是爱的大本营，表达着协同合作的态度，[1]甚至引导着人们通向世界大同、物质过剩的理解彼岸。[2]考虑到在不同技术、制度、文化和组织结构下，人类历史曾出现过的困局乃至灾难性后果，大范围的饥荒、两次世界大战、冷战中的核阴影、气候变暖的威胁以及那些看不见的敌人所导致的混乱（如新冠肺炎病毒）等，对互联网和信息技术与人类社会的联姻，我们还能如此乐观吗？

有人将悲剧归咎于自私个体以及个人概念的虚妄，历史地看，这一归因有着深厚的思想资源和社会文化土壤做支撑。如果把目光投向未来，对互联网的种种预测，智能算法可能是其中一个最大的变量。大多数讴歌共享经济正面价值的词汇（如高效配置资源、优化供需匹配、大众经济、组织创新），或许是可以期待的未来。未来远远不止一个。未来的智能社会本质上是一个"算法泛在"并由算法主导的社会，[3]这对个人自由意志超乎想象的毁灭性，比以往任何技术革命都震撼人心。试想，在智能算法、区块链以及超高速通信技术（如6G甚至7G）的支持下，当智能化社会并不止步于万物物联，而是所有的个人都将被强大的算法联结在一起，人类交往乃至人类自身全部简化成数据的交换，个人自由意志立命安身的支点又在哪里？《未来简史：从智人到智神》一书的作者就此给出了三条预测：[4]

1. 人类将会失去在经济和军事上的用途，因此经济和政治制度将不再继续认同人类有太多价值。
2. 社会系统仍然认为人类整体有其价值，但个人则无价值。
3. 社会系统仍然会认为某些独特的个人有其价值，但这些人会是一个超人类的精英阶层，而不是一般大众。

笔者在书中揭示过对个人主义的种种误读，尤其是对理性人假设的不当

---

[1] 参见胡泳："未来是湿的"，载［美］克莱·舍基：《人人时代：无组织的组织力量》，胡泳、沈满琳译，浙江人民出版社2015年版，第IX页。

[2] 对共享经济光明未来的描述，可参考杰里米·里金夫所著《零边际成本社会：一个物联网、合作共赢的新经济时代》一书，其中文版由中信出版社在2014年出版。

[3] 参见张文显："构建智能社会的法律秩序"，载《东方法学》2020年第5期。

[4] ［以色列］尤瓦尔·赫拉利：《未来简史：从智人到智神》，林俊宏译，中信出版社2017年版，第275页。

解读。这并非要否定学者对法律制度乃至人类自身作出反思的努力，他们对人性弱点的刻画、科技变量的分析和制度演化的预测，在诸多方面都是有启发性的。问题只是在于，人们选择的观察工具有时过于"深刻"和复杂，远不如理性人假设那样局限和简明。而简单粗暴的好处是，它能够提供一个现实之外的观察镜像。借助这样的镜像，我们既能够推导出科斯那种"交易成本为零"的无组织、无市场社会，偶尔也能让想象力放飞在刘慈欣笔下那艘驶入浩瀚太空、一去不返的"青铜时代号"宇宙飞船上：在杀死一部分船员后，为数不多的幸存人类仅用极短的时间（耗时5分钟）就建立起了一个极权组织。[1]

尽管许多关于未来的预测不是基于严密的理论推导，且大多数情况下，它们和理论构建的世界一样，永远不会成为现实——实际上，也没有人能够真正预见未来——但很多时候，我们对互联网与组织变迁的思考，的确需要这种想象力：

在高度信息化、智能化的物（人）联网中，组织还会存在吗？如果它还存在，将通向何处？

---

〔1〕 有关故事摘自著名科幻小说《三体》，具体可赏读刘慈欣：《三体3：死神永生》，重庆出版社2010年版，第82~85页。

参考文献

一、英文类文献

[1] Adam R. Strict, "Liability: Imagining a Legal Frame Work for Autonomous Vehicles", *Tulane Journal of Technology and In-tellectual Property*, 2017.

[2] B. Klein, R. A. Crawford and A. A. Alchain, "Virtical Itegration, Appropriable Rents, and the Competivive Contract Process", *Journal of Lawand Economics* 21, Octobor, 1978.

[3] Jack M. Balkin, "The Path of Robotics Law", *California Law Review Circuit*, Vol. 6, 2015.

[4] Jack M. Balkin, "Information Fiduciaries and the First Amendment", *U. C. Davis Law Review*, Vol. 49, 2016.

[5] Balkin M. Jack, "Information Fiduciaries and the First Amendment", *U. C. Davis Law Review*, Vol. 49, 2016.

[6] Caitlin Brock, "Where We're Going, We Don't Need Drivers: The Legal Issues and Liability Implications of Automated Vehicle Technology", *Umkc Law Review*, 2015.

[7] F. Celata et al, "The Sharing Economyas Community Marketplace? Trust, Reciprocity and Belongingin Peer-to-Peer Accommodation Platforms", *Cambridge Journal of Regions, Economy and Society*, 2017, 10 (2).

[8] R. H. Coase, "The Nature of the Firm", *Economic* (4), 1937.

[9] Cristiano Codagnone, Fabienne Abadie and Federico Biagi, "The Future of Work in the 'Sharing Economy': Market Efficiency and Equitable Opportunitiesor Unfair Precarisation?", Posted 27 May 2016, https://papers.ssrn.com/sol3/papers.cfm?abstract_id=2784774, accessed 18 Jan 2020.

[10] Cristiano Codagnone, Frederico Biagi and Fabienne Abadie, "The Passions and the Interests: Unpackingthe 'Sharing Economy'", Institute for Prospective Technological Studies, JRC Science for Policy Report 2016, http://ssrn.com/abstract=2793901 (ac-

cessed Jan 3, 2020).

[11] Daniel J. Solove, M. Paul and Z. Schwart, *Information Privacy Law*, 3rd ed, Wolters Kluwer, 2009.

[12] Ethan J. Leib, David L. Ponet and Michael Serota, "A Fiduciary Theory of Judging", *California Law Review*, 2013.

[13] G. M. Eckhardt and Fbardhi, "The Sharing Economy isn't about Sharingatall", *Harvard Business Review*, 2015.

[14] Great Britain, *Select Committee Artificial Intelligence*, *A Iin the UK*, *Ready? Willing or Able?*, London: The House of Lords, 2018.

[15] Hayek, *Law, Legislation and Liberty: Rules and Order (I)*, The University of Chicago Press, 1973.

[16] Heather Scheiwe Kulp and Kool Amandal, "You help Me, He Helps You: Dispute Systems Design in the Sharing Economy", *Washington University Journal of Law & Policy*, Vol. 48, 2015.

[17] Illinois Transportation Trade Association, et al, VS City of Chicago and Dan Burgess, et al. Nos. 16-2009, -2007, &-2980.

[18] James Coleman, *Socialcapitalin the Creation of Human Capital*, American journal of Sociology, Vol. 94, Supplement: Organizations and Institution: Sociology and Economic Approaches to Analysis of Social Structure, 1988.

[19] Jessica Berg, "Of Elephant sand Embryos: A Proposed Framework for Legal Personhood", *Hastings Law Journal*, 2008.

[20] Juho Hamari, Mimmi Sjöklint and Antti Ukkonen, "The Sharing Economy: Why People Participatein Collaborative Consumption", *Journal of the Association for Information ScienceandTechnology*, https://www.researchgate.net/publication/255698095_The_Sharing_Economy_Why_People_Participate_in_Collaborative_Consumption.pdf (accessed March22, 2019).

[21] Michael L. Katz and Shapiro Carl, "Network Externalities, Competition", *The American Economic Review* 75 (3), 1985.

[22] Klein et al. "Vertical Integration, Appropriable Rents, and the Competitive Contracting Process", *Journal of Law and Economics*, 1978, 21 (2).

[23] Marchantge Lindor Ra, "The Coming Collision between Autonomous Vehicles and the Liability System", *Santa Clara Lawreview*, 52, 2012.

[24] Marcus Felson and Joe L. Spaeth, "Commummunity Structure and Collaborative Consump-

tion: A Routine Activity Approach", *American Behavioral Scientist*, March 1978.

[25] Nick Belay, "Robot Ethics and Self-Driving Cars: How Ethical Determinationsin Software Will Requirea New Legal Framework", *The Journal of the Legal Profession*, 2015.

[26] Omer Tene, "Jules Polonetsky, Taming The Golem: Challenges of Ethical Algorithmic Decision-Making", *The North Carolina Journal of Law & Technology*, Vol. 125, 2017.

[27] Orly Ravid, "Don't Sue Me, I Was Just Law fully Texting & Drunk When My Autonomous Car Crashingin to You", *South Western Law Review*, 2014.

[28] Ryan Abbott, "The Reasonable Computer: Disrupting the Paradigm of Tort Liability", *Social Science Electronic Publishing*, 2018.

[29] Sofia Ranchordás, "Innovation-Friendly Regulation: The Sunset of Regulation, The Sunrise of Innovation", *Jurimetrics*, Vol. 55, No. 2, 2015, https://papers.ssrn.com/sol3/papers.cfm? abstract_id=2544291, accessed March 24, 2018.

[30] Vanessa Katz, "Regulating the Sharing Economy", Volume 30, Berkeley Tech. L. J, 2015.

[31] Vaughan Robert and Daverio Raphael, "Assessing the Sizeand Presence of the Collaborativeeconomy in Europe", Pw CUK, *Impulse Paper for the European Commission*, 2016.

[32] Richard Warner and Robert H. Sloan, "The Ethics of the Algorithm: Autonomous Systems and the Wrapper of Human Control", *Cumberl and Law Review*, Vol. 48, 2017.

二、著作类文献

[1] [德] C. W. 卡纳里斯：《德国商法》，杨继译，法律出版社2006年版。

[2] [德] 迪特尔·梅迪库斯：《德国民法总论》，邵建东译，法律出版社2000年版。

[3] [德] 汉斯-贝恩德·舍费尔、克劳斯·奥特：《民法的经济分析》（第4版），江清云、杜涛译，法律出版社2009年版。

[4] [德] 汉斯-格奥尔格·加达默尔：《真理与方法——哲学诠释学的基本特征》（上卷），洪汉鼎译，上海译文出版社1999年版。

[5] [德] 卡尔·拉伦茨：《德国民法通论》（上册），王晓晔等译，法律出版社2004年版。

[6] [德] 卡尔·拉伦茨：《法学方法论》，陈爱娥译，商务印书馆2003年版。

[7] [德] 阿图尔·考夫曼、温弗里德·哈斯默尔主编：《当代法哲学和法律理论导论》，郑永流译，法律出版社2002年版。

[8] [德] 罗伯特·霍恩、海因·科茨、汉斯·G. 莱塞：《德国民商法导论》，楚建译，中国大百科全书出版社1996年版。

[9] [德] 马克斯·韦伯：《社会科学方法论》，李秋零、田薇译，中国人民大学出版社1999年版。

[10] [德] 托马斯·莱塞尔、吕迪格·法伊尔：《德国资合公司法》，高旭军等译，法律

出版社 2005 年版。

[11] [法] 狄骥：《宪法论》，钱克新译，商务印书馆 1962 年版。

[12] [法] 米歇尔·克罗齐耶、埃哈尔·费埃德伯格：《行动者与系统——集体行动的政治学》，张月等译，上海人民出版社 2007 年版。

[13] [法] 卢梭：《社会契约论》，李平沤译，商务印书馆 2017 年版。

[14] [古罗马] 优士丁尼：《法学阶梯》，徐国栋译，中国政法大学出版社 1999 年版。

[15] [美] A. 爱伦·斯密德：《财产、权力和公共选择》，黄祖辉等译，上海三联书店、上海人民出版社 2006 年版。

[16] [美] E. 博登海默：《法理学——法哲学及其方法》，邓正来、姬敬武译，华夏出版社 1987 年版。

[17] [美] R.H. 科斯等：《财产权利与制度变迁——产权学派与新制度学派译文集》，上海三联书店、上海人民出版社 1994 年版。

[18] [美] Y. 巴泽尔：《产权的经济分析》，费方域、段毅才译，上海三联书店、上海人民出版社 1997 年版。

[19] [美] 埃莉诺·奥斯特罗姆：《公共事物的治理之道：集体行动制度的演进》，余逊达、陈旭东译，上海译文出版社 2012 年版。

[20] [美] 奥利弗·E. 威廉姆森：《资本主义经济制度：论企业签约与市场签约》，段毅才、王伟译，商务印书馆 2002 年版。

[21] [美] 斯蒂文·G. 米德玛编：《科斯经济学：法与经济学和新制度经济学》，罗君丽、李井奎、茹玉骢等译，张旭昆校，格致出版社、上海三联书店、上海人民出版社 2010 年版。

[22] [美] 保罗·萨缪尔森、威廉·诺德豪斯：《经济学》（第 17 版），萧琛等译，萧琛审校，人民邮电出版社 2004 年版。

[23] [美] 理查德·A. 波斯纳：《法律的经济分析》，蒋兆康译，中国大百科全书出版社 1997 年版。

[24] [美] 弗兰西斯·福山：《信任——社会道德与繁荣的创造》，李宛蓉译，远方出版社 1998 年版。

[25] [美] 奥立弗·哈特等：《现代合约理论》，易宪容等译，中国社会科学出版社 2011 年版。

[26] [美] 杰里米·里夫金：《零边际成本社会：一个物联网、合作共赢的新经济时代》，赛迪研究院专家组译，中信出版社 2014 年版。

[27] [美] 凯西·奥尼尔：《算法霸权：数学杀伤性武器的威胁》，马青玲译，中信出版社 2018 年版。

[28] [美] 克莱·舍基：《人人时代：无组织的组织力量》，胡泳、沈满琳译，浙江人民出版社 2015 年版。

[29] [美] 迈克尔·桑德尔：《民主的不满：美国在寻求一种公共哲学》，曾纪茂译，刘训练校，中信出版社 2016 年版。

[30] [美] 曼瑟尔·奥尔森：《集体行动的逻辑》，陈郁、郭宇峰、李崇新译，格致出版社、上海三联书店、上海人民出版社 2014 年版。

[31] [美] 史蒂文·希尔：《经济奇点：共享经济、创造性破坏与未来社会》，苏京春译，中信出版社 2017 年版。

[32] [日] 内田贵："契约法的现代化——展望 21 世纪的契约与契约法"，胡宝海译，载梁慧星主编：《民商法论丛》（第 6 卷），法律出版社 1997 年版。

[33] [以色列] 尤瓦尔·赫拉利：《未来简史：从智人到智神》，林俊宏译，中信出版社 2017 年版。

[34] [印度] 阿玛蒂亚·森：《正义的理念》，王磊、李航译，刘民权校译，中国人民大学出版社 2012 年版。

[35] [英] 安东尼·奥格斯：《规制：法律形式与经济学理论》，骆梅英译，苏苗罕校，中国人民大学出版社 2008 年版。

[36] [英] 弗里德里希·奥古斯特·哈耶克：《通往奴役之路》，王明毅等译，中国社会科学出版社 1997 年版。

[37] [英] 霍布斯：《利维坦》，思复、黎廷弼译，商务印书馆 1985 年版。

[38] [英] 罗纳德·哈里·科斯、王宁：《变革中国：市场经济的中国之路》，徐尧、李哲民译，中信出版社 2013 年版。

[39] [英] 休谟：《人性论》，关文运译，郑之骧校，商务印书馆 1980 年版。

[40] [英] 亚当·斯密：《国民财富的性质和原因的研究》（上卷）郭大力、王亚南译，商务印书馆 1972 年版。

[41] 曹志平：《理解与科学解释——解释学视野中的科学解释研究》，社会科学文献出版社 2005 年版。

[42] 曾世雄：《损害赔偿法原理》，中国政法大学出版社 2001 年版。

[43] 陈聪富：《侵权归责原则与损害赔偿》，北京大学出版社 2005 年版。

[44] 陈甦主编：《民法总则评注》（上册），法律出版社 2017 年版。

[45] 程淑娟：《商行为制度研究——类型化方法及展开》，法律出版社 2019 年版。

[46] 崔建远：《合同法学》，法律出版社 2015 年版。

[47] 崔建远主编：《合同法》（第 3 版），法律出版社 2003 年版。

[48] 邓宏图：《理性、偏好、意识形态与社会演化：转型期中国制度变迁的经济史解释》，

经济科学出版社 2008 年版。

[49] 邓正来:《法律与立法的二元观》,上海三联书店 2000 年版。

[50] 全国人大财经委电子商务法起草工作小组编著:《中华人民共和国电子商务法解读》,中国法制出版社 2018 年版。

[51] 樊涛、王延川:《商事责任与追诉机制研究——以商法的独立性为考察基础》,法律出版社 2008 年版。

[52] 范建主编:《商法》,高等教育出版社、北京大学出版社 2002 年版。

[53] 范健:《德国商法:传统框架与新规则》,法律出版社 2003 年版。

[54] 方福前:《公共选择理论——政治的经济学》,中国人民大学出版社 2000 年版。

[55] 费方域:《企业的产权分析》,上海三联书店、上海人民出版社 2006 年版。

[56] 甘培忠主编:《共享经济的法律规制》,中国法制出版社 2018 年版。

[57] 高富平、苏静、刘洋:"易趣平台交易模式法律研究报告",载高富平主编:《网络对社会的挑战与立法政策选择:电子商务立法研究报告》,法律出版社 2004 年版。

[58] 顾祝轩:《合同本体解释论:认知科学视野下的私法类型思维》,法律出版社 2008 年版。

[59] 黄茂荣:《法学方法与现代民法》,中国政法大学出版社 2001 年版。

[60] 贾康、苏京春:《新供给经济学》,山西经济出版社 2015 年版。

[61] [美] 克里斯丁·杰罗斯、凯斯·R. 桑斯坦、理查德·H. 塞勒:"行为法律经济学的进路",载 [美] 凯斯·R. 桑斯坦主编:《行为法律经济学》,涂永前、戌凡、康娜译,北京大学出版社 2006 年版。

[62] 李春:《商事责任研究》,中国法制出版社 2013 年版。

[63] 李强:《自由主义》(第 3 版),东方出版社 2015 年版。

[64] 梁慧星:《民法学说判例与立法研究》,中国政法大学出版社 1993 年版。

[65] 龙卫球:《民法总论》(第 2 版),中国法制出版社 2002 年版。

[66] 卢现祥:《西方新制度经济学》(修订版),中国发展出版社 2003 年版。

[67] [美] 埃德温·多兰主编:《现代奥地利学派经济学的基础》,王文玉译,浙江大学出版社 2008 年版。

[68] 罗培新等:《公司法的法律经济学研究》,北京大学出版社 2008 年版。

[69] 吕来明、刘丹:《商事法律责任》,人民法院出版社 1999 年版。

[70] 马成虎:《高级资产定价理论》,中国人民大学出版社 2010 年版。

[71] 马俊驹、余延满:《民法原论》(第 4 版),法律出版社 2010 年版。

[72] 《马克思恩格斯选集》(第 1 卷),人民出版社 1995 年版。

[73] 商务部电子商务和信息化司:《中国电子商务报告 2019》,中国商务出版社 2019

年版。

[74] 佘志勤、王华寿：《商法·商事责任论》，西北大学出版社 2006 年版。
[75] 史晋川主编：《法经济学》，北京大学出版社 2007 年版。
[76] 史尚宽：《民法总论》，中国政法大学出版社 2000 年版。
[77] 史尚宽：《债法各论》，中国政法大学出版社 2000 年版。
[78] 苏永钦：《私法自治中的经济理性》，中国人民大学出版社 2004 年版。
[79] 苏永钦：《走入新世纪的私法自治》，中国政法大学出版社 2002 年版。
[80] 王保树：《商法总论》，清华大学出版社 2007 年版。
[81] 王保树主编：《中国商事法》（新编本），人民法院出版社 2001 年版。
[82] 王利明：《民法总论》（第 2 版），中国人民大学出版社 2015 年版。
[83] 王利明：《民法总则研究》（第 2 版），中国人民大学出版社 2012 年版。
[84] 王胜明主编：《中华人民共和国侵权责任法释义》（第 2 版），法律出版社 2013 年版。
[85] 王泽鉴：《民法学说与判例研究》（第 5 册），中国政法大学出版社 1998 年版。
[86] 王泽鉴：《民法学说与判例研究》（第 7 册），中国政法大学出版社 1998 年版。
[87] 王泽鉴：《民法总则》（增订版），中国政法大学出版社 2001 年版。
[88] 王泽鉴：《侵权行为》，北京大学出版社 2009 年版。
[89] 王泽鉴：《侵权行为法》（第 1 册），中国政法大学出版社 2001 年版。
[90] 肖金泉主编：《世界法律思想宝库》，中国政法大学出版社 1992 年版。
[91] 谢怀拭等：《合同法原理》，法律出版社 2000 年版。
[92] 辛超、张鹏：《分享经济：重构商业模式的九个关键点》，人民邮电出版社 2016 年版。
[93] 熊丙万：《私法的基础：从个人主义走向合作主义》，中国法制出版社 2018 年版。
[94] 徐国栋：《民法基本原则解释——成文法局限性之克服》（增订版），中国政法大学出版社 2001 年版。
[95] 许凌艳：《金融法基本理论研究》，上海财经大学出版社 2018 年版。
[96] 杨立新：《网络交易民法规制》，法律出版社 2018 年版。
[97] 张恒山：《法理要论》，北京大学出版社 2002 年版。
[98] 张诗伟："论商法的独立性——以商事主体（商人）为中心"，载陈洁主编：《商法界论集：资本市场法制的新发展》（第 4 卷），法律出版社 2019 年版。
[99] 张五常：《科学说需求：经济解释》（第 1 卷）（神州增订版），中信出版社 2010 年版。
[100] 张五常：《制度的选择：经济解释》（第 4 卷）（2014 年增订版），中信出版社 2015 年版。

[101] 赵旭东主编：《中华人民共和国电子商务法释义与原理》，中国法制出版社 2018 年版。

[102] 郑泰安等：《证券投资基金法律制度：立法前沿与理论争议》，社会科学文献出版社 2019 年版。

[103] 钟凯：《公司法实施中的关联交易法律问题研究》，中国政法大学出版社 2015 年版。

[104] 周江洪：《服务合同研究》，法律出版社 2010 年版。

[105] 周林彬、官欣荣：《我国商法总则理论与实践的再思考》，法律出版社 2015 年版。

[106] 周友苏主编：《证券法新论》，法律出版社 2020 年版。

[107] 朱庆育：《民法总论》（第 2 版），北京大学出版社 2016 年版。

[108] 史尚宽："法律之理念与经验主义法学之综合"，载刁荣华主编：《中西法律思想论集》，汉林出版社 1984 年版。

三、期刊类文献

[1] [美] 约翰·B. 福斯特："作为意识形态的新自由主义：起源、实质与影响"，卢地生译，载《国外社会科学前沿》2019 年第 10 期。

[2] [美] Mark Anderson、Max Huffman："共享经济遇上反垄断法：Uber 是公司，还是卡特尔，或是介于两者之间？"，时建中、王佳倡译，载《竞争政策研究》2018 年第 3 期。

[3] [美] 凯文·沃巴赫："信任，但需要验证：论区块链为何需要法律"，林少伟译，载《东方法学》2018 年第 4 期。

[4] [美] 科林·凯莫勒等："偏好与理性选择：保守主义人士也能接受的规制——行为经济学与'非对称父爱主义'的案例"，郭春镇译，载《北大法律评论》2008 年第 1 期。

[5] [美] 莉娜·坎、大卫·博森："信息信义义务理论之批判"，林少伟、林斯韦译，载《交大法学》2021 年第 1 期。

[6] [美] 奥利·洛贝尔："作为规制治理的新治理"，宋华琳、徐小琪译，载冯中越主编：《社会性规制评论》（第 2 辑），中国财政经济出版社 2014 年版。

[7] 包成成："人工智能法律主体文献综述"，载上海市法学会编：《上海法学研究集刊》（2019 年第 19 卷·总第 19 卷·上海市法学会农业农村法治研究文集）。

[8] 曾娜："从'连带责任'到'相应责任'——《电子商务法》第 38 条第 2 款评析"，载《重庆理工大学学报（社会科学）》2019 年第 5 期。

[9] 畅冰蕾、雷槟硕："传承与超越：新时代的私法法理凝练——'私法中的法理'暨第五届'法理研究行动计划'学术研讨会述评"，载《法制与社会发展》2019 年第 2 期。

[10] 陈兵："因应超级平台对反垄断法规制的挑战",载《法学》2020年第2期。

[11] 陈耿华："互联网时代消费者在中国竞争法中的角色重塑与功能再造——兼论《反不正当竞争法》的修改",载《江西财经大学学报》2018年第2期。

[12] 陈明花、李嘉伟："双边市场的秘密",载《经济资料译丛》2015年第4期。

[13] 陈明涛、汪涌："论网络交易平台服务提供商的版权责任",载《知识产权》2010年第4期。

[14] 陈年冰、李乾："论网络环境下人格权侵权的惩罚性赔偿",载《深圳大学学报（人文社会科学版）》2013年第3期。

[15] 陈甦："商法机制中政府与市场的功能定位",载《中国法学》2014年第5期。

[16] 陈星、杨小艺："论电商平台经营者'相应的责任'的法律适用",载《重庆邮电大学学报（社会科学版）》2020年第4期。

[17] 陈逸宁："区块链技术下智能合约意思表示的认定",载《海南金融》2018年第5期。

[18] 楚树龙、应琛："个人主义：美国的发展动力与问题来源",载《当代世界》2012年第9期。

[19] 崔建远："物的瑕疵担保责任的定性与定位",载《中国法学》2006年第6期。

[20] 崔拴林："私法主体范围扩张背景下的动物主体论批判",载《当代法学》2012年第4期。

[21] 邓正来："中国法学向何处去（上）——建构'中国法律理想图景'时代的论纲",载《政法论坛》2005年第1期。

[22] 丁宇翔："被遗忘权的中国情境及司法展开——从国内首例被遗忘权案切入",载《法治研究》2018年第4期。

[23] 丁宇翔："跨越责任鸿沟——共享经营模式下平台侵权责任的体系化展开",载《清华法学》2019年第4期。

[24] 董炯："政府管制研究：美国行政法学发展新趋势评介",载《行政法学研究》1998年第4期。

[25] 杜称华："惩罚性赔偿在法体系上定位问题之探讨",载《甘肃政法学院学报》2012年第5期。

[26] 范健："民法典编纂背景下商事立法体系与商法通则立法研究",载《中国法律评论》2017年第1期。

[27] 方兴东、严峰："网络平台'超级权力'的形成与治理",载《人民论坛·学术前沿》2019年第7期。

[28] 冯洁语："人工智能技术与责任法的变迁——以自动驾驶技术为考察",载《比较法

研究》2018 年第 2 期。

[29] 冯珏："自动驾驶汽车致损的民事侵权责任"，载《中国法学》2018 年第 6 期。

[30] 冯珏："作为组织的法人"，载《环球法律评论》2020 年第 2 期。

[31] 伏睿："共享经济的法律关系与规制路径"，载《经济论坛》2017 年第 5 期。

[32] 付子堂、王勇："'法理'：中国法学与法理学的理想图景"，载《法制与社会发展》2020 年第 4 期。

[33] 高富平："从电子商务法到网络商务法——关于我国电子商务立法定位的思考"，载《法学》2014 年第 10 期。

[34] 高磊："论 P2P 共享服务提供者的刑事责任——以快播案为视角"，载《环球法律评论》2017 年第 5 期。

[35] 高秦伟："论行政法上的第三方义务"，载《华东政法大学学报》2014 年第 1 期。

[36] 郭兵等："个人数据银行——一种基于银行架构的个人大数据资产管理与增值服务的新模式"载《计算机学报》，2017 年第 1 期。

[37] 郭春镇："论法律父爱主义的正当性"，载《浙江社会科学》2013 年第 6 期。

[38] 郭佩惠："社群主义'自我'观的批判性分析——方法论的视角"，载《中国矿业大学学报（社会科学版）》2012 年第 2 期。

[39] 郭少飞："'电子人'法律主体论"，载《东方法学》2018 年第 3 期。

[40] 郭少飞："区块链智能合约的合同法分析"，载《东方法学》2019 年第 3 期。

[41] 郭哲："反思算法权力"，载《法学评论》2020 年第 6 期。

[42] 韩延明："理念、教育理念及大学理念探析"，载《教育研究》2003 年第 9 期。

[43] 韩长印："共同法律行为理论的初步构建——以公司设立为分析对象"，载《中国法学》2009 年第 3 期。

[44] 洪丹娜："算法歧视的宪法价值调适：基于人的尊严"，载《政治与法律》2020 年第 8 期。

[45] 洪海："关于网络交易平台规则制定权的思考"，载《中国工商管理研究》2013 年第 4 期。

[46] 侯登华："共享经济下网络平台的法律地位——以网约车为研究对象"，载《政法论坛》2017 年第 1 期。

[47] 侯利阳、李剑："免费模式下的互联网产业相关产品市场界定"，载《现代法学》2014 年第 6 期。

[48] 侯利阳："共享经济规制的新路径"，载陈云良编：《经济法论丛》（总第 31 期），社会科学文献出版社 2018 年版。

[49] 胡元聪、张馨予："政府干预视域下人工智能时代的个人信息保护"，载《征信》

2019 年第 11 期。

[50] 华德波："对商人与商事主体关系等同论的反思与重塑"，载《河北法学》2011 年第 2 期。

[51] 黄电："共享经济与租赁经济的特征及差异性剖析"，载《财会月刊》2019 年第 21 期。

[52] 姜强："三段论、私法自治与哲学诠释学——对朱庆育博士的一个反驳"，载《法制与社会发展》2007 年第 3 期。

[53] 姜燕："商法强制性规范中的自由与强制——以历史和类型的双重角度"，载《社会科学战线》2016 年第 8 期。

[54] 蒋大兴、王首杰："共享经济的法律规制"，载《中国社会科学》2017 年第 9 期。

[55] 蒋大兴、王首杰："法律规制共享经济的事实前提"，载《扬州大学学报（人文社会科学版）》2017 年第 3 期。

[56] 蒋大兴："'合同法'的局限：资本认缴制下的责任约束——股东私人出资承诺之公开履行"，载《现代法学》2015 年第 5 期。

[57] 蒋大兴："公司组织意思表示之特殊构造——不完全代表/代理与公司内部决议之外部效力"，载《比较法研究》2020 年第 3 期。

[58] 蒋大兴："论私法的公共性维度——'公共性私法行为'的四维体系"，载《政法论坛》2016 年第 6 期。

[59] 蒋大兴："商人，抑或企业？——制定〈商法通则〉的前提性疑问"，载《清华法学》2008 年第 4 期。

[60] 蒋大兴："商事关系法律调整之研究——类型化路径与法体系分工"，载《中国法学》2005 年第 3 期。

[61] 蒋大兴："私法正义缘何而来？——闭锁性股权收购定价原则的再解释"，载《当代法学》2005 年第 6 期。

[62] 蒋岩波："互联网产业中相关市场界定的司法困境与出路——基于双边市场条件"，载《法学家》2012 年第 6 期。

[63] 解志勇、修青华："互联网治理视域中的平台责任研究"，载《国家行政学院学报》2017 年第 5 期。

[64] 金福海："论惩罚性赔偿责任的性质"，载《法学论坛》2004 年第 3 期。

[65] 柯华庆："法律经济学的思维方式"，载《制度经济学研究》2005 年第 3 期。

[66] 匡文波："智能算法推荐技术的逻辑理路、伦理问题及规制方略"，载《深圳大学学报（人文社会科学版）》2021 年第 1 期。

[67] 李炳炎、刘恒："从分享到共享的演变：中国特色社会主义共享经济的形成"，载

《南京理工大学学报（社会科学版）》2020年第5期。

[68] 李方勇："西方企业组织理论百年演变和发展综述"，载《北京航空航天大学学报（社会科学版）》2010年第3期。

[69] 李海青："私法自治的哲学阐释"，载《上海行政学院学报》2007年第5期。

[70] 李伟民："《民法典》视域中区块链的法律性质与规制"，载《上海师范大学学报（哲学社会科学版）》2020年第5期。

[71] 梁慧星："诚实信用原则与漏洞补充"，载《法学研究》1994年第2期。

[72] 梁迎修："类型思维及其在法学中的应用——法学方法论的视角"，载《学习与探索》2008年第1期。

[73] 刘德良："网络交易中网站的地位与责任问题探讨"，载《辽宁大学学报（哲学社会科学版）》2004年第5期。

[74] 刘根容："共享经济：传统经济模式的颠覆者"，载《经济学家》2017年第5期。

[75] 刘洪华："论人工智能的法律地位"，载《政治与法律》2019年第1期。

[76] 刘慧萍、高椿娜、王依璇："顺风车保险理赔的争议及破解对策"，载《人民法治》2019年第23期。

[77] 刘建飞："新冠肺炎疫情对国际格局的影响"，载《当代世界与社会主义》2020年第3期。

[78] 刘权："网络平台的公共性及其实现——以电商平台的法律规制为视角"，载《法学研究》2020年第2期。

[79] 刘士国："类型化与民法解释"，载《法学研究》2006年第6期。

[80] 刘水林、刘永宁："经济法与行政法关系之精神透视"，载《法律科学（西北政法大学学报）》2001年第5期。

[81] 刘文静："平台企业：零工经济中的法律关系与责任分担"，载《探索与争鸣》2020年第7期。

[82] 刘颖、黄琼："论《侵权责任法》中网络服务提供者的责任"，载《暨南学报（哲学社会科学版）》2010年第3期。

[83] 刘颖："我国电子商务法调整的社会关系范围"，载《中国法学》2018年第4期。

[84] 龙卫球："数据新型财产权构建及其体系研究"，载《政法论坛》2017年第4期。

[85] 李爱君："数据权利属性与法律特征"，载《东方法学》2018年第3期。

[86] 卢现祥："共享经济：交易成本最小化、制度变革与制度供给"，载《社会科学战线》2016年第9期。

[87] 陆青："个人信息保护中'同意'规则的规范构造"，载《武汉大学学报（哲学社会科学版）》2019年第5期。

[88] 罗培新:"公司法的合同路径与公司法规则的正当性",载《法学研究》2004年第2期。

[89] 吕来明:"电子商务监管制度思考:明确监管机构创新监管机制",载《工商行政管理》2017年第3期。

[90] 马俊驹:"法人制度的基本理论和立法问题之探讨(上)",载《法学评论》2004年第4期。

[91] 马一德:"解构与重构:'消费者'概念再出发",载《法学评论》2015年第6期。

[92] 梅夏英:"数据的法律属性及其民法定位",载《中国社会科学》2016年第9期。

[93] 孟凡新:"共享经济模式下的网络交易市场治理:淘宝平台例证",载《改革》2015年第12期。

[94] 孟勤国:"质疑'帝王条款'",载《法学评论》2000年第2期。

[95] 孟韬、关钰桥、董政:"共享经济商业模式分类及其发展路径研究",载《财经问题研究》,2020年第12期。

[96] 孟韬等:"共享经济平台用户价值独创机制研究——以Airbnb与闲鱼为例",载《科学学与科学技术管理》2020年第8期。

[97] 倪蕴帷:"区块链技术下智能合约的民法分析、应用与启示",载《重庆大学学报(社会科学版)》2019年第3期。

[98] 牛彬彬:"我国高度自动驾驶汽车侵权责任体系之建构",载《西北民族大学学报(哲学社会科学版)》2019年第3期。

[99] 潘斌:"人工智能体的道德嵌入",载《华中科技大学学报(社会科学版)》2020年第2期。

[100] 庞金友:"大政府是如何可能的:当代西方新自由主义国家观及其批评",载《甘肃行政学院学报》2007年第4期。

[101] 彭兰:"自组织与网络治理理论视角下的互联网治理",载《社会科学战线》2017年第4期。

[102] 彭倩文、曹大友:"是劳动关系还是劳务关系?——以滴滴出行为例解析中国情境下互联网约租车平台的雇佣关系",载《中国人力资源开发》2016年第2期。

[103] 彭文生、张文朗、孙稳存:"共享经济是新的增长点",载《银行家》2015年第10期。

[104] 彭岳:"共享经济的法律规制问题——以互联网专车为例",载《行政法学研究》2016年第1期。

[105] 皮勇:"论网络服务提供者的管理义务及刑事责任",载《法商研究》2017年第5期。

[106] 齐爱民、陈琛: "论网络交易平台提供商之交易安全保障义务",载《法律科学(西北政法大学学报)》2011年第5期。

[107] 齐爱民、张哲: "共享经济发展中的法律问题研究",载《求是学刊》2018年第2期。

[108] 钱玉林: "公司法第16条的规范意义",载《法学研究》2011年第6期。

[109] 邱炜鹏、倪玮苗、张丙宣: "大数据时代平台企业数据责任的异化与治理机制",载《中共杭州市委党校学报》2020年第4期。

[110] 任端平: "《电子商务法》体现了包容谦让和转引共治",载《工商行政管理》2018年第22期。

[111] 任航、谢昭宇: "区块链2.0时代智能合约的犯罪风险及其应对——以The DAO黑客事件为例",载《犯罪与改造研究》2020年第3期。

[112] 桑本谦: "公共惩罚与私人惩罚的互动——一个解读法律制度的新视角",载《法制与社会发展》2005年第5期。

[113] 沈敏荣: "论公私法之嬗变",载《东疆学刊》2000年第2期。

[114] 沈尚武: "罗尔斯和哈耶克的个人主义之初步比较分析",载《重庆社会科学》2007年第2期。

[115] 沈湘平: "理性范式、人的发展阶段与'理性经济人'假设",载《社会科学》2000年第2期。

[116] 施天涛: "构建我国商事登记制度的基本思路",载《中国工商管理研究》2013年第8期。

[117] 施天涛: "商事关系的重新发现与当今商法的使命",载《清华法学》2017年第6期。

[118] 史子璇、潘云良: "共享经济:供给侧改革的重要推手",载《人民论坛》2016年第31期。

[119] 司晓、曹建峰: "论人工智能的民事责任:以自动驾驶汽车和智能机器人为切入点",载《法律科学(西北政法大学学报)》2017年第5期。

[120] 孙晋、袁野: "论平台经营者的民事法律责任——《电子商务法》第38条第2款的解释论",载《财经法学》2020年第1期。

[121] 孙凯、王振飞、鄢章华: "共享经济商业模式的分类和理论模型——基于三个典型案例的研究",载《管理评论》2019年第7期。

[122] 孙禹: "论网络服务提供者的保护规则——以刑事责任的限制为视角",载《北方法学》2019年第2期。

[123] 谭袁: "共享单车'底线竞争'问题探究及防治",载《价格理论与实践》2017年

第 3 期。

[124] 唐清利："'专车'类共享经济的规制路径"，载《中国法学》2015 年第 4 期。

[125] 田林、余航："共享经济外部影响定量研究综述"，载《管理科学学报》2020 年第 9 期。

[126] 童列春、白莉莉："商法的现代嬗变与误读——与史际春、姚海放先生商榷"，载《武汉理工大学学报（社会科学版）》2005 年第 6 期。

[127] 万鄂湘等："电子商务立法引发各界评论看专家权威解读"，载《工商行政管理》2017 年第 3 期。

[128] 王保树："论经济法的法益目标"，载《清华大学学报（哲学社会科学版）》2001 年第 5 期。

[129] 王保树："商事通则：超越民商合一与民商分立"，载《法学研究》2005 年第 1 期。

[130] 王道发："电子商务平台经营者安保责任研究"，载《中国法学》2019 年第 6 期。

[131] 王斐民、周之琦："P2P 网络借贷平台：类金融机构的法律定位和监管"，载郭峰主编：《金融服务法评论》（第 7 卷），法律出版社 2015 年版。

[132] 王建文："从商人到企业：商人制度变革的依据与取向"，载《法律科学（西北政法大学学报）》2009 年第 5 期。

[133] 王建文："论商法理念的内涵及其适用价值"，载《南京大学学报（哲学·人文科学·社会科学版）》2009 年第 1 期。

[134] 王建文："我国商法引入经营者概念的理论构造"，载《法学家》2014 年第 3 期。

[135] 王利明、石冠彬："为民法典编纂建言献策——2018 年民法学理论热点研究综述"，载《人民检察》2019 年第 3 期。

[136] 王利明："编纂一部网络时代的民法典"，载《暨南学报（哲学社会科学版）》2016 年第 7 期。

[137] 王利明："论个人信息权的法律保护——以个人信息权与隐私权的界分为中心"，载《现代法学》2013 年第 4 期。

[138] 王利明："论个人信息权在人格权法中的地位"，载《苏州大学学报（哲学社会科学版）》2012 年第 6 期。

[139] 王利明："论人格权的定义"，载《华中科技大学学报（社会科学版）》2020 年第 1 期。

[140] 王利明："论我国民法典中侵害知识产权惩罚性赔偿的规则"，载《政治与法律》，2019 年第 8 期。

[141] 王利明："民法案例分析的基本方法探讨"，载《政法论坛》2004 年第 2 期。

[142] 王利明："人格权法制定中的几个问题"，载《暨南学报（哲学社会科学版）》

2012 年第 3 期。

[143] 王利明："数据共享与个人信息保护"，载《现代法学》2019 年第 1 期。

[144] 王利明："我国《侵权责任法》归责原则体系的特色"，载《法学论坛》2010 年第 2 期。

[145] 王利明："再论人格权的独立成编"，载《法商研究》2012 年第 1 期。

[146] 王璞巍等："面向合同的智能合约的形式化定义及参考实现"，载《软件学报》2019 年第 9 期。

[147] 王硕："P2P、众筹与众包：共享经济新范式"，载《农村金融研究》2016 年第 5 期。

[148] 王思源："论网络运营者的安全保障义务"，载《当代法学》2017 年第 1 期。

[149] 王天玉："基于互联网平台提供劳务的劳动关系认定——以'e 代驾'在京、沪、穗三地法院的判决为切入点"，载《法学》2016 年第 6 期。

[150] 王文宇："从商法特色论民法典编纂——兼论台湾地区民商合一法制"，载《清华法学》2015 年第 6 期。

[151] 王文宇："商事契约的解释 模拟推理与经济分析"，载《中外法学》2014 年第 5 期。

[152] 王喜文："大众创业、万众创新与共享经济"，载《中国党政干部论坛》2015 年第 11 期。

[153] 王秀哲："大数据时代个人信息法律保护制度之重构"，载《法学论坛》2018 年第 6 期。

[154] 王延川："智能合约的构造与风险防治"，载《法学杂志》2019 年第 2 期。

[155] 魏振瀛："侵权责任方式与归责事由、归责原则的关系"，载《中国法学》2011 年第 2 期。

[156] 吴泓："信赖理念下的个人信息使用与保护"，载《华东政法大学学报》2018 年第 1 期。

[157] 吴晓灵："大数据应用：不能以牺牲个人数据财产权为代价"，载《清华金融评论》2016 年第 10 期。

[158] 习近平："充分认识颁布实施民法典重大意义 依法更好保障人民合法权益"，载《求是》2020 年第 12 期。

[159] 夏小雄："商行为的体系定位和结构转换——历史维度的再考察"，载《环球法律评论》2017 年第 1 期。

[160] 夏小雄："私法商法化：体系重构及制度调整"，载《法商研究》2019 年第 4 期。

[161] 向超："网约车法律规制：逻辑与思路——兼评《网络预约出租汽车经营服务管理暂行办法》"，载《西南政法大学学报》2017 年第 6 期。

[162] 向勇："中国民法典编纂：个人主义私法观的取舍"，载《河北法学》2017年第3期。

[163] 肖峰、陈科林："我国食品安全惩罚性赔偿立法的反思与完善——以经济法义务民事化归责的制度困境为视角"，载《法律科学（西北政法大学学报）》2018年第2期。

[164] 肖建华、柴芳墨："论数据权利与交易规制"，载《中国高校社会科学》2019年第1期。

[165] 肖梦黎："平台型企业的权力生成与规制选择研究"，载《河北法学》2020年第10期。

[166] 肖爽："论惩罚性赔偿在合同纠纷处理中的适用"，载《华东政法大学学报》2018年第4期。

[167] 谢鸿飞："论民法典法人性质的定位 法律历史社会学与法教义学分析"，载《中外法学》2015年第6期。

[168] 谢鸿飞："违反安保义务侵权补充责任的理论冲突与立法选择"，载《法学》2019年第2期。

[169] 谢志刚："'共享经济'的知识经济学分析——基于哈耶克知识与秩序理论的一个创新合作框架"，载《经济学动态》2015年第12期。

[170] 熊丙万："私法的基础：从个人主义走向合作主义"，载《中国法学》2014年第4期。

[171] 熊丙万："专车拼车管制新探"，载《清华法学》2016年第2期。

[172] 徐化耿："论私法中的信任机制——基于信义义务与诚实信用的例证分析"，载《法学家》2017年第4期。

[173] 徐强胜："论公司关系：公司法规范的分析基础"，载《法学》2018年第9期。

[174] 许荻迪："共享经济与泛共享经济比较：基于双边市场视角"，载《改革》2019年第8期。

[175] 许娟："法律运作中的权利话语——中国网约车案与美国的Uber案、Airbnb案比较研究"，载《法学评论》2017年第2期。

[176] 许缦："区块链技术下基于大数据的共享经济发展研究"，载《统计与管理》2020年第12期。

[177] 许中缘："论智能机器人的工具性人格"，载《法学评论》2018年第5期。

[178] 薛虹："论电子商务合同自动信息系统的法律效力"，载《苏州大学学报（哲学社会科学版）》2019年第1期。

[179] 薛军："论《民法典》中网络平台安全保障义务的核心问题"，载《中国信息安全》

2020 年第 10 期。

[180] 闫玺池、冀瑜："SAE 分级标准视角下的自动驾驶汽车事故责任承担研究"，载《标准科学》2019 年第 12 期。

[181] 严振亚："基于区块链技术的共享经济新模式"，载《社会科学研究》2020 年第 1 期。

[182] 阳镇、许英杰："共享经济背景下的可持续性消费：范式变迁与推进路径"，载《社会科学》2019 年第 7 期。

[183] 杨彩霞："网络服务提供者刑事责任的类型化思考"，载《法学》2018 年第 4 期。

[184] 杨东："互联网金融风险规制路径"，载《中国法学》2015 年第 3 期。

[185] 杨立新、韩煦："网络交易平台提供者的法律地位与民事责任"，载《江汉论坛》2014 年第 5 期。

[186] 杨立新："电子商务法规定的电子商务交易法律关系主体及类型"，载《山东大学学报（哲学社会科学版）》2019 年第 2 期。

[187] 杨立新："论智能机器人的民法地位及其致人损害的民事责任"，载《人工智能法学研究》2018 年第 2 期。

[188] 杨立新："网络交易法律关系构造"，载《中国社会科学》2016 年第 2 期。

[189] 杨立新："网络平台提供者的附条件不真正连带责任与部分连带责任"，载《法律科学（西北政法大学学报）》2015 年第 1 期。

[190] 杨立新："自动驾驶机动车交通事故责任的规则设计"，载《福建师范大学学报（哲学社会科学版）》2019 年第 3 期。

[191] 叶良芳："刷单炒信行为的规范分析及其治理路径"，载《法学》2018 年第 3 期。

[192] 叶林："企业的商法意义及'企业进入商法'的新趋势"，载《中国法学》2012 年第 4 期。

[193] 叶林："私法权利的转型——一个团体法视角的观察"，载《法学家》2010 年第 4 期。

[194] 易军："个人主义方法论与私法"，载《法学研究》2006 年第 1 期。

[195] 易军："私人自治与私法品性"，载《法学研究》2012 年第 3 期。

[196] 于改之："法域冲突的排除：立场、规则与适用"，载《中国法学》2018 年第 4 期。

[197] 于莹、张春旭："共享经济蜕变背景下共享平台的法律性质问题分析"，载甘培忠主编：《共享经济的法律规制》，中国法制出版社 2018 年版。

[198] 于莹："共享经济法律规制的进路与策略"，载《法律适用》2018 年第 7 期。

[199] 于志刚："'公民个人信息'的权利属性与刑法保护思路"，载《浙江社会科学》2017 年第 10 期。

[200] 余成峰:"法律的'死亡':人工智能时代的法律功能危机",载《华东政法大学学报》2018年第2期。

[201] 禹竹蕊:"从盛行到自持:法律父爱主义在行政管理中的演进",载《深圳大学学报(人文社会科学版)》2017年第5期。

[202] 喻胜云:"商事严格责任的阐释",载《西部法学评论》2009年第1期。

[203] 袁曾:"人工智能有限法律人格审视",载《东方法学》2017年第5期。

[204] 袁勇、王飞跃:"区块链技术发展现状与展望",载《自动化学报》2016年第4期。

[205] 张冬阳:"专车服务:制度创新抑或违法行为?",载《清华法学》2016年第2期。

[206] 张恩典:"反算法歧视:理论反思与制度建构",载《华中科技大学学报(社会科学版)》2020年第5期。

[207] 张继红、肖剑兰:"自动驾驶汽车侵权责任问题研究",载《上海大学学报(社会科学版)》2019年第1期。

[208] 张建文、贾章范:"《侵权责任法》视野下无人驾驶汽车的法律挑战与规则完善",载《南京邮电大学学报(社会科学版)》2018年第4期。

[209] 张江莉:"互联网平台竞争与反垄断规制 以3Q反垄断诉讼为视角",载《中外法学》2015年第1期。

[210] 张力:"共享经济:特征、规制困境与出路",载《财经法学》2016年第5期。

[211] 张文显:"新时代全面依法治国的思想、方略和实践",载《中国法学》2017年第6期。

[212] 张新宝:"顺风车网络平台的安全保障义务与侵权责任",载《法律适用(司法案例)》2018年第12期。

[213] 张雄伟:"对自然人网店工商登记注册制度的思考",载《工商行政管理》2017年第3期。

[214] 张志然:"《新中国·新时代:法律制度民主化70年发展》系列报道之五——电子商务法:横跨两届人大的立法范例",载《民主与法制》2019年第36期。

[215] 赵红梅:"私法与社会法语境中的惩罚性赔偿责任——主要以消费者保护法为素材",载《中国政法大学民商经济法学院2009秋季论坛论文集》2009年11月1日。

[216] 赵申豪:"自动驾驶汽车侵权责任研究",载《江西社会科学》2018年第7期。

[217] 赵万一:"民商合一体制之困境思考",载《法学杂志》2020年第10期。

[218] 赵旭东:"电子商务主体注册登记之辩",载《清华法学》2017年第4期。

[219] 赵旭东:"商法的困惑与思考",载《政法论坛》2002年第1期。

[220] 赵旭东:"商事登记的制度价值与法律功能",载《中国工商管理研究》2013年第

6 期。

[221] 赵宇翔、范哲、朱庆华：“用户生成内容（UGC）概念解析及研究进展"，载《中国图书馆学报》2012 年第 5 期。

[222] 赵姿昂：“关于共享单车押金的法律思考"，载甘培忠主编：《共享经济的法律规制》中国法制出版社 2018 年版。

[223] 郑泰安、钟凯：“民法总则与商事立法：共识、问题及选项——以商事代理为例"，载《现代法学》2018 年第 2 期。

[224] 郑永流：“出释入造——法律诠释学及其与法律解释学的关系"，载《法学研究》2002 年第 3 期。

[225] 郑志峰：“自动驾驶汽车的交通事故侵权责任"，载《法学》2018 年第 4 期。

[226] 郑智航、徐昭曦：“大数据时代算法歧视的法律规制与司法审查——以美国法律实践为例"，载《比较法研究》2019 年第 4 期。

[227] 钟凯、戴林莉：“共享经济相关市场界定：挑战与回应——兼议互联网反垄断立法革新"，载《经济法论坛》2019 年第 1 期。

[228] 钟凯、刘章荣：“共享金融视角下的数据利用及其规制——以数据权利为中心"，载《证券法律评论》2019 年第 1 期。

[229] 钟凯、郑泰安：“刑民交叉规范本质的立法论与解释论考察——以涉刑私募基金为考察对象"，载《社会科学研究》2020 年第 6 期。

[230] 钟凯：“论'小产权房'类型化流转的路径选择——兼评国土资源部《中华人民共和国土地管理法（修正案）（征求意见稿）》"，载《中国不动产法研究》2017 年第 2 期。

[231] 钟凯：“中小企业融资问题的法经济学思考——兼论金融危机背景下的中国金融改革"，载《清华法学》2010 年第 1 期。

[232] 周洪政：“网络时代电子要约和承诺的特殊法律问题研究"，载《清华法学》2012 年第 4 期。

[233] 周樨平：“电子商务平台的安全保障义务及其法律责任"，载《学术研究》2019 年第 6 期。

[234] 周游、杨淑君：“共享经济背景下社会信用体系构建之省思——以共享单车治理为视角"，载甘培忠主编：《共享经济的法律规制》，中国法制出版社 2018 年版。

[235] 周友苏、钟凯：“'商事通则'：纠缠在历史与现实中的误会——兼议私法的统一及其现代化"，载王保树主编：《中国商法年刊（2007）：和谐社会构建中的商法建设》，北京大学出版社 2008 年版。

[236] 周渝舜、杨惠嘉、李浩然：“消费者概念的民法解读与架构"，载《行政与法》2018

年第 10 期。
[237] 朱宝丽:"合作监管的兴起与法律挑战",载《政法论丛》2015 年第 4 期。
[238] 朱庆育:"私法自治与民法规范——凯尔森规范理论的修正性运用",载《中外法学》2012 年第 3 期。
[239] 朱体正:"此中有真意,欲辨已忘言——《民法典》人工智能相关规定的意义与局限",载《人工智能》2020 年第 4 期。
[240] 朱晓峰:"论《民法典》对惩罚性赔偿的适用控制",载《暨南学报(哲学社会科学版)》2020 年第 11 期。
[241] 朱岩:"社会基础变迁与民法双重体系建构",载《中国社会科学》2010 年第 6 期。

四、学位论文

桑本谦:"私人之间的监控与惩罚",山东大学 2005 年博士学位论文。

后 记

很难说我是从什么时候开始关注互联网法学研究的,但如果要回顾这一领域研究的学术起点,则确有一个较为清晰的思想源头。2008年,我考入四川大学经济学院攻读理论经济学博士学位,接受了相对系统的马克思政治经济学训练,同时接触到了西方新制度经济学的大量经典文献。5年下来,制度经济学理论观点对我的思想冲击较大,为我观察法律世界打开了一扇新的大门。

在攻读博士学位期间,我借鉴威廉姆森的契约组织理论重构了公司法关联交易的法学分析框架,以此申报了国家社科基金西部项目"公司法实施中的关联交易法律问题研究(11XFX019)"。2018年,在周友苏教授的推荐下,我申请到西南政法大学与四川省社会科学院(联合)博士后工作站从事共享经济法学研究,有幸得到了赵万一教授的悉心指导。2019年,为构建营利法人内部行为、外部行为及其边界变动的法律分析框架,笔者再度借鉴契约边界变动思想(主要贡献来自于阿尔钦、张五常等人),试图解决组织内部法律世界与外部行为效力的关联问题,申报了国家社科基金一般项目"民法典编纂背景下营利法人与商事代理定型化研究(19BFX130)"。目前,这一研究工作仍在进行中。

如同共享经济的跨界竞争一样,交叉学科的研究方法可渗透入民法学和商法学中的广泛议题。这是因为,研究法律行为、创新分析框架,前提是解释契约背后的治理机制,此外部路径较之以价值判断和类推适用补充法律漏洞的传统方法有着不可替代的优势。据笔者的不完全观察,私法学界借此工具突破研究瓶颈的中青年学者不在少数,早期有周林彬和罗培新教授,近年相关著述较多者如王文宇、熊丙万等学者。

自 2016 年以来，学界对共享经济的研究热度飞速升温，以共享经济为关键词的研究文献数量呈现爆发式增长。笔者相信，随着《法治中国建设规划（2020-2025 年）》提出"加强信息技术领域立法，及时跟进研究数字经济、互联网金融、人工智能、大数据、云计算等相关法律制度"，这方面的法学研究会进一步走向深入。本书作为笔者博士后出站报告正式成果，于今年下半年出版推出，矢志与学术同行交流切磋、共谋发展。个人学识有限，但愿此书能为数字法治建设添砖加瓦，略尽绵薄之力。

本书研究的开展受益于赵万一、周友苏、侯水平、郑泰安、杨遂全、辜明安等师长的教诲和启发，亦感谢刘章荣同学在文献整理、图表设计、格式调整方面付出的辛勤劳动。本书出版系笔者二度与中国政法大学出版社合作，丁春晖编辑为此提供的出版建议及帮助于我十分重要，在此一并致谢！

钟　凯

2021 年 3 月 1 日于成都锦城湖岸